太古日本の迦具土

川口興道

太古日本の迦具土

川口興道著

ものもお

迦具土《かぐつち》の研究は、幽遠な時代考証の前提となるもので、本書に収録した迦具土神の姿態や、太古のころは湖沼時代の実相を見せていた旧日本国土の形態、更にまた、迦具土神が在世していたころに起つた地変や人文のすべてに亘る解説については、聊かの誤りも有り得ないのである。

而しながら、未だ嘗てこの国の何びとも企て得なかつた迦具土の大火、並びに迦具土の大洪水を中心とした考証については、今暫らくは筐底の深くに残し置いて、徐に後日の子らに尋ねみようとの考慮から、秘に他国語で草稿を重ねつつあつたものである。然も敢て茲に稿を改めて、混濁の世代に綴り合わそうと企てた所以は、遠い日本では、大己貴《おおなむち》少彦名《すくなひこな》の神代から「父母見れば尊く妻子見れば隣愛《かな》しく愛《めぐ》し」と古歌にも読まれ、神乍らに、母子の情愛が優れて濃やかな近隣の母達の手に渡して、その寝物語のために、日本神代史に隠されて日の目に遇わぬ許多の秘事や珠玉を、幸多い子にも爪喰む子にも、更にまた向後この国土に生れくるであろう人びとに漏れあることなく、彼らが求める儘に取り出さしめ、或はまたその珠を互の胸に抱かんことを願つた為に他ならない。従つて、老いたる人びとの前に迦具土の全貌を明かし見せることによつて、それら人達の兎角の蒙を啓かんなどとは、昨今の私に取つては微塵も考えているものではない。

元来大和島根の日本国は、秀芳の国土である。而しながらこのうまし国でも、猶その山河は人の生命にも似通うものであるから、騒人の眺める一顧の裡にも、その姿を変えないと云うことはあり得ない。従つて太古の形態が、有姿の儘に保たれている筈はないのである。これがため幾千年を長しとせず、祖先鎮魂の故地を守つて離れぬ人達や子らに取つても、猶迦具土神代の古事などと云うものは、到底的確に覗い知るべき手段の無いものとして、久しく打ち捨てられて今日に至つたことは、誠に致し方のない事であつたと云い得よう。

従つて、日本神代に起つた数々の地文上の事実や、更にまた当時の景観については、向後延年の月日を繰つたとしても解明し得られるものではなく、殊に現在の様に、大和民族の移動が国内でも国外へも行われるべき筈の時代になると、愈々斯様な考証が至難な業になるであろうことは確かである。従つて今日の時代こそは、寧ろ真に、日本神代史についての不抜の認識と、確乎不動の理解を尽すべき最後の時機に到来しているものと云い得るのである。

　この様な日に巡り遇うた子らやその末は、先づ古事記の神代乃巻の初頭へ鋭く目を徹して、そこに記されているところの「左右乃御目」、またの名を「左右乃御手に抱かれた白銅鏡」（ますかがみ）と云う言葉で指示表現されておつたものが、真実のうえでは、太古の日本国土に実在していた最も高水位の大湖であつたことに注視せられ、次いでその御鏡を双の御手に抱く姿態で在世していた神の名は、迦具土神と云い、神代中期の大森林時代に、この神がわが身を容れることによつて、己が身くろであるとしていた国土を、誤つて焼くことになり、これがため焼身と化なり果てた迦具土の御身くろ、即ち国土は、先づ最初には三段に斬られ、次いで三段から五段に、更に五段から八段へと順次に斬り裂かれて、この神が臥して座す姿態での「焼土加具土」の裁目（さいめ）垣を注視せられたいのである。

　更にまた、目を迦具土神の御身くろから御身の外に転じて、この神が我が身を包むために、自身の御衣装であるとせられていた国土の姿体までを見極めると、必ずや遼古の頃に、大和国宇陀郡の秘境である旧曽爾《そに》の盆地を被つていた炎熱地獄の黄泉湖や、その湖岸に創生していた日本民族の始祖を窺い得るであろう。次いでその後時代が遷つて、か様な「老《おい》乃国」と呼ばれていた旧曽爾《そに》から離脱した大部の人びとは、そのころ四囲の青山によつて天津盤境とせられていた旧伊勢湖畔、換言すれば旧伊賀国へ降ることになり、其処で初めて天狭霧《あまさぎり》国を創国したものであると云うことをも知られよう。更にその後延年を経て、太古の頃は迦具土神の御手乃白銅鏡と唱えられていた旧伊勢湖から、当時「迦具土神乃尿《ゆばり》」と云う名で呼ばれた旧木津川の流れが南部山城国へ向つて初めて生れ出てきたことに誘因して、湖の退水速度が増してくると、天狭霧国に居住していた天津神や天津邑びとらは、急激に、民族の低地帯国土への移動を促進されることになり、そのころでは「外面《そとも》の国土」と云われていた新生の葦原の国ぐにへ分村移動したものであると云う事実や、更にまた、斯様な移動のために利用されたところの水路や陸路の様相が、この考証によつて的確に指摘し得るであろう。殊に一八段の御身を容れるための一宇の姿」と云うものは、後代になつて神武天皇が大和国へ入国せられた時に作られた詞ではなく、我が日本にあつては、天孫邇々芸命が旧日向国へ降臨せられた頃よりも更に遥かな遼古の時代に、既に大和民族の祖先神人の手で顕現せられていた真実が覗い得られるのである。

近世の日本では、日本人自らの手で、日本神代史の否定を絶叫した者もあつた。勿論斯様なものが発生したのは、決して異とするに足りないであろう。これはある時代に異常な物質文化の渡来などがあると、所謂一部の先覚者なるものの陶酔的態度から、常に左様であつたからである。而し乍ら今日の青少年のうちには、日本に古事記や物部氏の旧事記なるものが遺されていることを知つているものは極めて少なく、またその内容に触れる考証は絶無であるので、当代の様な時代に際会すると、日本の太古史に無智な同類が衆愚に臨んで、日本の古代史を否定し、またはこれを渡世の具に供するのである。私の現在の悲願は、斯様な時代にのみ生きる阿世の歴史家が、一応早く息を引き取つてしまつて欲しいことである。またさ様に云つても敢て過言だとは思えぬ程、淫俗無残な出版物が多い時代でもあるからである。さすれば次代の子らは、民族の拠り処として、必ず古事記への執心が啓かれるものと信じているのである。而も倭言葉が、今後の日本の子らにも永く使用されている限りは、太古日本の実相を解明するに難くない筈である。古事記は、近世の様な売文や虚名からの作為ではなく、単色清澄な、太古日本の口誦伝承を、偶たま移入し来つた文字で、平明に記録したものに止まつている。

奈良市黒髪山麓にて

著者記す

正　誤　表

頁	行	正	誤
ものもお	9	憐愛しく	隣愛しく
3	2	慈　悲	玆　悲
5	12	低地帯	低帯地
13	13	慈　悲	玆　悲
15	2	特　異	持　異
17	12	興福寺	興稿寺
45	6	特　記	持　記
51	12	榛原や	榛原下
53	11	孝霊天皇	考霊天皇
62	10	背負う	背負を
80	4	なつて	ななつて
83	11	岩倉峡	岩倉狭
96	14	生れ来つて	生れて来つて
108	5	延喜式	延善式
110	13	郎　党	朗　党
114	13	露　出	霧　出
137	1	此　神	比　神
149	7	現　在	現　存
215	3	また其処から	また処から
252	13	延喜式	延善式
254	2	旧国土	国旧土
259	12	伊賀宅子姫	伊勢宅子姫
259	14	朝　廷	朝　庭
280	10	(山城名勝誌)	(山城名勝詰)
290	10	(準后伊賀記)	(準後伊賀記)
293	12	大乃木村	木之木村
295	4	天明玉命	天門玉命
306	3	御身振り	御手振り
310	1	延喜式	延善式
343	6	草蒿寺	草薬蒿寺
362	13	孝霊天皇	考霊天皇
374	2	碇　綱	碇　網
377	14	新い河	新に河

目次

第四章　迦具土時代後期の全貌……二三八
――旧伊勢湖の分裂から太古民族の低地移動まで――

迦具土時代の参考地図

1、迦具土からの移動水路であつた「左右の御廻り」路
2、神代の低地移動陸路であつた迦具土神の「御櫛、御枕、御杖と御裳」
3、迦具土大火後の三段の統治区と迦具土大森林の八段統治区、並びに十握之剣
4、迦具土時代の左右の御目（旧伊勢湖）葦《あし》原中洲湖及び淡海の水位

本書の著書出版に就いて

本書は日本神代を通貫して、日本民族祖先が執り来つた「口唇の穢れ」や「身の穢れ」に対する厳粛性を解説し、更に進んで「火の穢れ」や、黄泉国《よもつくに》時代の実態にまで及ばんとするものである。而し乍ら、斯様な火の穢れに対する究明などは、非力の一私人が独力を以て生涯のうちに達成し難く、従つて本書は、専ら迦具土神代の地文について、紀記に配するに口誦伝承を以て解説し、而もその時代考証に関しては、嘗ての伊勢国の一部であつた風早乃伊賀国が、旧大和、山城、近江の各一部を併せて大湖を形成しつつあつた当時の水位や、減水度を基準とし、而もこうした旧伊勢湖が、旧近江国甲賀郡野洲川への落下水路を停止する様になつた時代を中心として、当時の天津神《あまつがみ》や看督神《かどがみ》らが、己が御身並びに御衣装とせられていた国土の姿態を窺わしめるに止めるのである。

なおこの書については、迦具土乃研究と云う表題で、数百部を出版したものではあつたが、それが我が意に満たなかつたので、以来十数年にわたる夜を惜んで、嘗ての限定版を増補し、またその装を改めて、重厚であるべき筈の子達への遺産にしたい我慾から、漸くにして生れでた本書であることを附記したい。

昭和三十五年一月十五日

著者再び記す

第一章

言霊《ことたま》の日本民族性に見る口誦伝承の価値

第一節　語り部（かたりべ）と祖先に対座の惟神道

日本の国土では、人皇の御代に入る迄の太古の日に執り行われた諸々の祭祀に際会すると、斎主《いわいぬし》は身の斎戒を了えてから、先づ天津国津の神々を祭り、次いで語り部をして、神代の国の創めから、その当時に至る迄の始終は申すに及ばず、草々の古事迄も繰り交ぜて、神々の御前に漏れ無く奉告せられたものである。天津神の寿詞を奏すと云うのは、即ちこの事である。従つて語り部達に取つては、その詞の一句にも露聊の虚言は許されたものではなく、太古から子々孫々に堅く口誦せられて来たその儘を、只管に恐懼して、神々の御耳に達せんものと心懸けたのである。

斯様であつたが為に、当時の神儀と云うものは、誠に想像だに及ばぬほどの荘重厳粛を極めていたものであると云い得るのであるが、現今でも、日本の辺土と思われる程の山間僻地で、偶たまに其の土地に鎮まる古社の宵宮などに行き遇つた場合に、その御垣内に点されている庭燎《にわひ》の前に立つと、私達もそれらの土地に住む頑是ない子らと同様に、神代の或る宵のこと、天狭霧国の氣噴《きぶき》宮の大戸の前に屯して、大日孁貴命《おおひるめ》の御出座を今や遅しと待ち詫びた大和民族祖先の姿が偲ばれて、素気ない者らにも、太古の昔に曳き戻される心地が覚えられ、一しお身の引き締る思いがするものである。

これが為現在にまで伝えられている日本の祭祀や其の順序に就いては、只管に物珍らしいものと考えられてはいるが、事実に於いては、むしろ筆舌にも尽し難い程の正確さで、神代から不断に狂いの無い祭祀の有様が、如実に伝えられているのである。それ故に或る時代に見受けられた様な、文章の巧致を競つたり、或いはまた、言葉の粉飾を弄んで渡世としていた人達に取つては、恐らくは万古の日に見受けられた様な、我国祖先の真摯な姿は固よりのこと、上代までの語り部達の身の上に就いては、到底覗い得られるものではあるまいと信じられる。

当時のそれら語り部達の身の上に取つては、斯様に彼等は上代祭祀の重要な位置に就く者であつたから、これらの人達はその子等と同様に、仮令平素にあつても、対神の念は毛頭から離すことなく、一屈一伸にも尋常の心構えではなかつたのである。

元来日本の神道と云うものは、彼の仏教に見受けられる様な、御陀の玆悲を無辺であるとして、衆生に、来世の幸福を説くものではない。また基督教の様に、基督の愛を限りないものとして、所謂迷える羊に、その糧《かて》として日々の感謝を説くものでもない。

実に日本神道なるものは、神随《なが》らの道であつて、日本民族の子々孫々をして、日々の語り部としての地位に就かしめているものである。また斯様であつたが為に、仏教の様な万巻の経文を必要とはしなかつた。また基督教の様に、讃美の歌を唱和する要もあり得ないのである。唯僅に、神楽歌《かぐらうた》や神楽舞があるとは云うものの、神楽は、天津国津《あまつくにつ》の神々の御心を慰め奉らん為のものであつて、決して、庶民を対象としているものではない。従つて庶民は、下座の脇に控え、飽くまで襟を正しくして、常に陪観に浴する態度を取つてきたものである。また祭りに社前で行う舞楽や、八雲琴に合せての大和舞も、或はまた社前を終着点とする馬場先の競馬にしても、皆同じである。

即ち日本の各地に八百万神を祭る古社の存在している所以は、神代の後期に、所謂高天原と呼ばれていた旧伊勢湖畔から水穂の大和島根の隅々に迄も低地移動し来つて、而もそれらの国土で、国生み終え、国津神と成つた神々の御荒魂を祀らんがために、天津国津の神々の子孫らが、宗祖神座の地で宮居を建て、それがそもそもの創まりとなつたものである。また斯様であつたが為に、鎮まるところの神々も、永くその故地に留まつて、神の末の子らの口から、聊の飾る事のない、日々の弥栄えの詞を聞き給うことに依つて、神慮を安んぜられているものであり、またその子孫らも、斯くありと信じ来つたものである。

このため日本民族の神明祖宗らは、祭祀や祝詞は悦んで納められたのではあるが、これに反する祈願なるものに就いては、かの経巻や讃美の歌と同様に、天津神々の採り上げ給うたものではあり得ない。大和民族は古来から一貫して、一旦国難や一村一家の難渋に直面した場合には、何は偖置き神明の前に参進して、その都度ことの仔細を奏言することが慣例となつており、古の武士ならずとも、常日頃の日本民族子孫は、死を眼前に控えても、神明の御加護に甘えんとするよりは、寧ろ、神々らに向つて御照覧を乞い奉らんと願つた態度に見ても明白であろう。

何れの時代であれ日本民族の子孫が、大試錬に遭遇すると、老幼も先を争つて氏社に参進し、民として尽す可き道を明らかにして、その達成を誓うのは当然の慣行であるが、かくあつてこそ神々は国たみの志を憐んで、幼い子達の身の上に迄も、御加護を垂れ給つたのであるとせられてきた。この姿に見ても祈願なる詞は、仏教渡来以前の日本では、非礼の所作であつたことが覗い得られる。当今の日本に、今猶祈願祭や祈禱祭の詞で神々への祭祀が行われているとすると、それら地方は、必ずや巧利的な外来思想を過分に受けたことに由因するものである。固より「祈り」は、宗教的行為であるが、日本神道では「神は見通し」と伝えられていて、祖先神人に日々の所行を明し奉るに止まつている。

いざ子等狂行《くるない》なせそ天地《あまつち》の
かためし国ぞ大和島根は　……………………　阿倍仲麿呂

仏教盛時に遣唐使として入唐した仲磨呂にして、この歌がある。天社地祇を祭る国土に生れた喜びを示して、神明に対する尊崇を当時の子達に訓えた仲磨呂の志は、掬んでも尽きないものがあり、また万人も銘記す可きである。些に臨んで、本考証の最も重要な根幹として顕われて来たものは、次の事実に就いてゞあり、先づそれを指摘したい。

日本の国土内で、特にその高地帯地方に所在する古社や古社境内の布置ないし形式は、実に、神代の後期から始まつた大和民族の低帯地国土への移動に際して、正に高天原《たかまがはら》を離れて天津磐境《あまついわさか》を降《くだ》らんとした時に、天神神らの最後の御目に写つた天狭霧国《あまさぎりのくに》の有姿を後世に伝えているものである。

且つ国津社《くにつやしろ》と云うものは、当時の高天原の景観を基として、各々の神がその降り着かれた国土内で、これを模写せしめたことによつて、その起原となつているのである。換言すると、神代に見受けられた正確な高天原の縮図は、幾万年の歳月を経過した現今にまで、日本の各地に遺されている古社の形式や神域内の布置景観を見ることによつて、大和民族子孫の眼前に顕現されていると云う事実である。

また各自の家の神棚は、更に国津社の形式を、一層単純化して作られているのである。

元来大和民族の祖宗らが、神代の高天原の大観を、その移動せられた各国土で模写せられ、またそれら神人の子孫によつても、永く遺されていて、未だにその祭祀を絶やさないと云うことは、世に比類のない祖先の心遣りであり、また興国の天業は、太古から一貫して、天津社や国津社の祭祀を以て緒とせられて来た所以も、こうした所に由来しているのである。

一例を挙げると、神武天皇が大和国へ御東還の途次に、大和国の宇陀に入られて、而も大和一円の平定に悩まれた時に、当時の宇陀宇賀志に居住していた豪族弟宇迦斯《うがし》が、天皇を宇陀に迎え入れてのち奏上した詞のうちで、「天津国津の神々を祭られたのちに賊群を撃ち給うなれば、一挙に逆らう者を降し得るであろう」と申し上げたことから見ても、天津国津の社が、如何に古くからの日本に存在していたものであつたかが知られ、また当時天皇も悦ばれて、こうした弟宇迦斯の言葉を容れられ、大和国の丹生川上に天神地祇を祭られたことを考察すると、その一半が理解せられるべきである。

近世になつて一部の心無い人達が、徒に古社神殿の規模や神垣の大を企て、恰も仏教の殿堂とその外観の美を競う有様を喜んで、而も神乍らに天津国津神らの神威を伝える神事を怠つていて、これを略儀に代え、却つて太古の姿が消え失せようとしている有様は、正しく祭祀の姿を被い隠すものではあるまいかとも考えたい。

神武天皇の治世は、上代とは云いながら僅に人皇の初めであり、迦具土時代から比較すると、極めて真新しい時代に過ぎない。而しながら日本の国土では、人皇の御世に入る迄の驚くばかりの神古から一貫して、他の民族には採つて以て移し難いところの天柱地維が、神への祭祀を中心として、大和民族の上に建てられていて、確呼不動の民族性が生れて来たものであると云うことが理解されよう。即ち本考証の中心も、偏にこの一点に懸つていると云い得られる。

また斯様であつたが為に、日本に現存している紀記を始めその他幾多の古書に盛られてある内容については、上古以降のことは差し控えるにしても、神代の創国から人皇の御世に入る迄の永い時代に関する限りは、仮えその地文上に関する表現が、現代語とは駈け離れているが為に、幾分か難解であり、且つまた神秘なものとせられていて、殊に神代史の巻頭にある迦具土神とその国土の精細に関する限りは、今日に至つても誰ひとりとして手を触れたことがなく、また一指を染めることさへ厭われていて、単なる夢物語りとして取り扱われて来たものである。而しながら上述の見地からみると、私たちは却つて、この状態を異様であると考えている。

その理由として述べたいことは、今仮に日本神代史のうちでも最も謎の様で一見して奇怪な文字の羅列に止まるものであるとされている迦具土神の全文を、幼い者の手に渡して、改めてこれを読み聞かせてみると、彼等に取つては、極めて平易に理解し得られるものであり、且つまた今迄は、その悉くが神秘の連鎖であるとされて来た全巻は、誠に単純で、而も簡素極まる純説明的伝承を、文字によつて綴り合わされたものに止まつていると云うことが知り得られるのである。而も迦具土神の全貌に関する真実については、倭言葉《やまとことば》の極致をもつて表現されておるものであり、また記されている文本には、一字として粉黛修飾の捨字が見当らないのである。即ちこの事実から推察しても、言霊《ことたま》の日本民族性が覗い得られるのである。

殊に古事記のうちで最も美文とされているのは、速須佐男命が天明玉命《あまのあかるだま》を案内者として、天狭霧《あまさぎり》国の宮居へ参進せられようと企てられた時に、この由を聞こし召された大日孁《おおひるめ》貴命が、那勢《なせ》の命を防いで、国垣を堅め給うた事に就いての表現であるが、それらの始終に関しては、当時の大神の「御身振り」と「御手振り」を型取つて記されているのである。而も単なる御手御身振りに止まるものであると、現今に迄考えられていた壱百三十一文字は、実に簡素と精美な詞で、日本神代に実在していた旧伊勢湖畔を中心とする国土と、またそれよりは遥か離れていた旧伊勢国雲出川以南の高地帯、即ち当時の大神が御身くろにせられていた全土迄を堅め給わんが為に、各土に屯していた天津兵杖や看督《かど》神らの移動に関する記録に他ならないのである。換言すると、神代の或る日の地理的説明と兵略が、余す所なく解説せられているのである。

こうした稀有の太古日本に関した純地理的説明は、仮令当時の言語や地名が後代に変化したとしても、或はまた如何ような外来思想や渡来文化が入つて来て、それが後世の国土や大和民族子孫の上に影響するところがあつたとしても、その本義が、確乎不動の倭言葉の粋を以て、正しく解明される様になつているのである。殊にその地理的表現の為に用いられている詞は、幾万年後の子孫の耳にも、容易に理解し得られる程度で、記録されている事が特に注目せらるべき筈である。

然るに現今のように人智が進んだと云つても、斯様な日本の創生記であるべき筈の貴重な紀記を初めとして、其他多くの古書に盛られた日本神代に関する記録に就いては、この国土に生れた人びとの大部さえ、一様に神話に止まつているものであるとして、海外の神話なみに軽卒に取り扱い、而もこの後とてもこの儘に放置して、未開の儘に放置せんとしているのは、誠に奇怪な事実である。斯様な現状では、日本民族祖先としての高天原居住民の偉業などと云うものは、到底理解し得ないのは当然の帰趨であろう。ただそれにも増して切歯せられることは、上代の頃から日本の祭祀と不可分の関係にあつた彼の「語《かた》り部《べ》」らの祖先が、太古の日に堅持していた厳粛な態度や、それら人びとの職責に就いては、近世の日本人が既に毛頭の認識さえも失つていると見られることである。

彼の大和国添上郡稗田に住んでいて、附近の子達が立ち騒ぐ姿に目を細められた阿礼《れい》は、天武天皇の御前に伺候して、日本の古事を暗誦し、これが古事記となつたのであるが、この女人こそ、或は日本での最後の語り部となつたものであろう。また中世の神戸坐女《みこ》は、斯様な女人語り部の姿や職責を後世に残したものに他ならない。更に明治の頃に降つても梓弓を曳き、諸国に分布流浪していた巫女らも、またこうした職責の流れから生れたものである。現今でも神道亜流の教祖らは、多くは女人によつて占められている事実は、決して故なしとはしないのである。

なお日本人の博覧強記に就いては、独り稗田の阿礼に止まらぬであろう。明治初年に紀伊国田辺に生れた南方熊楠は、少年の頃に店頭に佇んで、平家物語りを暗んじたと云われ、また同じころ伊賀国上野の藤岡某は、六法全書の条文を悉く暗誦し得たと云う。総じて文字を持たなかつた頃の古代日本人は、一般人とても非常な強記であつたであろう。このことはまた、現代でも変るところがない様である。

第二節　神仏尊崇の危機考

明治から大正へと時代が推移して、更に昭和の時世に入るに従い、文化は大いに革つたと云われているが、それにしてもこの国の考古同考の人びとの足跡を尋ねてみると、その主要な目標になつていたものは、仏教渡来以後に於ける日本文化発展の過程についての研究に偏向していた様である。云うなれば仏閣の建築や、仏像経文其他の美術工藝品を目して、必死の対称としていた様子が看取せられる。

即ち路傍に聞くと、それらの人達が奈良へ入り来つては、直に東大寺に隠れ、其処に所蔵されているところの古文書などに埋もれて、所謂何らかの発見を競うと云う様な点が挙げられるのである。こうしたある時代の傾向は、誠に奇異な感を抱かせるものでもあり、これはまた向後の人びとからも、或る時代の異常な傾向であつたとして、不可解視されることではあるまいかとも考えられる。誠にこれら人びとが興味の中心として採択されていたものは、神代から一貫した日本固有の文化を摘出して、これに依つて衆蒙を啓き、また万世の国の拠つて興つた真姿を宣揚すると云う観点から考えると、道は遙に隔たつていて、誠に味気ないものである。また斯様な有様で終始していたのであるから、これらの人びとの努力も、僅に海外からの輸入文化が、神仏混合以後の日本に於ての発展と、その足跡を尋ねる以外には一歩も踏み出してはいなかつた筈である。

嘗て日本での知名な日本史研究者が、崇神天皇以前では未だ国家の体形を整えてはいなかつた、と極言したのである。これは那辺の消息を如実に物語つているものである。即ち斯様な徒輩の流説が、近世の日本を毒したのは勿論のことであるが、この一事から考えても、日本神代史に対する一般の理解が極めて幼稚なものであつたと云つても差支えあるまい。従つて、嘗ての先達が押し立てようと企てた八紘一宇などと云つても、衆愚に等しい彼等は、徒に何事かを絶叫していたばかりで、而もその淵源が明らかにされていなかつた為に、隣人には過分の感銘も与え得ず、却つて怪訝な感をさえ抱かせた所以も、その過半は日本神代史に関してはドエニエッやチャンバレンの説にさえ抗し得ぬ程の無智であつた為であろうと感ぜられる。

嘗て私と十数年も業務に室を同じうして、而も日本の旧記に興を寄せていた海外の人の言葉に、日本では国外の神話や考古研究には異常な関心を寄せている様であるが、何故か自国の事に就いて尽さぬ事が多いばかりでなく、一般の人びともまた無頓着な態度であると云うことは、如何様な理由に依るのであろうかと指摘し、更に言葉を続けて、青少年の人物陶治のためには、自国の古典研究が如何に重要なものであり、併せて彼等も若年の頃には、古典古語の研究を過重視する程の基本教育を続けられたものである、と語つた事を記憶する。これは正悪善邪の判断を忘れて、利害打算のみに長けた人を作る教育のあり方を憐れんだ詞であるとしても、なお消え難い不快な記憶になつている。

国学が大いに復興した徳川時代では、地方の各藩を初めとして、一般庶民までも厚く仏教に帰依し、御陀の玆悲に縋ると共に、祖先に対する尊崇の念は、仏教徒も極めて神妙な態度であつた。従つて、諸国には国学者が輩出し、日本神代史の研究に当つては、唯たゞ驚嘆に堪えぬ程の精進が払われた様子である。斯様であつたが為に、先哲が今日の日本に遺している業蹟は、不滅のものとして青史を飾つており、また今後の人からも不断の感銘を購うと共に、日本民族子孫の進むべき大道の火明りとなつているものである。然るに現今でも、猶渡来文化の名残りである仏像や古瓦などの破片を発見したとして、驚喜快哉を叫んだり、或はその発見を揚言する態度に出たとなると、言霊《ことたま》の惟神の国に生れくる後世の子らは、必ずや失笑することであろう。

私は総括的にみて、日本の国土の中でも比較的低地部に遺されている文化物は、仏教伝来以後の海外輸入文化の余沫に止まるものであると考えているので、それらについては本考証に係わる所も少く、またその価値を過重視してはおらない。而し乍らこれに反して、高地帯のものに就いては、奥羽であれ九州地方であれ、或は朝鮮半島や南海に論なく、兼ねてからこうした国土の高地帯は、記紀で明らかにされている様に、高天原民族がその初期の民族移動に当つて極めて緊密な関係にあつた地方であると信ぜられるので、本考証には極めて重要な焦点となつて現われてくるのである。従つてこれら国土に遺されている先住の出土品は、狂いない日本民族祖先の形見であり、また稀有のものとして、その破片にも格別の留意が払われる可きであることを強調したい。

元来大和民族祖先が、人皇の御代以前に遺してあつた遺品は、現今では仲々に得やすからぬものであるが、その理由の一つとして、仏教の渡来とその影響が挙げられるべきであろう。即ち日本での仏教伝来は、文字という驚異な文化機関を併せ輸入せられて来たので、倭言葉と云う持異で、而も優秀な文化を持つていた上代日本でも、神乍らの固有の光は一時屛遮せられ、或はその光を失うに従つて、一途消滅の運命に立ち至つたものが尠くないのである。

特に僧行基が生れ出た神亀天平勝宝の頃になると、迦具土時代に天津国津《あまつくにつ》の神座であつた所へは、例外の無い迄に別当寺なるものが従属せられる様になり、而もそれら別当時の勢力が、仏教の興隆や僧侶の飽く無い迄の地位の向上で加速増長せられてくると、遂には天社国社の故地へは、別当寺のみが残され、その主神の姿は、本地の名さえ留めぬ程に掻き失せた所が尠くないのである。こうした天津神座であつた地域や、乃至は移動後にその本拠としての国津神座であつた地方では、殊更に仏教の影響が、有形にも苛酷であつたのである。再言すると、古代日本民族の主要な居住地であればそれだけに、仏教から蒙つた災害の程度が顕著であつたと認められるのである。

一例を挙げると、神仏混合以降近い頃では、天津国津社の祭祀は神官の手を離れ、神社修築なども、僧侶らの手で行なわれたのが多いのである。また天照大神の御名である大日孁貴《おおひるめ》命に代えて、雨王童子《うおうどうじ》または有宝童子の名を以つて、その御荒魂《あらたま》を斉《いつ》き祭つた様に、或はまた速須佐男命を牛頭天皇乃至、牛頭大王の名で尊称し、この命の御子御八柱でその御母を稲田姫《いなだひめ》とされている神々を、八王子千手観音の本地《ほんじ》であると見做して祭つた有様であつた。

近世でも、基督教の勢力が一時活発になつた時には、当時の有識者と自認していた者が、争つてこれに入信する時代風景が演ぜられたのである。こうした事実は、日本では宗教信仰の自由が許された結果であり、また日本人の珍らしがりな性格にも依るものであろうが、寧ろその主要な役割を果していたものは、その伝道力が急調で、且つ明治初期に見られた様な、衆生の目を奪うに充分な物質文明の利器に併せて輸入されたと云うそのことである。この為に、非常な伸展力を加え、その勢力が一部有識の人びとに浸潤せられる様になつたものであると見られる。斯様な宗教的勢力が、新しい文化の輸入に相待つて飛躍的に増大すると、追々と一般の人達も、こうした文明を生み成した種子は、必ずや共に渡来した宗教に負うところが多いのであつたろうとの考慮が招いた結果であると見る。

明治初期の過度期には、既成宗教としての仏教が、基督教から蒙つた影響は極めて非業なものであつた。即ち日本で壱千有百年に渉つて絢爛目を奪つた仏教文化の桃源境も、一時は廃滅の運命に直面したのである。殊に人口数千にも満たぬ小都邑にまでも、十字架の教会が見られる様になると、基督教への入信は、当時の文化人として欠くことの出来ぬ衣装の様に扱われ、洗礼を受けたとなると、日本の神道はこれら宗教と対立するものではないに拘らず、神棚を焼き、或はまた祖先の位牌を川に散じて、自ら陶酔し、これが進歩的態度であるとして衆生に臨んだものである。即ち彼等の大部は、求道の美名を盗んで、基督を穢したともみられる所業であり、且つ宗教の教典は、その入信者のみの専有物である様な態度に出たのである。

私がこの際特に留意していることは、近世にあつても、斯様な一部日本人の基督教への狂信振りと、これに随伴して始つた仏教文化への影響を照し見ることによつて、日本での神随《かんながら》の神道が、仏教盛事の時代に蒙つた厄難は如何様なものであつたが、またそれらを守り抜いた人達が、甘んじて当時の輸入宗教から受けた圧力の程は、歴史的記録としては遺し得ぬ程の地獄画であつた筈と断定するのである。

明治初期に西欧物質文明の渡来に便乗して、一時的にせよ、基督教の勢力が伸張を見せたのであるが、その当時になると、奈良猿沢池畔で永代かけて人々の魂を慰めた興稿寺の五重塔も、五十両金で売り放つか、或は金具ばかりを取り外して、焼き払うことが決定せられ、更にその跡へは、西欧の移り香としての十字架を建てんものと謀られたのである。この事は、仏教の本拠から偶像破壊の先駆に出て、更にその余勢の趣く儘にその根までも絶やすことが、次の時代を建設する為には避け難い過程であろうとの独善感に堕ち入つた結果であろう。こうした無残な刄渡りが、勢いの赴く儘に衆人を携《ひつさ》げて行われてくると、これが一つの時代の流れとなつて、各地僧房の破壊に拍車を掛ける様になつたのである。こうした事実が、明治初年に不憫にも行われた事を顧りみると、文字と言う武器を翳して渡来した仏教のために、神仏合体当時に於いての日本の神道が、神乍らの国土にあつてすら如何様な憂き目に遇つたものであるかが首肯されよう。

即ちその当時の日本の固有、ないしは在来の文化が、一瞬影光を断たれ、天津国津社は仏座に代えられ、かつまた当時仏教に帰依《きえ》した人達の態度は、明治初期に基督教へ入信した多くの人々と、その軌を同じくしたものであると考えられる。斯様な記録の無い事実に今更の吟味を払つて、過分の考慮や検討を加えることが、迦具土の全貌に就いて興味を寄せるであろう後代の子らに取つては、火急の仕事であり、また太古時代に迦具土神の御枕辺《まくらべ》と云われていた南大和の高地帯で、役小角《えんのしょうかく》が創めた神変修験道が、那辺を目指していたものであるかに就いても、猶一層慎重な考慮が払わるべきであり、これを山嶽仏教であるなどと、安易な作字で葬ることには組し難い。

さて上述の様に、神仏合体以後になつて、多分に隠され、また埋もれ、或は消滅した日本の固有文化を探るための先住遺品は、その史的価値の高いに拘わらず、現今での入手は得難いものであつて、延年にわたる変遷や大自然からの不断の破壊力に遇つて埋没流下し、その旧位置を変えているものが多いのである。従つてこれらのみでは、太古日本の景観に就いて、何等覗うことが出来なかつたのは当然である。例えば今日の大和盆地の低地帯に所在する自然池での出土品のうちには、旧大和葦原湖実在時代に、その東岸の磯上地方を含む高原から流下して来た物もあり、また湖上舟航の古代人が落したものが、旧大和湖の減水後から消滅期にかけその遺留地の土中に集積されたものもある筈である。而しながらこうした難渋を拓いて、更に神代の秘庫を探ろうとする者のために、日本の祖先はその子孫に幾多の鍵を遺しているのである。これこそ、国引歌や鍵引歌にもその重要性を示している口誦や伝承である。殊に日本民族が言霊（ことたま）の惟神の性格であることに見て、口誦伝承の価値が絶対的の場合も少くないと言う理由による。

伝承はこれを区分して、純説明的伝承と宗教的縁起伝承の二つに確別される。後者の縁起伝承は、仏教伝来後に生れた各種各様の縁起物語りであるが、これらの両者は、時代観念から遠く逸脱して、互に混じ合い、また幾分潤色せられているために、その中から純説明伝承のみを飽くまで究明分離せしめて、その本然の姿を鮮明ならしめ、次いでその淵源を正すことによつて、神代研究の一助にせんとすることこそ最も肝要である。

近世でも、太古の大和民族居住地乃至、その初期移動地と目せられる地方には、雑多の古代出土品があつて、考古研究者の耳目を喜ばせた事はあるが、悲しい哉これらの出土品から得た実質上の収穫は、当世の人達の胸に迫る程の鮮明さで写されたとは聞かない。こうした事実は、何が起因するのであつたかを考えてみると、斯様な研究に興味を寄せる人達の大部は、神代以降それら地方が想像にも及ばぬ程の地理的変化に逢着したものであつた事実に就いての探究や、或はまたその地方に於ける動植物や気象は言う迄も無く、神事、風習、方言に就いても馴染みが尠く、殊にその地方の純説明的伝承に関しては、無智であり、また仮令古老らの口誦し来つた伝承に耳を貸す者があつたとしても、太古の景観が変貌しているそれら地方を眼前にしては、根無し噺として看過され、また出土品の真価も測り得ず、その果ては好奇の人達の掌上を賑わすか、或はまた出土品その物の発見を誇示するに止まる結果になつたのである。

従つて口誦伝承に依存せんとする者に取つては、外来の研究者にも一助を待つ事が肝要ではあるが、むしろ出土地方の特志研究家や、古老の説に期待するのが当然の順序であり、太古日本の研究のためには、科学や哲学、音楽等の分野からも、過分の協力を乞わぬ限りは、悠久幾十万年に及ぶ我国神代の有姿顕現などは、到底及び難い仕事である。蝸牛の家から物差《ものさし》を握つて走り出て、それらの出土遺品を偶に手にしたとしても、その時代算定などは及びも着かぬことであり、これが例え迦具土時代の遺品であつたとしても、それらの人達の目には、なお渡来文化の落しものとして映像されていたに止まつた筈である。

第三節　言葉の「穢《けが》れ」

日本の比較的高地帯または高地帯を控える地方では、異例の無い迄に各地共通のもの、乃至その地方独特の口誦伝承があつて、而もそれらの伝承は、縁起伝承とは全く異つていて、宗教的臭味も無く、極めて単色であり、且つ日本のみに限られた特異な純説明的怪奇伝承に属している事が注目せられるのである。即ち斯様な怪奇口承を伝えている地方には、多分に先住遺品が埋蔵されていて、所謂秘決であると口伝せられ、庶民を近づけない地域がそれである。こうした両者は、今日でも不離不則の連鎖を持つていて、これが旧記に優る鍵となつているものであり、それがまた、神代の面影を教え伝えているのである。

固より純説明伝承そのものは、その時代経過が幾千幾万年に及ぶと、伝承発生からの経過年数が、時代の推移に従つて、漸次に短縮前進せられている傾向がある。その説明として、適当な表現は難しいが、その過程を見ると、恰も三角形の頂点から底辺にまで降つて来た人が、その斜辺を降るに要した時間とその間の記憶が、期近の等隔では最大の時間を要したかの様な観念を持たしめられるのと相似たものである。このため伝承の起原に就いての究明が、至難なものとせられ、また近世の史家が、伝承の史的価値を軽視する態度に出たのも、これによるものと信じたい。

而しながら伝承のうちでも、特に純説明的怪奇伝承は、他民族ならいざ知らず、日本民族祖先に係るものになると、絶対的な史的価値があると認め得る理由がある。即ち斯様に断定する所以は、その古代民族性を察知すると、其処に毫末の論議も不用であると云うことが理解出来るのである。先づ最初に日本民族性の精華に見ると、現在でも大和民族の子孫としての国民は、神代から上古に渉つて見られた彼の語り部を偲ぶ様に、常に信義を重んじていて、言語動作にも穢れを厭う風格は、創国の昔から享け継いだものであり、而も斯様な遺習遺風は、他民族には合点の成り兼ねる程度のものである。このことは日本の国土では、太古から、不知不識の裡に抜き難い国民性と成つているものであつて、この日本民族独目の性格を深く考慮すると、純説明伝承の価値は、近世の日本人では計り得ない程の史的価値があり、またそれらが、旧記に比較して遜色の無いばかりでなく、むしろ旧記を遙かに抜んでているものであることが知られるのである。

日本での純説明伝承を価値づけるために、更に妥当な他の理由として、日本民族の潔身を考慮すべきである。即ち仮に身に穢れがあるとなれば、父祖達はその腰に伴つた孫達をも、容赦なく社前の鳥居の前から曳き離して、一歩たりともその域内へは入れない。また子達も、こうした父祖達が太古から守つてきた遺風をその子孫に伝えていて、平素の態度にも身の穢れを懼れたものである。而も飽くまで己が身の清浄を保たんために、彼等は更に、「言葉の穢れ」までをも厭うた次第である。

言葉の穢れを厭うと云うことは、少年らの間でも、その友人から信義に戻る言葉を浴せられた場合には、相手の面上へ唾することによつて、始めて言葉の穢れを祓い得たとした態度に見ても理解されるべきであろう。また明治初期頃の貸借証文の文面に、偶たま現われている「この事万が一にも違えば、路の四つ辻に立つて御笑い被下たい」などの言葉からでも、近古までの日本人の言語に対する厳粛さが覗い得られるものである。これは惟神の道として言霊《ことたま》の幸《さち》を尊ぶ民族性が、後代の日本民族をして、斯様な態度にあらしめたものである。山上憶良《おくら》が読んだ次の歌も、詞《ことば》の玉の緒《を》は神代から受けつぐものであり、言葉に霊の無いものは、神も受け給わぬと云うことを、当時の子等に訓えたものである。

神《かみ》代《よ》欲《よ》理《り》云《いい》伝《つて》介《け》良《ら》久《く》虚《そら》見《み》通《つ》倭国者《やまとのくには》皇《すめ》神《かみ》
能《の》伊《い》都《つ》久《く》志《し》吉《き》国《くに》言《こと》霊《たま》能《の》佐《さ》吉《き》播《は》布《ふ》国《くに》等《と》加《か》
多《た》理《り》継《つぎ》伊《い》比《ひ》都《つ》賀《が》比《ひ》計《け》理《り》今世《いまのよ》能《の》人《ひと》母《も》許《こ》等《と》
期《ご》等《と》目前《めのまへ》干《に》見《み》在《たり》知《しり》在《たり》　（万葉集）

また「敷島の日本の国は言《こと》たまの佐《だす》くる国ぞ真幸《まさか》くありこそ」（万葉集）とあり、更にまた、稗史ではあるが、滝沢馬琴の作南総里見八犬伝の伏姫山入りの条《くだ》りにも、「言《こと》の誠を民草に失わせじと身を捨てて、八房《やつふさ》の犬に伴われ、山路を指して入り日なす」とある。

過去の日本には、海外からの文化や思想が流入して来て、一面から見ると誠に混濁の状態に置かれ、特に敏感な人びとは、父祖の時代からの規約を切り離して、衣食住の上にも、皮相な変化を喜んだものである。その変化の様相は、恰も山野に千年の春秋を楽しみつつある野鳥を駆つて、衣装を整えしめ、或はまたこれに飽食を授けて、温床に追い入れ、遂に天寿を完うし得ぬ様な生活形式が、却つて文化生活であると考えられていた様である。更に勢いの赴く儘に、このことが児童の身にまで及ぶと、相互に競争意識ばかりを激発する教育が行なわれて、温い筈の家にあつてすら、父兄はその子弟をして隣人と覇を争わしめ、教育が競技化する様な傾向になると、南海のある人が「日本には教育があるが教養は無い」と笑うに至り、心ある人達は子弟の将来を哀んで、寒心の眼で見守つた時もあつたのである。

而も斯様な時代でも、日本の国民性には聊の変化や瑕瑾が現われたことがなく、父祖から享けた大和魂は、剣を執つてもなお物の哀れを忘れしめず、愛国の至誠は、遠い迦具土時代の桃の子達らと同様であり、また勇武の程は、筍《たけ》の子達が身を挺して国垣を守つた姿に劣らぬものである。更にその犠牲的精神は、蒲《えび》の子達が今の世にまで神殿の御注連縄の形に残されて、有りし日の姿を飾つているのと遜色のないものである。国たみが一朝事に臨むと、その身の散り際の美しからんことのみを希つていて、野にも山にもまた海辺にも、純朴の血が枯れてはいない。特に日本人が平素の誓約にみると、彼等は文書に依るよりも、寧ろ話頭の相互契約を重視していて、これが相違なく実行されているのである。斯様な太古の日本民族祖先から遺習せられて来た言葉上の潔癖さや、或はまたその潔癖を堅持しようとする国民性を覗うと、日本神代の古事に関する口誦伝承の史的価値なるものに就いては、今更の様に新しい認識が呼び起されて、聊の疑念を持ち得ない程の真実が隠されているものであると云うことが理解されよう。

当今の他民族は、日本民族を目して、諧謔を解し得ない人種であると批判し、またこの事に就いては、兎角の応酬をしていた人もあると聞き及ぶが、元来日本民族は諧謔なるものを解し得ないのでは無く、唯々言葉の穢れさへも憎んだ祖先の純血によつて、日本人は神代から大いに笑う事の好きな民族であつたに拘わらず、その本然の民族性では、天津国津社《あまつくにつ》の前に幾千代かけて自ら語り部の位置に就くものであつた為に、所謂JOKEなるものが、容れられる可き性質の物では無かつたのである。仮りに言語の清濁を弁えずに、これを穢したとなると、上代以前にあつては千座《ちくら》の祓を負わされた筈である。

嘗ては世界の流行語となつて、或る種の者から欠く事の出来ない近世の武器である、とまで云われていた宣伝なる言葉も、一般からは、対外的にみてその必要を痛感された時代もあつたが、他民族によつて取り扱われていた程に興味が持たれず、またその熱意も薄く、而も堅実な子達は却つて不快な気分でこれを迎えた事は、取りも直さず上述の特異な大和民族性が然らしめたものであつて、単に宣伝なるものが、将来の大和民族の発展に係わるものではない、と云う理由ばかりによるのではなかつた。

以上の説明に尽されたものは、日本神代の研究に当つての純説明伝承の価値を、言たまの大和民族性から評価したものであるが、さりとてこれを実際上の研究に資するとなると、多岐な困難に逢着して、昏迷に追い入れられよう。既に説明した様に、こうした伝承の潜んでいる所は、神代に天津神明の居住せられた所か、或は天津神《あまつがみ》が降《くだ》つて地祇または産土《うぶすな》神となつた地方であつて、而もそれらの地方では、人皇の御世に入つてからもその子孫らによつて、宗祖への祭祀が執り行われた所であるが、何分にもこうした地方は、日本での高地帯国土に局限せられていて、而も現今では人煙も疎であり、また神代の景観も一変していて、旧態を更えているばかりではなく、太古の神座の跡を守つていた人びとも、絶え果てているのである。ただ僅かに低地部へ移動したうちの一部子孫が、祖先の原住地と目されていた神明鎮座の旧地が煙滅に帰することを恐れて、その地についての怪奇怨霊伝承を子孫に伝え、これに依つて心無い子孫を近づけない様に計つたのである。従つて現世の人の目前に投影せられているものは、口誦伝承によつて知らされる太古の実体を殆んど残さぬものである。このことはまた、又次の歌からも知り得られよう。

石走る近江の国の、小波《ささなみ》の大津の宮は、
天の下しるしめしけむ、天皇の神の尊の
大宮は、此処と聞けど大殿は此処と言へ

ども、霞立つ春が霧れる夏草が繁くなり
ぬる、百敷《ももしき》の大宮どころ見れば悲しも

(柿本人麻呂)

近江路を旅して大津に行き着いた柿本人麻呂が、天智天皇の宮居せられた志賀の都が、僅かに数百年を出でぬ間に、最早や雑草ばかりが生い茂つていて、在りし日の様を偲ぶに由無いほど変つていたのに身を抜かれ、また魂を奪われて読んだ右の長歌でも窺い知られるのである。

然るに是れが神代の頃のこととなると、単に常識から考えても人の寄り附き難い神秘境であり、またこうした旧地の近く住んでいて、祖先の座を離れなかつたものは皆無であるべき筈である。また仮にそうした旧家があつたとしても、厳密な意味では、太古からその儘の位置で常住するものではなく、古代の都邑や住民は、幾度となく国土の高地部から低地帯へ向つて、移動分村して来たものである。嘗ては神代の天狭霧国《あまさぎりのくに》と称えられていた旧伊勢湖畔の旧霧生郷一帯でも、古代民族は湖の減水消滅に従つて、当時の湖心に不断の移動を行つたのである。

斯様な有様であつた為に、仮令太古時代の伝承を或る地方で探り得たとしても、その正確な出所やその真実の姿が、未だ嘗て顕現されるに至らなかつたものであり、特に大和民族の創生創国やその初期の移動地域では、今日でも昔ながらの道徳律や習慣を堅持していて、而も過分に排他的で、而もそうした地域の山野を耕す人々は、野に遺賢ありの風格を堅持している者が多いと考えられる。そのために是れら寡言の人との接触に待つて、太古からの口誦やその実体を探ろうなどと企てる事は、一朝一夕の業では無く、また左様な機会や成果を願つても、実質的には何物をも捕握し得ないのである。

唯々今後の子等は一段と勇を構え、人無き里に入つても一草を仮初《かりそめ》めにせず、また路傍に捨てられた草鞋にもなお教えられたいとの希望を繋いで、執心精進のうちにそれら地方に遺されている物獣み、神事、古語、神事や祭祀など太古の余影や、天津国津《あまつくにつ》神々の神威神徳を伝えるものに就いては、少しも疎にすることなく、其他行事風習方言にも耳目を寄せて、年月の長きことに興を怠らずに、不断の懸念で勉めると、時には神代の片鱗にも触れ、またこれを端緒として、日本肇国が如何に古いものであつたかを知り、而も未だ古人の尽し得なかつた神代の有姿顕現が、邃古の日の白銅《ます》鏡《かがみ》に写すように覗い得られるであろう。また斯様に証かし知るによつて、始めて日本民族が明日への飛躍の糧となるのであり、我が祖宗も、共に額を地に埋めて、こうした日の来る事を希うであろうと信じる。

第四節　御斉峠《おとき》八十八曲り「阿呆の衆」

迦具土の考証者としての私は、史実の研究そのもので、この世の生涯を渡りつつある者ではない。僅かに物心のつく頃から、祖母達の手枕や近隣の古老から聞き得た怪奇口誦によつて、その影を慕うの余り、考古研究の一隅に身を秘めて、飽かずに迦具土神の姿に執心し、自ら慰め、その余暇を楽しみ来つたに過ぎないのである。然しながら半夜の悉く《ことごと》を、この研究に割いた。

往古では神風伊勢国の一部であつた風早の伊賀国は、古来から謎の国と目せられ、また神秘の境とせられて来た。殊にその国垣を続る四壁の山々のうちで、その南壁となつて控える紀伊山脈と、東壁を作つて走る鈴鹿山脈の合体する東南隅の高台地は、山々から受ける肌合の感覚が女性的で、而も温雅であるに似気《にげ》なく、全体の相貌から受けるものは、神秘と剛壮に尽きるものであつて、此の国に住みつく者にも、尠からず威圧感を抱かしめている。

伊賀南壁から東壁へ駆けるこれらの山々は、一山一峰の悉くが岩塊の列座を組むものであり、古来からその上半身は、美しい草肌で被われ、下半身は大和国の宇陀と伊勢国の一志の深山帯で包まれている。伊賀四壁の何れかの高地に立つて、伊賀盆地を望むと、その景観は無比であり、殊に山城国の野殿から、或は近江国の多羅尾路から望む国垣の姿態は、伊水を聚《あつ》めた盆地を一望の裡に纏めて「四面の青山の国」を如実に示すものである。また南壁の尼ケ嶽は、古名を首ケ嶽と云われ、秋色の日には旧相模国の富士山をも望み得られる。更に東壁の主峰笠取山は、太古に岐神《ちまたがみ》が常座していた花立之衢《ちまた》であるが、これは伊勢海に面していて、而も西方の摂津河内、和泉の山々まで指呼の間に容れる。特に西壁の一部の比自山は、迦具土神に有縁の地であつて、神代には千座置戸《ちくらのおきくら》と呼ばれていた旧千戸や旧千歳の都邑のあつた南宮山と、両者は丘陵の上野市街を狭んで東西に対峙する。而も清楚な伊賀盆地と四壁の景勝を望むときは、感嘆の声を放つ所であり、また旧伊勢湖の在りし日の形態を覗うには絶好の地勢にある。

こうした伊賀四壁のうち異形な南壁は、神代にはこの国土の「頭」とされていて、東西の両壁は、この国に座し給うた神の「双の御手」を形成し、また北壁と西壁の一部は「左右の御足」を構成していたのである。こうした紀伊、鈴鹿、笠置や磯城の連山によつて盤境とされていた伊賀国は、総てこれ怪奇伝承の壺であつて、従つて此の国に生れた子達が幼い日に聞き知つた数々の伝承は、永い間の楽しい未知の世界であつたと共に、また解き難い謎の連鎖に終始したものであろうと考える。

然るにこの国の高地部に数多く残されていた口誦伝承に馴染みの薄い人達は、太古日本の芽生えを秘めた伊賀国の実体を語つている天平風土記や、延長乃至は総国風土記、並びに準后伊賀記などの古書に盛られた記録やその内容に就いては、偶々に奇特な研究者があつて、相応の注意が払われた様ではあるが、これらの人々もまた、先代旧事本記に対すると同様に、偽書であるとの意識で今日まで取り扱つて来た為に、幾多の古書に埋れたこの国の謎をも解き得ず、哀れ伊賀国は古書偽作の国である、との捨台詞を残して退陣を余儀なくせられ、かくして旧伊賀とこれを支える近江、山城、大和、伊勢の山河は、誰びとからも一顧さえ報いられずに終つたのである。かくなり果てては、上古の白鳥之国の伊賀にさえ何人も興味と推究の寄せられないことを遺憾として、些《ここ》に古事記を基とし、伝承に依存して、迦具土時代の旧伊賀を初め四囲の国土と当時の有様を、神秘とされている迦具土神の御身を再び割くことによつて、広く旧近畿地方の全貌を解くに至つた次第である。

但し迦具土神の研究に当つて返す〳〵も口惜しいものは、天正九年九月二十六日に始まつた織田信長公の伊賀乱入である。公は手勢四万四千余騎を引き具して、近江国の居城安土を進発し、北畠信雄の恥を雪ぐためと号して、東西北の三方から乱入に及んだのであるが、その侵入路としては、神代に低地帯国土への移動水路であつた旧安《やす》の河、即ち現在の野洲河を逆に攻め上つて、伊賀東北隅の柘植《つげ》に押入り、他方では滝川一益や日置弾正の大軍を放つて、伊勢路から伊賀南壁の高地帯を目指して攻め入り、目指す旧霧生《きりゆ》郷田井之庄を一揉みにせんとしたのである。

太古に天狭霧国《あまさぎりのくに》の 中心地であつた旧霧生郷は、天正の頃でもなお国中第一の要害地であつたので、伊賀全土から馳せ参じた郷士達は、国見山の砦を本拠と頼み、国中の民百姓らに号令して奮戦に勉めたものではある。而しながら何分にも南壁の腰を扼する老川《おい》の砦を砕かれてからは、国見の砦に火を掛けた滝川勢が南壁に点在した高尾、霧生、布生などを焼き立て、これら古代の霊所で乱虐の限りを尽したのである。更に他方では、伊勢から伊賀東壁の長野峠を越え来つて、その麓に所在する阿波郷と壬生野高原へ襲い入つたのである。このため嘗ての天乃阿波《あまのあわ》や天乃平田《あまのひらた》の両盆地に住み着いていた男女は、老幼を分つことなく、蒼煙の空しく立ち昇る裡に、哀れ彼等織田勢の刃に切り伏せられた次第である。

而も国中の神殿霊場は、その二三を除いて悉く織田勢のため放火の難に遇い、逐次炎滅し尽されたものである。神代には千座之祓《ちくらのはら》いが行われたことのある中ノ瀬右岸の南宮山は、金山姫命の社地であり、また後村上天皇が行幸せられた伊賀一宮であるが、この社で金山姫命《かなやまひめ》や少彦名命《すくなひこな》と相殿《そうでん》の甲賀三郎の霊儀《れいぎ》が、この混乱の際に浚われたのであり、さてこれがその後に還御なつたとき、その途中に島ヶ原地方まで出迎えた神官が、哀れ腰を抜かして転倒したと云われているが、それ迄は雑兵の手に渡つて、京三条の店頭に晒されてあつたと伝承される。斯程まで織田勢が無体を尽した為に、現在から十五六代以前の民百姓らの祖先は、大釜などに隠れて彼等の槍先から逃がれた者もあつたと云うが、これとて伊賀西壁の臂に位置を占める比自山の砦が破られることになると、当時まで伊賀国の四壁に砦を構えて、四季の翠壁《すいへき》を楽しんだ幾千の郷士も、また今なお村落の家々に槍、大刀、弓矢、長刀などを飾る百姓らの祖先も、妻子や郎党と共に一朝にして亡び去り、国中は殆んど無人の境と化した次第である。

こうした時にも幸とすることは、伊賀北壁の一部に加えて、近江と山城の両国に接したこの国の西北隅ばかりが、完全に彼等の暴虐の手から免れ得たことである。その由来は、近江国多羅尾の峻路を渡つて北壁の主峰高旗山に迫つた織田勢の一部のうちで、多羅尾光弘に従つた二千三百余騎が、麓に並んだ民家を望見すると、一散に軍馬を北の川と称える伊賀川流域へ押し進めたのである。即ち高旗山直下の御斉《おとき》峠を降らずに、東南の谷間から旧補陀落寺に打ち入つて、堂塔に火を懸け、高倉の宮へ外れたのである。日本最古の丁石《ちょういし》が所在するこの地の所化僧《しょげそう》は、その時寺宝を衣に包んで、紀伊国へ遁走したのであつて、この事が熊野の霊所補陀落寺の起源となつたものであると云う。か様であつた為に、御斉峠《おとき》八十八曲りの峻岨に物見（ものみ）して、織田勢の来るのを今や遅しと待ち詫びた新居郷西山村の郷士らは、空しく槍を立て呆け、この故を以て今の世にまで彼等の子孫は、八十八乃阿呆の汚名を残しており、また私とてもその流れを汲むものであるが、こうした御斉峠を境として西に連なつた山腹の住民は、幸か不幸か死を逃れ、国中の都邑は悉く焼土と化して人影も残り尠くなつたに拘わらず、此の境域ばかりは兵火の難を蒙らなかつたのである。

従つて遼古の時代に、旧伊勢、大和、近江、山城四ケ国の屋根であつた旧伊賀国の神秘は、必ずやこれら伊賀西北隅の一部に住む「八十八の阿呆」の子孫に遺されているものと信じて、専らその地の伝承に耳を傾け、それによつて迦具土の相貌を覗いつつあつた次第である。この地方は日本神代前期には、迦具土神が「左右の御足」を交えていた国土に当り、またその後期には、大気津姫命《おおけつひめ》が御身を寄せられた所である。更に時代が遷つて天孫民族の移動時代になると、その第一の移動水路であつた旧伊賀東北隅の旧野洲川に次いで、第二の主要路になつた彼の天盤座《あまのいわくら》右岸の国土に当つている。

以下各章で考証する迦具土に就いては、前期を十六節、また後期を十四節に分ち、またこれらの解説には百五十七項を列挙して、迦具土神の神威と、神が嘗て御身を寄せられていたことのある国土の相貌を記述する次第である。但し当時の日本国土は、なお久々能智《くくのち》大森林時代の直後であると見られる為に、当代の人々の推究を容れ得ぬ程の神古のことであり、従つて迦具土三段、五段、八段の各区に分つて、己が身くろの国土を統治せられていた大山祇《おおやまぎ》達八柱や、その神明鎮座権現の地に就いては、その正確が期し難いのである。而しながらその大部は、火成層の岩盤帯に置かれているものであるために、自然界から受けた影響も、他の低地帯国土に比較して軽微であるので、只管に太古の姿態が精細に描き出し得るものと考えている。

第二章

迦《か》具《ぐ》土《つち》の意義

茲に解説する迦具土とは、古事記神代之巻に記されている神明の御名、迦具土神を指摘するものであつて、具体的に云うと、迦具土神自身の威光に加え、その「御身くろ」と「御身の外」を云う。更にこれに分析を加えて、神の威光が輝く御身くろと云うのは、嘗て迦具土神が御身を容れていた国土そのものに他ならない。従つて古来から考えていた様な、単に迦具土神御自身の四肢五体を云つているのではないのである。次にこの神の「御身の外」とは、神が自身の国土を包むために「己が御衣装とせられていた国土」そのものを指示しているのである。

さて迦具土神とは、太古の日本国土内に座せられた神明の御名であつて、男神伊邪那岐命が那美命と「国生み」「神定め」を終えられた時に、初めてこの神の御名が現れてくるのであり、日本の旧記は次の様に記している。

次に火之夜芸速男《ひのやぎはやを》神を生む。亦の名は火之炫毘古《かがひこ》神と謂う。亦の名を火之迦具土《かぐつち》神。

此子生むに因て美蕃登《みほと》灸《やか》れて、病み臥せり。（古事記）

更に他の一書は、迦具土神の威光や当時の有様を、次の様に明細に記録する。

伊弉再《いざなみ》尊火之産霊《ひのむすび》迦具突智《かぐっち》を生まんと欲す。此の時此子を生むに因て・美蕃登灸かれて、病臥し給う。且つ神避るの時、熱がり悩む。………伊弉再尊は火の神軻遇突《かぐっ》智《ち》を生み給う時、焦かれて神退り坐《さま》す（旧事本記）

右の史実を見ると、迦具土神は男神であつて、伊邪那美命の御子である事が解る。またこの御子を生まれた為に、伊邪那美命は己れの御蕃登《みほと》を灸かれて、病み臥し給うたと記されている。さり乍ら迦具土神に関する右の史実を、左様に解釈すること自体が、古代語への反逆に他ならないのであつて、日本神代の歴史的事実には聊かも触れてはいない。また全然意味を成しているものでは無い。而もこうした儘に、古来から迦具土神については、旧記の棒読みに終始していたのであるから、万古の日本に座していた迦具土の片鱗さえも摑み得なかつた事は、少しも不思議とするに足らない。かくして先考の人達が、今日までに知り得たことは、この神明は身体の威光によつて、火を司る神の証《あかし》しであつたとし、或いはまた、火体の秘訣であろうと見られたに止まつている。

元来古事記や他の旧記に伝えられている迦具土神に就いて、単に文学の儘で現代語への移入を企てようとする事は、誠に他愛の無いことであり、またそれが一見容易でありながらも、神秘そのものに止まると見られていたので、遂には奇怪な文字の応接に困惑して、この神の実体は模索の柵外に踏み出していたものである。

而しながら私達が現代の生活態度から脱却して、極めて言語と生活形式が単純化されていて、而も濁りのない神代に生存しているものと考え、更にまた当時の人達と異ならぬ程の清明の心で以て、初めて古事記の「国生《う》み」や「神生《う》み」伝承の記録を読み下すと、今までは謎の様に見られていた文字の数々は、決して修辞のための空言葉では無く、千古不変の言霊《ことたま》で、当時の真実を表現したものであると云う事が看取し得られるのである。

伊邪那美命が御子迦具土を生み給うたとの古事記の文字も、帰する所は迦具土神の姿態を万代の子孫に伝えて、その理解を後世の子達に容易ならしめん為の掛念から、大和民族の祖先らが、不易の倭言葉で口誦し且つ伝えていたものを、偶々に日本へ輸入されて来た文字によつて、古事記に収録せられているのである。即ちこの場合の「迦具土を生み給うた」と云う言葉も、天津神が御自身の御子としての迦具土を生んだと云うことでは無く、「国生み」即ち新しい国土を「生み堅め」て後、其の国土の所知を委ねるために、天津子達の御一柱を産土神（うぶすな）として「生み定め」られたと云う意味である。

「此子迦具土」の此子は、伊邪那美命の真の御子としての迦具土神を云つたものではない。当時那美命が己れの御身くろとされていた国土を委ねるために、迦具土神を生み定められた事を云つたのである。このことは、黄泉《よもつ》裁目《さいめ》垣の神争いに伊邪那岐命の危難を救つた桃の子や蒲《えび》の子、筍《たけ》の子達に比べられる「子」である。即ち皇子の意味を含まず、後世の「氏子」や「家の子」などと同一視すべき子であつて、厳格な意味での此子迦具土とは、伊邪那美命の「分身としての御子」迦具土神を云つているのである。

迦具土神御自身に就いては、他の多くの御名によつてもその威光が伝えられていて、文字で記された神の御名としては、軻遇突智とあり、または河玖土《かぐつち》、或は火之産霊《ひのむすひ》迦具突智《かぐつち》の他に、火焼速男《ほのやけはやを》神とあり、更に火之焼彦《やきひこ》神とも記されている。これら多くの御名を知るによつて、明らかにされていることは、迦具土神は火に有縁の神であると云う事である。

次にこの迦具土のために、伊邪那美命が美蕃登《みほと》を灸《や》かれ給うたと云う古事記の詞に就いては、未だ的確な考証解説が、現在までのところ日本の先哲によつて垂示されてはおらない。而もこの一詢《く》に尽されている記録が、迦具土の全貌を訐《あば》く根本のものであつて、而も多岐な史的真実が秘められているのである。即ち古事記に記された「女神の美蕃登」と云う文字も、これまた伊邪那美命の一部神体を指示しているものでは無く、女神が当時御身を容れていた国土の一部を、美蕃登なる倭言葉で表現しているのである。またこれと共に、伊邪那美命が迦具土神に灸かれた国土の一局部に就いて、その地理的位置を明確に指示しているのである。

元来日本国土が極めて若かつた神代初期には、地域も現代の様に広大では無く、所謂古事記に記された多陀用幣流国《ただよへるくに》の形相をみせていた「湖沼時代の大和島根」であつたから、天津神達は産土神として、天之祖《おや》の宣命の儘に国土を拓いていたのである。この当時は魚の背を並べるに似た様相の高地帯斗《ばか》りが、水上に浮んでいた大八洲島であり、そうした洲壊を統治する為に、天之祖神が拠り処とせられ、且つまた己が神座を構えられていた所は、洲壊の真中に白銅鏡《ますかがみ》を宿していた国土であつた。而も白銅鏡と呼ばれたところの大湖の湖畔は、四面の青山を繞らす大森林帯で被われていたものである。

当時の天津《あまつ》神らは、斯様な天三降《あまみくだ》りの拠り処とせられた四囲青山の国土や、またはその中央部に生み成されていた琉璃《るり》の大湖について、その位置を呼ぶ為には、東西も無く、また南北も空しい神代初期のこととて、専ら各時代にその身を容れてこれを御身くろとしていた天津神の四肢五体の名称を採ることによつて、天津盤境《あまついわさか》の各位置や、或は当時の景観の悉《ことごと》くを指示表現していたのである。こうした事実は、国土のうちの何れの個所であれ、その総てが神の御身を構成したものであると云う事を明白にしているのである。

伊邪那美命の「美蕃登《みほと》」とは、蕃登の敬称であつて、富登と同意義である。富登の文字は、大物《おおもの》主《ぬし》命の御子である伊須気余理毘売《いすけよりひめ》命が生れ給うた条《くだ》りに、大久米命《おおくめのみこと》の物語りとして、次の様に記されている。

三島湟咋《みしまみぞくい》の女、名は勢夜多良比売《せやたらひめ》、その姿美しかりけるが、美和《みわ》の大物主《おおものぬし》命見感《みめ》で、丹塗矢《にぬりや》に成りて、その富登を突き給う。（古事記）

右の記録は、最早や人皇の御世に近い頃の故事に就いてゞあるが、而も猶この当時でも、富登なる言葉は、勢夜陀多良姫の御身の一局部を指示していることは考えられない。即ち富登の文字で表現されたものは、当時この姫が御身を寄せ給うて、御住居の地とせられていた旧三島の富登に当る地方へ、大和国美和の大物主命が御身を寄り進ませられたと云う意味である。旧三島は、現在の大和国磯上の麓に近い丹波市の東郊であり、大和盆地を被う大湖が実在していた頃は、こうした磯城の低地部に、三つの小島が所在していたものであることが知られる。既ち現今の丹波市字豊田から岩屋谷へ越す峠の近くまであたりは、旧三島の陰土《ほと》に当つたものと思われ、その途次の道路に跨つて、岩室の遺構が見られる。但し三島湟咋姫御在世の頃は、三島とても名ばかりのもので、当時の大和の低地部は大和国泥海時代の相貌に革《あらたま》つていたものであろう。

また同じく富登と云う言葉については、迦具土時代を隔たることの遙か後世のことであるので、引例としては如何なものであろうかとも考えるが、第三代安寧天皇御陵の地理的位置やその方向に関した次の記録を挙げたい。

師木津日子玉手見《しきつひこたまてみ》の命、片塩の浮穴《うきあな》の宮に坐しまして、天の下しろしめしき。……

…。天皇、御年四十九歳。御陵は畝火の山の美富登《みほと》に在り。（古事記）

これを見ても明らかな様に、上古でも、国土の或る一部地方や其の位置を知らしめるためには、美富登と云う言葉が用いられていたものであり、而もそれが日本の太古その儘と同一儀に使われていたことが知られる。この事実は、日本の口誦伝承そのものの価値を昂揚するものである。従つて伊邪那美命の美蕃登も、当時の女神が常住されていた国土の一部であると共に、その所在の指示は、神の御身のうちその富登に当つていた地方であると云う意味なのである。

既ち「此子生まれるによつて、美蕃登《みほと》炙かれ給うた」と記された古事記の文章を平易に解釈すると、伊邪那美命は分身迦具土神に禍いせられて、御身としていた国土を焼かれ、而もそうした迦具土大森林の大火は、当時女神が御蕃登とせられていた地方から起つたものであり、またその大火の区域が、漸次拡大するに従つて、女神の座せられていた国土が、熱かり病む様になつたという、純歴史的事実についての口誦伝承を記録しているものに止まつている。

斯様に伊邪那美命が分身迦具土神のために己が国土を焼かれると、御身は火難を負つて、天狭霧《あまさぎり》国から退座せられることになり、遂には神人創国の地であり且つ遠祖鎮魂の地であつた黄泉国《よもつのくに》へ走られて、黄泉大神《よもつのおおかみ》となり、黄泉湖畔の国土で神垣を作つて、これを己が御身くろとせられ、その地に隠れ住み給うたのである。伊邪那美命がこうした黄泉国へ移られて、嘗ての御身くろであつた青山四囲の国土からその姿を消されることになると、故《もと》の女神の国土、既ち迦具土の焼土は、総て迦具土神の四肢五体の名称によつて表現せられるようになつたのである。こうした国土についての指示表現が、また古事記にその儘記されているのである。

こうした迦具土大火後の焼土は、その後になつて伊邪邦美命と再会せられた伊邪那岐命が、女神と黄泉国の裁目を定めてから旧近江国の多賀へ帰られる途次に当つて、自身の手で完全に区画整理

された のである。この焼土迦具土は、黄泉国と旧近江国に挾まれた国であり、また嘗ての迦具土大森林を擁する妹神《いもがみ》の国土であつたが、迦具土大火の直後にこの国土に残されていたものは、唯一本の木にも喩えられるべき迦具土神のみであつたので、これを見た伊邪那岐命は、妹神に御離別の悲嘆や、火を失した迦具土神への憤怒から、迦具土神の五体を八段にまで切り割かれたのである。この迦具土八段に就いては、古事記を始め他の古書が、当時の有様を精細に伝えているのであつて、而も玆で持記したい事は、所謂「迦具土を斬る」と云う言葉である。斬るとは、迦具土神の御身を斬ると云うことでは無くして、大火の難で焼土と化した迦具土神の国土を新に経営し、青山四周を再現せしめる目的から、迦具土の国土を区画したことを伝えているものである。

伊邪那岐命が迦具土神を斬るために用いられた十拳《とつか》の劔や、その斬り給うことによつて各土の所知に任ぜしめられることになつた神々の御名については、先づ次の史実に注視されたい。

「こゝに、伊邪那岐の命、御佩かせる十拳《とつか》の劔を抜き、その子、迦具土の神の頸を斬り給う。こゝに、その御刀の前に著《は》ける。血湯津石村《ゆづいわむら》に走りつきて成りませる神の名は石拆《いわさく》の神、つぎに根拆《ねさく》の神、つぎに石筒之男《いしづつのを》の神、つぎに御刀の本《もと》に著《は》ける血湯津石村に走りつきて成りませる神の名は甕速日《みかはやひ》の神、つぎに樋速日《ひはやひ》の神、つぎに建《たて》御雷之男《みかづちのを》の神、またの名は建布都《たてふつ》の神、またの名は豊布都《とよふつ》の神、つぎに御刀の手上集《てがみにつど》へる血手俣《てまた》より漏れ出で、成りませる神の名は闇淤加美《くらおかみ》の神、つぎに闇御《くらみ》津羽《つは》の神。

殺さえませる迦具土の神の頭に成りませる神の名は正鹿山津見《まさかやまづみ》の神。つぎに胸に成りませる神の名は淤縢山津見《おどやまづみ》の神。つぎに腹に成りませる神の名は奥山津見の神。つぎに陰《ほと》に成りませる神の名は闇山津見の神。つぎに左の手に成りませる神の名は志芸山津見《しぎやまづみ》の神。つぎに右の手に成りませる神の名は羽山津見《はやまづみ》の神。つぎに左の足に成りませる神の名は原山津見の神つぎに右の足に成りませる神の名は戸山津見の神。

かれ、斬りまし、刀の名は天之尾羽張《あまのおわばり》と云い、またの名は伊都之尾羽張《いづのおばはり》という」

（古事記）

更に次に記されている迦具土神についての史実は、遙に古事記を抜くほどの精細なものであり、日本の太古に旧伊勢湖畔の磐境で座を構えていた迦具土神とその国土、更にその身くろに接していた外面の国土、或はまたその当時の湖岸や高地部に居住していた大和民族祖先や、その聚落地などが余すことなく伝えられているのである。既ちこれに依つて神代の迦具土神やその国土の全貌が、地理人文上から見て金玉の倭言葉で遺されているのである。

伊弉諾尊遂抜所帯十握劒、斬軻遇突智頸《かぐつきのくび》為三段《みぎた》、亦為五段亦為八段、三段各化為神《かなる》一段是為雷神、一段是為大山祇《おおやまづみ》、一段是高龗《たかおがみ》、五段各化成五大山祇、一郡首化為大山祇二郡身中化為中山祇、三郡手化成麓山《はやま》祇、四郡腰化為正勝山祇、五郡足化成䨄山《しぎやま》祇、八段各化為八山祇、一郡首化為大山祇、亦名正鹿山津見命、二郡身中化為中山祇、亦於胸所成神名淤勝山津見神、三郡腹化成奥山祇、亦名奥山上津見神、四郡腰化爲正勝山祇、亦於陰《ほと》所成神名闇山《くらやま》津見神、五郡左手化成麓山祇、亦名志芸山《しぎやま》津見神、六郡右手化為羽山祇、亦名羽山津見神、七郡左足化為原山祇、亦名原山津見神、七郡右足化為戸山祇、亦名戸山津見神、復劒鐔垂血激越《またつるぎのつばよりちたばしりこえ》為神、亦走就湯津石村所成之神名日天尾羽張神、亦名稜威雄走《いづのおばしり》神、亦云甕速之日《みかのはやひ》神、亦日熯速日《ひのはやひ》神、亦日槌速日神、今坐天安河上天窟《あまのいわと》之神也

復劒先垂血激《またつるぎのさきよりたばしるち》越為神、亦血走就湯津《ゆづ》石村《いわむら》所成之神名日磐裂根裂神《いわさくねさくのかみ》、児磐筒男磐筒女二神相生之神児経津主神、復劒頭垂血激越三神、名日闇龗《くらおがみ》次闇山祇次闇罔象《くらみづは》、是

（旧事本記）

時斬血激灑《たばしりて》染於石礫樹草《いわむらきくさ》、砂石自含火其縁也

右の様に記されたうちの斬ると云う詞は、迦具土の焼土に裁目《さいめ》垣を入れた事であることは勿輪であるが、これに用いられたと記される伊邪那岐命の十拳《とつか》之劔《のつるぎ》とは、これまた武器そのものを云つたものではなくして、剣の形態で、迦具土神の国土に流入していた十筋の旧河川である。伊邪那岐命はこれらを利器とせられて、この焼土に裁目を入れ、こうすることに依つて、将来の火難を防ぐ為の対策を考慮されたのであつた。而もこれら八段に区画せられた焼土迦具土の国土内には、改めて八柱の大山祇を生み定め、彼等をして迦具土神に代つて各土を所知せしめられたのである。

但しこれら神代の十筋の川は、その流れが極めて緩漫であつた事が知られ、またそれらの中で最大のものは、天之尾羽張劔と呼ばれていたものである。旧記はこの尾羽張劔の沿線から先端に当る国土への地理的説明や、神明の布置を精細に伝えているが、この事は、迦具土時代の都邑の分布や、当時の水路交通を推究するためには極めて興味の深いものである。

本考証は、次の章から地理、人文、歴史上の事実を基礎として、迦具土神やその国土の実体を解説するのであるが、但し本考証で云う迦具土時代とは、天の祖神が迦具土神の御身としていた国土へ座せられる様になつた時代から始まるものであり、その後になつて、天津神らが迦具土の国土か

ら葦原の低地帯国土へ移動する様になつた頃を、その終局とするのである。

また迦具土時代を分つて、前期と後期に区分するのであるが、迦具土時代の前期から後期に遷《うつ》る分岐点は、旧伊勢湖の減水分裂後、程なくして旧近江国の琵琶湖へ落下していた当時の天之安河《あまのやすかわ》の水路が、完全に断絶することになつた時、即ち他方では旧伊勢湖の西北隅に、天《あま》の岩位《いわくら》の水路が生れる様になつた時期を以て画するのである。更に各時代推移の計算は、太古に実在していた旧伊勢湖やその湖上湖であつた天平田湖《あまのひらた》、天併田湖《あまのあわだ》、旧隠湖《なばりのうみ》や、更にまたこれらより遥か高所に位置していた黄泉湖《よもつ》などの水位、並びにその減水度に依存する。また当時の国土やその一部地方の名称に、「旧」の字を冠している事は、現在と異つて、湖沼時代の景観を見せていた当時の国土を表現したい意味からである。また古事記では天照大神《あまてらすおおかみ》の御名で記されている女身の神については、太古のころの旧伊賀時代からの口誦に従つて、大日孁貴《おおひるめ》命の名によることとする。

第三章

迦具土時代前期の全貌

――風早池の起源から、迦具土大火後の大洪水まで――

第一節　迦具土神の「御手の白銅鏡《ますかがみ》」と呼ばれて、旧伊賀国を被つていた旧伊勢湖

迦具土神の「左右の御目」または「左右の御手に抱かれた白銅鏡」と呼ばれた旧伊勢湖が、遼古の日本に実在していた。是の大湖こそ、嘗ては神風伊勢国の一部であり、且つまた日本の国土のうちで最も神秘な国であると伝えられて来た白鳥の伊賀国が、迦具土時代に見せていた姿態である。

日本の本土中央部に位置を占めているのは、近畿地方であるが、その中枢と成つているのは、山

城、近江、伊勢、大和の四ヶ国である。而もこれらの国土にその四隅を支えられて、地は高く、国垣の極めて美しい山国がある。またその真中は、国土の過半を被う程の盆地で占められている。この盆地こそ、嘗ての太古では、大湖として狭霧立つ裡に琉璃《るり》の姿を浮べていたものであつて、こうした大湖と湖畔の国土そのものは、日本の旧記に記されている天狭霧《あまさぎり》国に他ならない。天狭霧国と云うのは、神代の中期に、妹神伊邪那美《いもいざなみ》命が御身を容れ給うて、己が家とせられた国土であるが、次いで妹神の分身迦具土神が所知する様になつてからは、国土の八隅までが迦具土の四肢五体で呼ばれ、また左様な表現によつて、国土の実体が明らかにされていたのである。この様な天狭霧国の形骸を、幾万年後の今日にまで遺している ものは、現在の伊賀国とこれを支える山城、大和、伊勢、近江の四ヶ国であり、伊賀盆地を脚下にして、四周の国ぐにとの境に聳え立つ伊賀四壁は、迦具土時代の天津磐境《あまついわさか》に他ならない。

而も旧伊賀国を囲うそれら四ヶ国のうちで、旧近江国と大和国には、それぐ〵旧琵琶湖と旧大和葦原中洲湖が抱かれていたのである。更に東部大和の高地部には、宇陀郡の榛原下松山地方を被つていた小湖と、その北部高地帯に位置する都介野《つげの》地方では、貝平山で支えられていた小湖が実在したのである。大和民族の祖先は、これら大湖小湖に臨む磐境に居住していて、湖岸に陸稲水稲を植え、農耕のかたわら海の幸や山の幸を楽しみとしていた。従つて、大和国の磯城郡や山辺宇陀両郡の高地には、許多の荒陵や貝塚が遺されているのである。

これら旧近江、大和、山城、伊勢など四囲の国は、太古の頃には国狭霧国《くにさぎりのくに》の名で呼ばれていて、それによつて、旧伊賀の天狭霧乃国と区別されていたのである。而し乍ら、迦具土神の御身を構成していた旧伊賀の天狭霧国では、迦具土の所知が宜敷《よろし》からなかつた為に、程なく男神伊邪那岐《いざなぎ》命によつて国土の経営が行われることになり、更に時代が遷り変ると、故《もと》の迦具土神の国土は、改めて大日孁貴《おおひるめ》命の御身くろと化成《かな》ることになつたのである。所謂人皇の御世に入るまでの風早之国《かざはや》は、即ちこれであつて、また上古の白鳥の伊賀国が、神代の頃に見せた極めて若い国土の姿態を云つたものである。

迦具土時代の前後期を通じて、国土の真中に大湖を擁していた旧伊賀国の四壁は、その東北と西北部を徐くと、殆んど現在と大差ない程の景観であつて、標高二千乃至三千呎の天津磐境で、国狭霧国との裁目垣を作つていたのである。こうした天狭霧国を囲つていた四面の青山は、迦具土神の所知に委ねられる頃になつてから、神の「御頭、双の御手や御足」などの名で呼び倣《なら》わされる様になつたのである。而しながらこれが後世に速須佐男命《すさのをのみこと》が天参進《あまさんしん》せられた時代にまで遷ると、湖畔の国土も広くなつていて、その当時は大日孁貴《おおひるめ》命の「御美豆良《おんみづら》や御腕」と呼ばれた国土が、愈々高く伊賀南壁の近くに其の姿態を現わすようになつたものであり、また滅水湖の湖岸には、神の「御臂《ひじ》、御股《また》、掌中《たなごころなか》」と呼ばれる新生の国土が、その全貌を見せる様になつたのである。

即ち大日孁貴《おおひるめ》命の時代に至つて、始めて国土の一部が、神の「御臂、御股」などの名で呼びなされる様になつた事は、迦具土神によつて所知されていた頃の天狭霧国時代では、さ様な神の御臂や御股に当る国土は、未だ湖中にあつて、その完全な姿が未だ水上に現われてはいなかつたと云うことである。

元来風早之国と呼ばれた伊賀国は、吾娥津姫《あがつひめ》命とその御子孫の姫命《ひめみこと》によつて、人皇の御世に入る頃まで永く所領されていたのである。それが考霊天皇または天武天皇の頃になつて、始めて伊賀四郡に区分されたのであり、上代までは旧伊勢国に属したものであつた。従つて神武天皇の御製「神風伊勢国」で歌われた上代以前の旧伊勢は、次の様な地域を包括するものであつた。

旧伊勢国
- 旧伊勢島（志摩国）
- 旧伊勢国（海岸に近い平坦地を除く）
- 風早伊賀国
  - 伊賀国の全域
  - 近江国甲賀郡の一部
  - 山城国相楽郡の一部
  - 大和国山辺郡の一部

太古に迦具土神の左右の御手並びに御足を構成していた旧伊賀の四壁に抱かれて、狭霧立つ天狭霧国にその姿を浮べていた大湖は、従つて旧伊勢湖と呼ぶのが妥当である。また後世には、大日孁《おおひる》貴《め》命の御身くろうちの大湖であつた為に、高雨原湖《たかあまはらこ》とも云うべきであろう。而しながら迦具土時代を通じて、「左右の御目」の言葉で呼びなされていたと云う事も、極めて妥当である。またか様に口誦されてきたのは、迦具土時代の後期に起つた旧伊勢湖の分裂に依るもので、換言すると、旧伊勢湖の退水が、大日孁《おおひるめ》貴命の御出生直前の頃になつて、一段と激化され、この為湖は遂に分裂して、一は旧伊賀湖となり、他の方は旧隠《なばり》の湖と化成つた結果、そのうちの広大な旧伊賀湖を指して、これを「右の御目」と名付け、また他の狭小なのを「左の御目」と呼んだことに由来しているのである。

旧伊勢湖が迦具土の国土に所在していて、而も左右に分離し、さてその水流の水分けとなつた地方は、現在の伊賀国美濃波多村を被う丘陵地帯である。此の地域は、名張盆地と伊賀神戸地方を画するもので、上代の小波田郷に当つている。また旧伊勢湖が旧小波田郷を境として、旧伊賀と隠《なばり》の湖に分裂する様になつた当時の水位は、二百三十米前後であつたと概算される。これは現在の伊賀盆地を抜くこと、壱百米余の水深であり、また名張盆地を流れている名張川の河床から見て、猶八十米余の上位に、旧隠湖の水が漂つていた太古時代に起つた地理的変化である。

斯様な神代中期に旧伊勢湖は減水し、而もその湖面の水位が二百三十米余までに下つた頃になつて、始めて「左右の御目」に分裂したのであるが、こうした時代へと旧伊勢湖の景観が変つた頃に、日本の神祖として崇められてきた大日孁貴命《おおひるめ》が、旧迦具土の国土内に生れ給うたのである。その御生地は、「左の御目」に臨んだ地方に当つていて、其処は現在の伊賀南壁を背とする旧隠《なばり》の国のうちではあつたが、その国なかでも、旧隠の湖に面していた南岸の高地に当る。このため伊賀南壁地方を始め旧迦具土の国土に定住していた太古の居住民は、天照大神を尊称する為に、大日孁貴《おおひるめ》命または雨王童子《うおうどうじ》の御名で口誦してきた所以が、初めて窺い得られるのである。

更に興味のあることは、左右の御目の名で呼ばれていた神代の旧伊勢湖が、他の異つた御名に依つても、その位置や当時の景観が明らかにされていた事である。即ち迦具土の「左右の御手に抱かれた白銅鏡」とはこれである。左右の御手に抱くと云う意味は、迦具土神の「右の御手」を形成していた伊賀東壁の鈴鹿南脈と、その「左の御手」であつた大和国磯城山辺両郡の連山に抱かれた清麗な大湖の有姿を指示したものである。この名称こそ、旧伊勢湖が分裂直前までの広大な湖面や、その景観美を伝える為に、大和民族祖先が躍起《やつき》とした倭言葉で表現しているものであろう。

さて、「左右の御手に抱く白《ま》銅鏡《すかがみ》」と云われたものは、太古から伝承されていながらも、その所在を明かし得なかつた彼の風早之池そのものが、迦具土時代に実在していた旧伊勢湖に他ならないことを知らしめているのである。また風早之池の「滴《したた》り」とは、旧伊勢の国土を人文上からも南北の両伊勢に区分する路線となつている一志郡内の雲出川の起原を云つたものである。

こうした太古の旧伊勢湖も、人皇の御代に入る迄には、完全に枯渇し尽し、殆んど迦具土の御鏡としての大湖は消滅していて、その面影は何処にも求め得ないほど国土は変貌していたのである。既に第十一代垂仁天皇の御代には、その湖底は現在の伊賀盆地と大差無い迄の景観に変り、たゞ僅に迦具土神の双の御手や御足と呼ばれていた四壁の裾には、大小幾多の池が山間部に残されていたに止まる。而もそれらの大池は、自然の破壊力によつて「晴天星夜の大洪水」を起し、こうした旧迦具土の伊賀に起つた水難は、上代から中世になつても、その跡を絶たず、不断の暴威を外面の国土である山城河内両国へ及ぼしたのである。

神武天皇が東還の途次に、伊賀南壁の国見山で八十建の砦を攻められた頃は、既にか様な神代の風早之池は大和民族の視界から去つていたのであつた。たゞ奈良朝以前の頃までは、伊賀北壁に添つて、細長い沼沢地が横わつていて、これが僅に神代の「白銅鏡《ますかがみ》」の形見となつていたのである。即ちこの小湖にも似通う形態の細長い沼地が、神代には天尾羽張劒《あまのおばはりのつるぎ》の名で呼ばれていた旧伊勢湖北岸の名残りであり、また伊賀盆地を下る河川を北壁下に聚めている地域であつて、これは現在の関西本線の路線を東西に添つて下る柘植川流域の低地一帯に当つている。

考証1

日本の神器八咫《やた》の鏡は、迦具土時代に天之祖神が常座されていた当時の天狭霧乃国《あまさぎりのくに》の景観を、如実に写されているものである。また御鏡を取り巻く八咫とは、男神伊邪那岐命《いざなぎのみこと》の御手で八段に区分統治せられた迦具土神の御身、換言すると、後世に大日孁貴命《おおひるめ》が御身くろとせられた国土の姿を表現しているものである。更に八咫で囲まれる御鏡の中央部は、「左右の御手に抱き給う」

白銅鏡」の御名で口誦されてきた旧伊勢湖を写し伝えているのである。

次に視此宝当猶視吾（古事記）または三種宝物永為天霊《あまのしるし》（古事記）などの詞から、日本に伝えられている三種の宝器とは、天之祖神の座と天津神の御身や御姿、即ちその国土の景観を永く天《あま》津《つ》日《ひ》嗣《つぎ》の子孫に視せると云う意味である。視吾《われをみる》とは、「吾が身くろと成つていた国土の姿を見せる」と云うことで、天璽《あまのしるし》とは、「天狭霧之国の景観を写す」との意味である。

但し御鏡の形体に就いては、古来から想像上の論議は区々として定まつてはいないが、迦具土の実体から推究すると、御鏡には八葉の飾りがあるべき筈と考えられる。

なお人皇の御世以前にこの国土に住んでいた神人を祭神とする日本各地の神社や神祠では、その正殿の前面には例外の無いまでに、御鏡が立て懸けられてあるか或はまた安置されているのが見られる。この御鏡は、決して主神の霊儀ではあり得ないことは、その安置されてある位置が、主神の座と賽《さい》する人びとの中間であることにみても明らかなことである。近世の人のうちには、この御鏡を目して、これは参入する人びと自身の心身を反射投影せしめて、清心に立ち戻らしめる為のものであるとした。こうした説明は、単なる説話としては一応考えられるものではあるが、神殿前面の御鏡は、決して左様な宗教哲学的な臭味を持つているものではない。鏡そのものは、大日孁貴命《おおひるめ》の庭に置かれていた御鏡としての大湖、即ち左右の御手の白銅鏡《ますかがみ》を伝えているものであり、祭祀の場合には、鏡を立て懸けることによつて、初めて、日本民族子孫が天狭霧《あまさぎり》国に立ち臨み得たものとしたが為である。

考証2

日本の各地に存在する古社、または古社の神域内に見受けられる摂社、神垣、神池、鳥居、御手洗井乃至御手洗川を含む境内の布置景観は、迦具土時代後期になつて、旧伊勢湖が分裂した頃の天狭霧国の縮画を型取つているものである。換言すると、神風の伊勢国の屋根であつた旧伊賀四郡が、太古の頃に見せていた国土内の形態を、万代の後まで大和民族の子孫に如実に見せているのが古社の形式である。また古社の形式を更に単純化したものは、日本民族子孫が各人の家に祭る神棚であり、この事は既に述べた。

考証3

天平風土記や延長または総国風土記の内容から、上代までの旧伊賀伊勢の高地帯居住民は、東西の低地帯国土に向つて不断の移動を行つたもの であることが知らされている。こうした事実は、迦具土時代の遼古から、既に旧伊勢湖の減水を楔機として、大和民族祖先が民族的低地移動を行つてきた証左である。また旧伊勢湖分裂以前までの湖畔居住民の住居は、岩室住いや土籠りであつて、これに就いては、日本最古の村である大和国宇陀郡室生村の起原や、その他の各項で考証を尽すであろう。

但し天津《あまつ》神と称えられていた神々は、旧伊賀四壁の盤境や、或はまたはそれらに近い旧大和、山城、近江、伊勢などの高地部に湯津岩室を作り、聚落を営んでいたのである。これが大日孁貴《おおひるめ》命御降臨の時代に移ると、初めて岩室の上に千木《ちき》高敷《たかし》い神館《かみやかた》が構築せられることになり、またその前面左右の高地部へは、衛殿《えいでん》を作られる様になつたのである。

即ち天狭霧乃国時代の衛殿は、現在の伊賀東壁のうちでも、その南寄りの西腹に張り出している高地に当り、其処は、旧上津六郷の域内であつて、旧霧生郷矢持村の前面に控えた要所である。この地方が看督《かど》神の職責を執る位置に当つていた事に就いては、解説百十六考に譲る。また迦具土時代に行なわれていた太古民の居住地域やその生活形式に関しては、伊賀周辺の高地に残されている穴居群や貝塚の分布や、後章の黄泉国《よもつのくに》との裁目《さいめ》垣争いについての考証から解説を了えたい。

考証4

太古に鈴鹿南脈や紀伊山脈の東部高地に実在した群落が、上代の頃になつて廃滅し去つた事実と、人皇の御代に入つて以降それら郡落の居住民が、低地部の旧伊勢海岸に向つて急激に移動した史実や、またはそれらの伝承についての考察をもなし得られる。

考証5

神代のころ旧伊勢湖と呼ぶべき大湖が、旧伊賀四壁で囲まれた中央部に実在していたものであり、而も斯様な大湖が、人皇の御代に入るまでの遙か以前に退水消滅し尽していたものであつた事実について、次の諸点を考察に資したい。

(1) 伊賀盆地に臨む周辺の山間部には、許多の遺留地群があるが、それらの大池小池の形態から見て、旧伊勢湖の実在性と、湖の減水方向が、旧伊賀北壁の両翼下を衝いたものであると云う事が知られる。

(2) 嘗ての風早之伊賀国は、其の国土内の盆地を被うに碧琉璃《へきるり》の満水を以てした太古時代を経過した。（伊賀口誦）

(3) 退水消滅後の旧伊勢湖は、その名残りとして伊賀盆地の高地部に遺留池を留め、而もこれらの大池は、自然力の破壊に遇つて、不断の大洪水を起したものであり、これがために伊賀盆地の低地部や、旧木津川下流に臨んだ山城、大和両国の一部地方は、上古から中世まで幾度びかの大洪水難を蒙つたのである。但し太古の大洪水については、「迦具土神の尿《ゆばり》」で解説するため、茲では次の伝承のみを記して置きたい。

この伊賀国では、太古から「晴天星夜の大洪水」が起り、民心は悩んで、幾度びか住民が高地部への再移動分村を行つてきた。

（木津川流域の口誦）

考証6

我所生之国《わがうむくには》、唯有朝霧而薫満矣（旧事記）の有朝霧而が伝えた詞によつて、旧霧生郷を中心としていた伊賀南壁高地部の地理乃至人文上の位置や、所謂「霧生郷」の古地名で表わされている同地方の気象上の特異現象から見て、霧生、種生、国津、矢持、比奈知、上津など伊賀南壁を背負を各村落に渉る高地帯は、神代の天狭霧乃国の中心を成していた国土であつたと云うことに就いての地理的考察が得られる。

考証7

現在の伊賀盆地西北隅や、伊賀北壁の麓に現われている水蝕状態を考察すると、旧伊勢湖の水圧は、伊賀北壁で支えられていたものであり、またこの事によつて、湖の減水や消滅の過程を知ることが出来る。

考証8

伊賀盆地が迦具土時代の旧伊勢湖の湖底であつたことに就いては、伊賀盆地の縁辺に生れ出た郷村は、専ら水に有縁の古地名が附されていることによつても理解し得られる。

(1) 旧伊勢湖底の西部地方に生れた村落

大和国波多野村、伊賀国波野田村、琴ケ浦（西山村）、島ケ原村、木興沖台

(2) 旧伊勢湖底の北部地方に生れた村落

千貝村、波敷野村、湯舟村

(3) 旧伊勢湖の湖上湖であつた旧併田湖底

阿波村（阿波盆地）、舟谷、汁解《しるげ》

(4) 旧伊勢湖底の東部地方に生れた村落

沖村、岡波村、東の浦、中津、下津

(5) 旧伊勢湖湖底の南部地方に生れた村落

上津村、国津村、美濃波多村、界ケ浦、津元（種生村）

これらの村落は、比較的高地部の裾に位置を占めており、そのうちでも津元は、伊賀南壁直下の種生村の一隅である。この津元の古地名によつて、太古には「左右の御手に抱く白銅鏡《ますかがみ》」と呼ばれていた旧伊勢湖の広大さと、当時の湖上交通が、この地を起点として、国津、上津、中津、舟戸などに及んだものであることが知られる。伝承もまた左様に教えている。

考証9

現在の伊賀盆地を流れる諸川は集つて木津川となり、大阪湾に注いでいる。この川が伊賀国から山城国への落下口には、渓谷一岩倉一が匐う。嘗てはこの岩倉峡の断崖上に構策して置いた海草の貯蔵庫を開いて、伊賀全土の水流を此の地域で堰き止め、こうすることによつて、伊賀盆地北半に満水を湛えしめ、伊賀上野城と其の市街を併せて一瞬に浮城たらしめ、有事の際には徳川氏のため西国の大名衆を一手に防戦せんとする策に出たと云う藤堂氏の伊賀築城秘話も、その由来するところは、日本の上古まで残されていた旧伊勢湖の形骸や、それらの伝承を基にして、郷民らの獻策によつて企てられたものであると考察される。

考証10

伊賀北壁下の村落は、古来から北の川地方と呼ばれていて、新居、三田、佐那具の各村を結ぶ伊賀川支流の柘植川流域に臨む。この柘植川を北に去る数丁の地域は、かなりの高地であるに拘らず、上古までは高瀬舟が通つていて、漁火点々と写り、海女も住んでいた処であると「国府湊《こくふみなと》」の古歌で伝承されている。このことは奈良朝以前まで、斯様な北の川地域には嘗ての旧伊賀を被つていた大湖の形態が残されていて、それが細長い小湖となつて微かにも実在していたからであろう。

但し斯様な小湖は、寧ろ葦原の沼沢地と見られたもので、その位置は、三田村字野間《のま》を中心とした関西本線伊賀上野附近に当る。既ち村落名の野間は「沼」の転訛から起つたものである、と伝承されているのもその為である。

考証11

風早《かざはや》之池の古歌によつて、迦具土時代以前の風早国の風早之池、既ち旧伊勢湖が、その「滴り《したた》」として旧伊勢海へ漏していたものは、伊勢国一志と安濃両郡の境となつている雲出川《くもづ》そのものであり、また旧雲出川は、神代の頃から旧伊勢国を南北の両伊勢に区分していたものであつた。即ち現在の雲出川は、旧伊賀南壁の一部を破つて、旧伊勢湖からの漏れ出でたその「滴り」を集めていた時代のあつた事を知らしめている。

更に太古の旧雲出川は、伊勢国安濃郡風早池を河床としたものであり、同郡内の洗ヶ瀬、相川、垂水、藤水などの村落を伝つて、旧伊勢海へ流入していた時代のあつた事実も、それらの古地名や地理的考察に待つて知り得られるであろう。古歌に云う、

風《かざ》早《はや》の池の流れの滴りは
安濃と一志の堺成りけり

この風早は、風早の伊賀国を云つたものであり、池とは、旧伊賀の国土を被つていた大湖を指して、斯く伝承されつつあつた為である。

第二節　旧伊勢湖の「滴《した》り」と、旧伊勢湖から旧近江国へ流れた天安河《あまのやす》の起源

迦具土時代の前期から後期に移るまでの旧伊勢湖の排水は、悉《ことごと》く天之安河の水路で、旧近江国へ落下していたのである。これは現在の近江国甲賀

郡内を流れて、琵琶湖に落下している野洲川の起源となつたものであり、この川の上流地帯は、神代の天之安河《あまのやすかわ》の形骸である。また安之河上と呼ばれた処は、伊賀国柘植《つげ》村から近江国油日《あぶらひ》村へ続く油日嶽西麓の奥野に当つている。

迦具土時代以前では、国土の姿も極めて若く、潮の凝り固まつた産土《うぶすな》期であると云われた程の神代七世のこととて、旧伊勢湖に溢れていた水流も、嘗ての「風早の池の滴り」となつて、旧伊勢国へ落下していたのであるが、これが時代が遷り変つて、迦具土前期に入る頃になると、斯様な伊賀南壁を越えての水流落下は止絶え、新しい湖の排水口を旧近江国へ求めることになつて、遂には広大な旧琵琶湖へ落下流入する様になつたのである。

旧伊勢湖の新しい水戸口となつて生れ出たものは、湖の東北隅からの流れであり、神代の言葉で云うと、その位置は「天尾羽張《あまのおばわり》の先端」から漏れ出たものであると伝えられている。即ち伊賀東北隅の柘植《つげ》地方を破つて、近江国の油日之里《あぶらひのさと》を越え、次いで貴生《きぶ》川へ下つてから旧琵琶湖へ注入したのである。こうした時代に旧淡海へ臨んでいた地方は、現在の水口町や石部町の高地部であつた。

従つてこれら両町の現位置から見ると、当時の落下水路は、数里を出でないものであり、またその水路に当つていたところは、所謂神代の天安河そのものであつた。もとより安の河の水源は、旧伊勢湖に発していたものではあるが、河とは旧淡海に落下するまでの流れを名指して呼んでいたのである。従つて現在の近江国の東南隅に水源を求めている野洲川は、甲賀郡内を西へ向つて琵琶湖に流入しているのであるが、この野洲川と云う名称自体が、神代の天安河の形骸や、その実在性を伝えているものである。また野洲川の上流地帯は、安乃河上や安乃河原の名残りを止めているのである。これがため野洲川の上流に見られる現在の景観は、「石渡る近江国」の名に恥じないものであつて、神代の頃の天安乃河原も、また広々とした石河原であつたであろうことを教えている。

迦具土前期時代の旧近江国の野洲川上流地帯は、斯様に旧伊勢湖の落下水路としての天安河を受けていたのであるから、神代を通じてこの地域一帯は、天狭霧国《あまさぎり》の一部を構成しておつたのである。従つて太古からこの地域に拠つた住民は、天安河の水路を挾む両岸で、磐室《いわむろ》や土穴を営んでいて、河の右岸では旧伊勢、伊賀、近江の三ケ国に跨る油日嶽を中心とし、旧三雲や石部の高地部にまで及んだのである。更にまた、鈴鹿山脈の東麓に幡居していたものは分邑して、旧美濃海岸から飛弾や信濃などを被つていた大湖の沿岸へと移動を行い、これが迦具土後期に入つてくると、北陸から関東、東北地方にまで住み了える様になつたのである。また一方の天安河左岸では、近江伊賀両国に跨る笹ケ嶽を中心として、其の南北一帯に居住していて、その南麓地方では、旧伊賀北壁内の小湖沿岸に定着していたのであつた。然しながらこの地方の古代住民も、北壁内の波敷野、千貝、玉滝地方を被つていた小湖が退水を初めると、「天乃中柱《あまのなかばしら》」と呼ばれた台地の東端に位置を占めていた旧伊賀丸柱村地方から離れて、漸次に旧山城国の高地部へ分布移動を行つたのである。

次に迦具土時代前期に於ける天安河の水位を考察すると、元来この河は旧伊勢湖の落下水路そのものであり、且つまたその河上は、近江国の油日村と伊賀国柘植村を結ぶ中間に位置を占めている與野に当るのであるが、現在では平坦な高地平原の様相を見せている與野も、決してその地表が迦具土時代の有姿の儘に残されているものではなく、中世から近世に渉つて、幾度びかの人為的な変貌による平坦な地域に化し去つたのである。更にまた油日嶽の西南両麓から柘植に至るまでの地域では、迦具土後期に入つてから旧琵琶湖の水流が逆流したこともあり、これによつてもその地勢が一変したのであるから、現在見られる様な地勢から判断して、嘗ての天安河が落下していた当時の時代算定などは成り難いのである。而しながら敢て概算するとなると、河の上流は、二百乃至二百三十米の水位を保つていたと見られる。そのために当時の旧淡海は、近江の湖東平野を悉く水中に容れていて、現在の竹生島などは殆んど湖中に姿を隠していたのであつた。たゞ石部の高地は、当時の大群落の一つとして、旧湖岸に臨んでいたのである。従つて天安河の下流での水位は、百八十乃至二百米であつたと見るのが正確に近い様である。

考証12

旧伊勢湖の落下水路に就いては、「日本の太古時代の頃に旧伊賀四壁に囲まれてその真中に碧水を満していた大湖が、その初期時代の水流の排け口を求めうるために、国土の東北隅に位置を占める油日嶽西麓の柘植《つげ》地方を破つて、野洲乃川を伝い、水流の悉くを近江国へ落下せしめていた」（伊賀口誦）ことから考察して、㈠迦具土時代の旧伊勢湖の湖面とその水位、㈡天安河の実在とその水路の長さ、㈢当時の旧淡海の水位などの算定は可能となる。

また柘植の地名は、津解《つげ》の転訛であつて、闘鶏からではなかろう。この地の古代舟運が止絶える様になつてから、現在の地名が残されたものと見られる。また大和国都介野《つげの》村は柘植の対角線上にあるが、これとて旧都介を被つていた小湖の壊滅を示すものである。

考証13

坐天安河上之天石屋、名伊都尾羽張神《いつのおばわりのかみ》、是可遣………且天尾羽張神者、逆塞上天安之水而、塞

道居故（古事記）の詞で記されている真実は、㈠旧伊勢湖の排水路としての天安河、㈡旧野洲河の上流である油日乃里《あぶらひのさと》で岩室住いをしていた天尾羽張神とその神威、㈢尾張国の国名起源などに就いてであつて、当時の天安河は、低地帯国土への移動を企てられた天津《あまつ》神にとつて、利用し得べき唯一の水路であつたと云うことを説明しているのである。且つその河上に居住していた天尾羽張神が、安の河を塞ぎ上げて、その水流を旧伊賀の国へ逆流せしめ、その結果として、旧伊勢湖が旧近江国への水流落下を停止する様になつた事実を併せ解説しているのである。即ち右の史実によつて、天之安河の水路が止絶えた迦具土時代後期の頃に、旧近江伊賀の両国が見せつつあつた景観や地勢を基準にして、旧伊勢湖の面積や、その排水路としての天安河についての地理的考察が可能である。

天尾羽張神の御名は「迦具土神の尾」に当る鈴鹿南脈に座していた神であつたと云う事を表わしており、またか様な「尾」の張り出ていた方向に産土《うぶすな》した国は、尾張の国であつたことの国名起源になつているのである。

考証14

太古から現在に至るまで、琵琶湖に注ぐ野洲川の上流に位置を占めている油日村地方は、近江国の甲賀郡に属してはいるが、この地方は上古以前の旧伊賀にとつて、その一部を形成していたのである。従つてこうした史実を知ることに依つて、油日地方に本流を求めていた旧野洲河に「天《あま》」と云う冠詞を附け、これを天安河と呼んでいた事は、極めて当然である。且つ天尾羽張神の御名や天安河の旧地名から考察して、これら「旧迦具土神の尾」であると呼ばれた近江国の東南隅地方は、天狭霧国に拠つていた天津神明の一部御身中《みくろ》を構成していたものであると云うことをも知り得られる。

考証15

近江、伊賀、伊勢に跨る油日嶽は、鈴鹿山脈南端の主峯であるが、その西麓の油日村は、上代以前の油日《あぶらひ》乃《の》里《さと》である。この里は近江国野洲川の右岸上流に位置を占めていて、その地に鎮座する油日明神を目して、古来から「螢火の輝く神」と称《とな》えてきたのである。いまその由来を考えると、主神とせられていた油日神とは、天尾羽張神を指して云つたものであり、且つまたこの尾羽張神自身は、太古の日に油日嶽の磐室に定座されていたのであるが、油日乃里にあつて勢力が強く、その為にこの地から遙か離れた伊賀南壁の旧霧生郷の気噴《きぶき》乃宮に向つて、常日頃から螢火の輝く様に、微かながらも神威を照し上げていたからである。この事実については、他の旧記が次の様に肯定している。

「油日の里は中肥なり、神有りて油日大明神と号す。螢火の輝く神の垂跡なり。」

(伊賀風土記)

考証16

天尾羽張神の曽孫に当る武甕槌《たけみかづち》神の神霊が、神護景雲元年になつて常陸国鹿島を発足し、鹿の背に乗つてその垂跡を大和国春日山に求めたのであるが、その途次に鈴鹿山中の伊賀之中山を越え、また伊賀四壁の内に入つてからは、壬生野に所在する御厨神社、阿保に所在の大村神社、夏見に所在の夏見社、蔦生に所在の中山神社などの社地で、順次に神輿を留められたのである。このことたるや祭神やその祖先が、遠い迦具土時代にこの国の油日之里に永く定座されていたのであつたから、伊賀国とは有縁であつたに因由すると見られる。且つまた天尾羽張神の子孫が神代後期に油日嶽の神座を下られてから後は、旧尾張や美濃を越えて、旧海岸や旧湖沼伝いに旧常陸地方へ向つて移動発展せられたことの証左であると考察する。

考証17

近江国甲賀郡三雲地方から油日村までの野洲川上流地方のうちでも、草津線に沿つた左岸高地の山間部には、大池や小池が無数に散在している。それらの大部分のうち小数の人工を加えたものを除くと、殆んど旧淡海の退水によつて生れた遺留地と見られる。而もこれら遺留地の標高を尺度として考察すると、迦具土前期に天安河が旧近江国への落下を停止したときの河口水位が、壱百八十乃至二百米の個所であつたとみられるのである。

考証18

近江国甲賀郡三雲《みくも》は、野洲川に臨んでいて、同郡の高峰である阿星や飯道の北麓に所在し、古代ではこの地方を日曇と称えた(三雲伝承)と云われている。このことは、旧三雲地方と旧伊勢湖南岸の狭霧の宮居との距離は、さ程隔つているものではなかつたが、旧三雲から天安河を渡つて旧霧生郷へ行くとなると、その途中には油日嶽が聳え立ち、其処には天尾羽張神が神座を構えていて、人びとの行手に立ち塞がり、螢火の神威を輝かしていた為である。即ち旧三雲地方に居住していた古代住民の身にとつては、恰も「日の影に曇る国土」に住み着いていた様な恐怖感を与えられていたので、それが日曇となつたのであり、またその日曇が転じて、三雲と呼ばれる様になつたものと考察される。

考証19

近江国甲賀郡を河上とする野洲川の左岸には、石部町があつて、此処は三雲の下流一里許りの所に位置を占めている。さて旧近江国の形態に関聯して、この地で云われていることは、「石部の地方は、古代では磯部または磯辺と呼ばれていた処である。」と（石部伝承）。この伝承からみると、神代中期頃の旧淡海の水は、現在の琵琶湖沿岸から更に数里余も離れていた野洲川上流の石部町附近迄にも及んでいたことがあると理解出来る。且つまた古代石部の住民は、その現住地を阿星《あぼし》や鶏冠《けいかん》などの高峰を連ねた栗田郡の東部に求めたのであり、更に西に延びて、全勝、荒張、雨丸などの高地部をも包括していた様である。さてか様な考察については、現在の石部町南部高地一帯に捗る広大な地域に残されている穴居群落の遺構や、その分布状態を究明することが一助となるであろう。

考証20

近江国の野洲郡内に聳えている三上山は、三上姫《みかみひめ》命の神座であり、これが天然の山であることには疑いを容れない。この山はその姿態から見て人工の山の様な観を与えていると云われるが、これは決して古代人の剛力によつて作られたものではなく、迦具土前期の旧淡海の減水や、天安河の水勢降下でその中腹を洗われた結果、か様な観念を与えていたのであると見られる。

第三節　「右の御廻り」の水路

迦具土時代の前期までは、旧伊勢湖畔の国土から天安河《あまのやすかわ》の水路を伝つて、旧近江国へ降《くだ》つてのち、更に進んで旧宇治川の水尾に添つて旧淡路の洲に降り着くまでの水路を、「右の御廻り」路と呼んでいた。

近江国琵琶湖の水は流下して瀬田川となり、これが山城国へ流れ落ちてくると、その水尾を指して宇治川と呼ぶ。この水路は、伊賀盆地の水を集めて同じく宇治地方へ下る木津川に比べると、その起源は遙に先んじていたのである。旧宇治川の水路は、迦具土時代前期の頃には、早くも国津神の手で人為的に水戸口が作られたのであり、その神の名は、多佐良毘古《たさらひこ》と呼ばれていた。元来この国津神は、旧美濃と近江の国境一帯で己れの国土を作り了えていて、伊吹山を本拠としたのであつたが、この多佐良毘古が旧瀬田川を開いて、彼が宇治への落下水路を作つてからは、旧淡海の水量は急激に減退する様になつたのであり、その結果として、浅井毘売《あさいひめ》が旧近江国を御身くろとせられる様になつた後代になると、琵琶湖の湖上へ竹生島の頭が、始めて現われる様になつたのである。

神代にはこの旧瀬田川と宇治川を仲介水路として、旧伊勢湖岸から天安河《あまのやすかわ》を通過すると、その水尾の導く儘に、旧淡路の洲へ降り着く航路が拓《ひら》かれていたのである。従つてこの水路が唯一のものとして、天狭霧《あまさぎり》国から低地帯国土へ向つての移動に利用されていたのである。また旧淡路島から更に南方に進んで、その当時海原《うなばら》の国土と云われていた地方へ迄も民族的な移動発展が助長されたのも、実にこの水尾が源となつていた為である。古代の進取的な大和民族祖先は、黒潮の流れに己が身を托して、国土外へ浮流移動したと云うのではなくして、潮の流れに逆行し、その源に何らかの国土があるべき筈であることを期待した為に、南方に向つて所謂海原《うなばら》之国へ進み入つたのである。

こうした古代大和民族が国見《くにみ》のために利用していた天安河から旧淡路島への水路は、その当時では「右之御廻り」路と呼びなされ、それによつてその位置や利用価値を指示表現されていたのである。

考証21
吾身《わがみ》成々而《なりてなり》不成合処《あわぬところ》一処在（古事記）のうち「わが身成りなつて、成り合わざる処ひと処、」と云う伝承は、妹神伊那那美命が当時己れの身くろとしていた旧伊勢湖畔の国土内では安らかに統治されていたのであつたが、国土を形成する神の四肢五体のうちで、唯僅に一ケ所ばかりは、未だに不完全で、その身の「不成合処《なりあわぬところ》」があると云う意味である。

伊邪那美命の御在世時代の頃に、旧伊賀の国土内で成り合わなかつた処と云うのは、座す神の「左右の御足を交えた個所」であつたことを指摘するのである。これを地理的に説明すると、伊賀の北壁と西壁が交わる個所を云つたものである。即ちこの地方では、その頃は未だ現在見られる様な木津川の水路が生み成されてはいなかつたので、さ様な未完の木津川を伝うことによつて旧淡路島へ降り着くなどと云う願望は、全く不可能であつたことを云つたものであり、その御不満を「成り合わぬ処」と云う詞で伝えられて来たのである。

迦具土後期になると、初めて天石位《あまのいわくら》、即ち現在の岩倉峡や、木津川の水路が生れ出たのであるが、迦具土前期までは、旧近江へ下る天安河の水路ただ一個所のみが、僅に「右の御廻り路」として利用されたに止まつていた。

考証22

吾身《わがみ》成々而余処《なりてあまるところ》一処在（古事記）。このうちの「身の余るところ一処」と云うのは、男神伊邪那岐命は旧伊賀の背後にある旧近江国を御自身の身中《みくろ》とせられていて、旧淡海東岸の多賀に居住せられていたのであるから、当時の多賀から国見《くにみ》する旧近江国の姿態は、妹《いも》神が身くろとせられた旧伊賀国と同様に、国の真中には大湖を擁していたものであつたに加えて、その国土内には身の「成り余る処」としての旧宇治川の水路が拓かれていて、而もその水路を利用するによつて、旧淡海へ降り着き得た悦びを伝えた詞である。即ち本文が示しているものは、旧淡海の排水路に就いての純地理的説明に止まつている。

考証23

近江国琵琶湖の放水路である瀬田川と宇治川の起源は、国津神の手によつて、早くから切り拓かれた人為的水路であつた事が知られる。即ちこれに関聯する口誦として、「太古のころ伊吹山に住んでいた多住良毘古《たさらひこ》が、浅井毘売《あさいひめ》の頸を斬つて、初めて竹生島が湖上に生れ出る様になつた」（近江伝承）を挙げたい。

この口誦の伝えている真実は、太古のある時代に旧近江国を自身の五体として、これを所領していた浅井毘売の国土のうちでも、姫の「御頸《くび》」に当つていた地方、即ち地理的に見ると、近江国の西南隅の一部に当るところの国土を切り拓いて、旧瀬田川の水戸口を作り、その結果として旧琵琶湖の水量が激減した為に、その時初めて姫の御身くろ内に、現在の竹生島が出現する様になつたと云う。純説明的「国生《う》み伝承」に他ならない。この伝承は浅井毘売《ひめ》が旧近江を所知していた頃に、当時の国津神の一人が瀬田川の水路を作つたかの様にみられるが、これは却つて妥当ではあるまい。太古に多佐良毘古《たさらひこ》が作つた功業は、浅井毘売が旧近江に拠られる様になつた後世になつて、始めて現出したものであり、且つまたこの伝承が、浅井姫在世の頃から口誦し始められたものであると考えることは正確であろう。

現在の竹生島は、延年月の間に蒙つた自然力の破壊を考慮に容れるとしても、多佐良毘古時代の琵琶湖水位や、或はまた当時の竹生島の標高についての算定が難かしいのである。ただこの伝承から知り得られることは、竹生島の頂上が湖上に現れた浅井毘売の御治世時代から、今日に至る迄の時代経過を測定する為には、旧淡海が二十五乃至三十米だけ減水するに要した年月の計算によつて可能であると云う一事である。

第四節　迦具土神の「胞《えな》」と呼ばれていた旧淡路島

伊邪那岐命《いざなぎ》は妹神伊邪那美命《いざなみ》と謀り合い給うて、旧伊勢湖畔の天狭霧国から左右の水路を伝つて天降《あまくだ》り、葦原の低地帯国土へ向つて移動を試みられた。このことは、日本神代に天津神が行われた国見《くにみ》の発端である。

旧日本の国土内のうちでも最も高水位であつた伊勢湖岸の盤邑《ゆわむら》に居住していた天津神らが、国狭《くにさ》霧《ぎり》の低地帯にその頃生れつゝあつた洲壊の国土を国見《くにみ》し、またこれを経営するに当つて本拠の地と定められていた所は、実に旧淡路島であつた。この淡路島は、現在の相貌から見ても知られる様に、洲壊を作つている所は極めて少く、従つて国土の上半身を被う景観は、迦具土時代に見られたものと大差があるまい。

既に日本神代の初期でも、凝り固まつた洲壊を形成していたものであると伝えられる程であるが、この故にこそ旧淡路島を大八洲島の中柱《なかばしら》として、葦原の国々の四隅まで、国見せんものと志をたてられたことは、地理的に見ても必然的であり、またこうした場合に最も好適な島であつたと云う事実が、太古の大和民族祖先にもよく知られていたからである。

元来大和民族祖先は、旧伊勢湖畔に定着する以前迄は、旧大和国宇陀郡の曽爾《そに》を被つていた旧黄《よも》泉《つ》湖畔に永く原住していたのであり、その時代から常に水には馴染みが深く、この結果として、迦具土後期の末葉に至るまでの延年に渉る古代交通は、専ら水路のみに依存したものである。従つて旧曽爾《そに》から旧伊勢湖岸へ移動し来つてから以降も、天津神らの行つた民族移動は、専ら水路の便を借ることによつて、旧淡路島への降りを敢行せられたものである。

さて天之祖神《あまのおや》が常座していた旧伊賀南壁の地から、淡路之洲へ降る場合には、妹神の御身くろ内に現われていた次の様な二つの水路に依るのであつた。而もその何れの路を伝つても、その末端では「一つ面《おも》」に巡り遇うことが出来たのである。

旧伊勢湖

(1) 右の御廻り路
天安河→旧淡海→水の尾
(旧野洲川→琵琶湖→宇治川)

(2) 左の御廻り路
天磐座《いわくら》→尿《ゆばり》→水の尾
(旧岩倉狭→伊賀川→木津川)

水尾の交る処→胞《えな》
(旧巨椋池)→(淡路島)

右の御廻り路については、前項で解説し尽したのであるが、次に「左の御廻り」と呼ばれていた水路は、右の御廻り路とは全く異つたもので、迦具土時代の前期には、未だ生み成されてはいなかつたのである。その為この路を伝うとなると、その過半に余る道程は、瀬織津毘売《せをりつひめ》の御身中《みくろ》から流れ落ちていた天乃滝、即ち旧名張川を利用する以外には、外面の国土へ行き着き得なかつた。而も当時の名張川の下流では、右岸断崖の各所から、旧伊勢湖の水流が滝津瀬の様に落下していたので、神代交通の廻路としては、殆んど利用の価値がなかつたのである。

従つてこうした左の御廻りを伝つて旧淡路へ降らんものと試みられた場合には、古事記に記されている史実に頼るまでもなく、右の御廻り路を利用していた天津《あまつ》舟びとらに比べると、比較にならぬ程の難渋や日数を要したのである。換言すると、旧伊勢湖からの廻路である左右の両水路は、その「水の尾」に当る地方では、互にその尾を接触せしめていたのではあつたが、それら尾の始まりとなつていた水戸口では、互に異なつた個所から流れ出ていたものであると云うのである。

これを更に具体的に云うと、左の御廻り路の水戸口である旧岩倉狭に続く下流の山城国高師川、即ち古代の高志乃里《としのさと》を流れていた旧木津川上流は、伊邪那岐や伊邪那美命らの御在世の頃には、未だ実在していたものではなく、且つまた旧高師川沿線の国土は、迦具土神の左右の御足を交えた所、即ち伊賀北壁と西壁が交つていて、天乃中柱《あまのなかばしら》と呼ばれた台地をその右岸に作つていた所であるので、丘陵の起伏が激しく、従つて迦具土時代の前期迄は、左乃御廻りの水路によつてこの地帯からの天降りは、殆んど不可能な業と見られていたのである。

神ながらの大和島根を、八隅まで知ろし召さんと謀られた那岐那美の二尊が、旧淡路島へ国見せられることになつてその御移動に先だつて女身那美命が先づ選び給うた路は、斯様な左乃御廻りでは無くして、右乃御廻り路であつた。元来この水路は、その時代の大和民族祖先が常に利用していたところの天安河と旧宇治川を結ぶものであつたから、妹神の御身中《みくろ》を構成していた旧伊賀の国土から一歩外へ出ると、右廻りをすることによつて容易に旧淡路へ着き得たのである。

これに反して男神が余儀なく選ばれた左の御廻り路は、那岐命御自身の身くらになつていた国土から流れ出ていた水路ではなく、且つまたその「水尾の允《はじま》り」と云うべき水戸口は、未だ成り合つてはおらないもの、即ち上代の高師川の源が生れてはいなかつた為に、後世になつて旧山肩川または泉川となるべき未開の木津川を探つての降《くだ》りであつた。従つてこの左の御廻り路を下られることになつた伊邪那岐命は、行程も意の儘に進捗することが出来ず、葦原の国へ行きつく途中で、早くも那美命に先を越されることになつたのである。また旧淡路島に着き得た後も、妹神には巡り遇うことが出来なかつたので、急いで元の路から引き戻られたのであつた。その後男神は天狭霧の旧伊勢湖畔に座せられていた天之祖神、神漏岐《かむろぎ》命並びに神漏美《かむろみ》命にこの次第を御奉告せられ、改めて第二次御降《くだ》りに就いての指示を仰がれたのである。男神が心楽しからず覚えさせられたと云われている最初の天《あま》御降りは、こうした左の御廻りの水路を伝つての難渋が招いた結果であつた。

考証24

故以此吾身成余処《みのなりあまるところ》刺塞汝身不合処（古事記）に記された「吾が身」とは、伊邪那岐命の御身を構成していた国土、即ち旧近江国を指して云つたものである。また「汝の身」とは、旧伊賀を呼んだものであることには異論があり得ない。次に「我が身の成り余る処」とは、旧宇治川の水路を斯様に呼んでいたものであつて、この路は迦具土前期の頃から、旧琵琶湖の水尾として、生れていたものであると云う国土形成の事実を説明しているのである。

また「汝の身の合わざる処」とは、当時の旧伊勢湖には、西方へ向つての落下水路がなく、この為近江国を御身くろとしていた伊邪那岐命の御身に比べると、那美命の国土はその姿態が整わず、恰も「成り合わない」不完全なものであつたと云う事を伝えている。即ち左の御廻り路によつての民族移動が、不可能であつたことを指摘したものである。なお「汝の身を刺し塞ぎ」と云うのは、右の御廻りの水路であつた旧宇治川の先端と、左の御廻り路であつた旧木津川の水戸口を接触せしめ、またかく両者の水尾を延し塞ぐことによつて、二神の国土を、下方の水域からも、相互に交流せしめたいとの御意向を説明したものである。

考証25

為生国土奈何(古事記)の「国つちを生まんと思う如何に」と云うのは、左右の御降《くだ》り路を拓き肇めることによつて、淡路の洲に着き得る水路を作り、また旧淡路島を大八洲島の中柱《なかばしら》として、この島を中心にあらゆる低地帯国土への国見や、国土の経営を行いたいものであるとの詞である。

考証26

先産生淡路洲為胞（旧事記）に記されている「淡路洲を胞《えな》と為す」の「胞」と云うのは、迦具土神の胞であると見做されていた旧淡路島を云つたものであつて、妹神の御身くろにあつた旧伊勢湖畔の国土から見て、旧淡路島は、恰も胞の位置に就いていたものであることの地理的説明である。

即ち伊邪那美命の国土が、その後程なくして分身迦具土神の国土に化成《かな》ることになると、その神の御身くろにあつた旧伊勢湖から、迦具土神の「尿《ゆばり》や屎《くそ》」が流れ出たのであつたが、この尿や屎などの名で呼ばれていた当時の河川や国土から見て、それらよりも遙かに離れた所に浮び上つていた旧淡路島を、胞と云う名で呼び、またこの名によつて、当時の国土の姿態や、神代の頃での淡路が、天狭霧国と如何様な形で離れ隔つていたかについての地理的位置を明確にしているものである。

右に記した「迦具土神の屎《ゆばり》」に関しては、後章で「迦具土神の多具理《たぐり》」または迦具土大火後の大洪水についての解説に譲ることにする。

考証27

淡路島は迦具土前期に「迦具土の胞」と呼ばれたのではあつたが、伊邪那岐並びに那美二尊が第一次国見を行われた以後になると、現在使われている様な「あわじ」の詞で、この島が呼ばれる様になつたものと知られる。即ち二尊が旧伊勢湖から降《くだ》つて国見を行われた当時では、左の御廻り路を選んだ男神が右の御廻りを伝つて下られた妹神に巡り遇い得なかつたので、それら両水路の果に浮んでいた「迦具土の胞」を、「遇い得ず」と云う詞で表現し、且つまたこの島は、「我れに恥を見せた国」であると云う「吾恥国」の意味を含んでいるのである。即ちこれらの事実によつても、神代に於ける旧木津川の水路は、天安河や旧瀬田宇治川の水路に比べると、遙か後代の所産であつたことが知窺せられる。

考証28

然者吾與汝行廻逢是天之御柱而《なんじとあまのはしらをめぐりあい》……逢我者自左廻逢（古事記）の「吾れは汝と天乃御柱を行き廻り逢い」と記されている「天《あま》の御柱《みはしら》」と云うのは、神代での左右の御廻り路で囲まれた楕円形の広大な台地を云つたものである。この台地の左右の裾は、旧伊賀国から流れ出ていた天安河、旧瀬田川、宇治川や、或いはまた木津川などであつて、これらは神代交通の発端を招かしめたものであつた。而もこれら左右の御廻り路で囲まれていた天乃御柱は、古代民族が陸路を伝つて天狭霧《あまさぎり》国へ上り来る時は、巍然とした形で、古代人の目標に成つていたのである。この天乃中柱は、現在の近江国甲賀や粟田両郡の一部と、山城国宇治、綴喜、相楽各郡の大部を包括していたのであつて、その中枢と成つていたのは、山城国の童仙房である。またこの御柱を陸路から伝う場合に、天狭霧国からの巡り始めとなつていた個所は、現在の伊賀国阿山郡丸柱村地方に当つている。丸柱村が旧三田郷に属していて、而も旧北五ケ郷のうちに入つていなかつたと云うことは、古代の陸路交通を窺わしめているのである。

山城国童仙房《どうせんぼう》は「通せんぼう」の転訛であろう。子供らは互に手を継いで、法度《はっと》〳〵の通せんぼうをするが、左様な姿で、標高五百米前後の大高原に遺されている近畿地方唯一の散落が童仙房である。この台地が、古代民族の水陸両路からの移動に、どれ程重要な地理的位置を占めたものであつたかに就いて列挙すると、

一、童仙房台地の南側に沿う高地の東端から山城国野殿を経て、丸柱村の南部へ下ると、容易に国狭霧《くにさぎり》国から天狭霧《あまさぎり》国へ上り得たと云うこと。

二、現在の山城国大河原村の民家は、木津川の河岸に添つて点綴するのであるが、古代ではその上流の伊賀山、即ち今山が本拠となつていた。

などによつて、左右の御廻り路に包まれた天之御柱の縁辺が、太古の移動陸路に利用されていたものであり、またその後になつて、木津川が新しく生れて来ると、その水路が利用される様になり、古代民はその水路沿いに、漸進的な移動を企てたものであることを教えている。またその周囲十里余に及ぶ童仙房は、現在では僅かな戸数を台地一帯に点在せしめているに止まるのであるが、近世まではこの木津川右岸の台地が、広大な群落都邑の形骸を残していたのである。

但し左右の御廻り路として利用されていた旧安河、旧宇治川乃至木津川のみられた頃の旧伊勢湖実在時代では、天之御柱を構成していた童仙房の台地も、大森林地帯と成つていたもので、こ

の事に就いては、かの迦具土大火後の旧伊勢湖畔の国土を「一つ木一と云う名で呼び、我が身の御嘆きを表現せられた伊邪那岐命の詞からでも知られるのである。またこの台地に包括されている近江国甲賀、粟田の両郡に跨つた広大な地域は、中世までは原始林で被われていたのであつた。それが偶々後代になつて、奈良朝での仏閣建築のために根こそぎにされて消え失せたのである。また聖武天皇が近江国信楽村に滞留せられたことは、この原始林の消滅にも関係があつたと見られる。

こうした太古の天之御柱の実体に就いて、津田氏と云う日本史の研究者が、次の様な解説を与え、これが当時の人びとの心服を得ていたと云われているが、その説明は誠に面白いので、採録したい。曰く、

「二神が天の御柱をめぐると云う話また最初に生れた子を流して捨てたと云う話などあるが、これは生殖説話として語られたものに過ぎないことは云うまでもあるまい。この中で御柱の話については、人が柱をめぐると云うことが、何か宗教的もしくは呪術的儀礼の場合に於ける上代人の風習であつたので、それが二神の生殖説話の材料として用いられたものであろうと云う事が考えられる。」

マホメットは、想像の暗示は天の霊感の如くならん、と云つた様であるが、想像力を連鎖飛躍せしめて、よくもここまで考え得られたものである。

考証29

女人先言不良《ことたててよからず》（古事記）とは、二尊が天《あま》の御柱を巡つて、左右からの水路を降らんと謀られた時に、先づ最初に女人の伊邪那美命が言葉を挙げられて、御自身の国土には旧木津川の水路が未開のものであつた為に、そうした身の成り整わぬ国土からの降りの路を厭われ、自ら進んで、男神の身くろから流れていた旧瀬田と宇治を結ぶ右の御廻り路を望まれたのである。従つて男神も余儀なくこの提案に従われ、男神御自身は未知の水路である左の御廻りを探つて降られることになつたに就いてゞある。その成果については、伊邪那岐命もまた予期したことであつたが、誠に不首尾なもので、遂に女人に遅れて旧淡路島へ着かれたのである。「良からず」とは、男神の選んだ行路が、御自身に取つて御不満であつた事を説明した純歴史的説明である。

第五節「左の御廻り」の水路

旧伊賀南壁に定座されていた天之祖神の教えに従われて、伊邪那岐命は「右の御廻り」を、また伊邪那美命は「左の御廻り」の各水路を採られ、二神は各御自身の国土から旧伊勢湖乃至旧琵琶湖の水尾を降《くだ》つて、遂に淡路の洲で巡り遇うことができた。斯くして旧淡路島を本拠として、当時の国土経営に当られ、旧大和島根の八隅までも国見《くにみ》せられたのである。これは日本神代に行われた天津《あまつ》神による第二次の低地帯国土への移動であつた

葦原の国々への第二次国見に当つて、伊邪那岐、伊邪那美二尊の選んだ水路は、旧伊賀南壁に定座されていた天之祖神の教えに基いたものである。その路は前回とは反対で、男神は右の御廻りを旧野洲川から宇治川へ、また妹神は旧岩巖峡に添つて、木津川の水路を降られたのである。天の祖の教えは、第一次の国見で、左の御廻りを余儀なく巡り下られたによつて妹神に先を越さ

れた男神伊邪那岐命の御不快を慰めんために、地理的にも男神が不案内であつた路を避けられて、男神自身の国土から流れていた水路を降るようにと教示せられたのであつた。

従つて第二次の移動では、二尊自身の御身中《みくろ》を形成していた国土から、即ち旧伊賀と旧近江の各湖岸から降られることになつたのであるから、その結果は誠に首尾が良く、左右の水路が相互に水尾で結ばれていた所へ下ると、二尊は「一つ面《おも》」で出会い得たのである。その一つ面に当つた所と云うのは、天之御柱《あまのみはしら》を巡り進んだのちに初めて着き得た国土であつて、旧木津川と宇治川が接触する地点、即ち山城国の巨椋《おぐら》池のあたりを被つていた海上から眺めた際に、その左右両岸に柘けた旧摂津国と河内国の高地部を云つたものである。またその頃では、現在の四国が「四つの面《おも》」と云う名で呼ばれていた。

さて現在の山城国巨椋池は、木津川と宇治川の交る所で、而も広大な地域を被つているが、二尊がこの地方を目指されて降られた当時は山城や河内などの平野も、大阪湾の一部入海となつていた時代であつたから、左右の御廻りの水流は、現在の巨椋池の上部で渦を巻いていたのである。この入海が延年の後に退潮することになると、淀川上流にこうした泥濘の低地部を生み、それが現在の様な大池の姿を残す様になつたのである。

さて二尊は淡路の洲に降られてから、壹岐、対島、佐渡等の諸島に至るまで隈無い国見や、国土の経営に当られたのであり、これに就いては旧記の悉くが、明細に記録しているから、本考証では省略したい。

考証31

於是二柱神議云今吾所生之子不良《わがうむこよからず》……因女先言而不良亦還降改言故爾反降更往廻其天御柱如先

(古事記)の「吾が生む所の子」とは、二尊が生み給うた御子の意味では無く、二尊が「倶に生み定めん」と謀られた国土そのものを指しているのである。この事は、旧淡路島を子とせず、と記した「次生淡島亦不入子之例」(古事記)についての考察でも明らかとなろう。

従つて右の本文が伝えていることは、第二次の国見《くにみ》のために二尊が行われた天降《くだ》りは、前回と同様に左右の御廻りの水路からではあつたが、その選んだ互の道筋は、異つていて、伊邪那岐命は右の御廻りを、また伊邪那美命は左の御廻りを採られ、それぞれの御身中《みくろ》を形成していた国土から、旧淡路島への巡り遇いであつたことを記録している。次に「天之祖の教えを請う」とは、二尊が天狭霧国に立ち戻つて、旧伊勢湖岸の旧伊賀南壁で神座を構えていた天津祖神に、その互が選定すべき路についての教示を乞われた事を云う。

考証32

旧伊勢湖を水源としていた左右の御廻りの水路が、その「水の尾」の先端を低位置の国土にあつて交えていた地点は、旧山城国宇治から伏見へ延びる旧山肩海の東部海上であつて、現在の淀巨椋《おぐら》池一帯は、神代の「水の尾」そのものの形骸である。

即ち巨椋池を含む旧山城国の低地帯は、京都市西郊の旧桂乃里《かつらのさと》の近くまで、そのころは潮水に浸されて、内海を作つていたのであるが、か様な地域の海潮が退水して、其処に摂津、山城、河内などの平野が生れるようになつた後代でも、嘗ての左右の御廻りの水路がなお長い水尾を曳いていて、互に澱み、且つ激流を交えたので、山城国伏見に近い地域に、広大な巨椋池を生む様になつたのである。

第六節　旧伊勢の国土

迦具土時代の旧伊勢海は、現在の鈴鹿山脈や布引山脈の東麓迄を、当時の海岸線としていたのであり、また旧伊勢の国土は、現在に比べると、その地域が過半にも満たなかつた。

鈴鹿山脈と紀伊山脈の噛み合う一帯の高地は、迦具土前後期を通じ大和民族祖先が原住していた地域であり、またそれら山脈の尾根や裾は、神代交通の主要な陸路であつた。当時の伊勢国は、国土も若く、従つてその面積は、現今に比べて遙かに狭少なものであつて、住民は伊賀南壁を中心として、天津《あまつ》神の子孫と共に幡居し、また南伊勢から紀伊国の高地帯には、天津神々の分身らが磐室を構えていて、神の御身の背面に控え、その国土を護つていたのである。更に旧大和国宇陀東部の高地盆地には、大和民族創生の黄泉《よもつ》国がその残骸を残していて、其処には一部大和民族の子孫が、旧宇陀の曽爾《そに》に踏み留まつて微動だにしなかつた。また北伊勢から美濃国への高地帯には、強力な国津神が住み着いていて、その神威は、天津神の住む旧伊勢湖畔の天狭霧《あまさぎり》国までも照し上げていたのである。またその頃の美濃国や名古屋地方は、潮水の裡であり、従つて美野《みの》や奈古野《なごや》などの平地は未だ生れていなかつた。

さて鈴鹿山脈や紀伊山脈の高地帯に居住していた天津神やその子孫は、旧黄泉《よもつ》国の国垣内に定着不動の黄泉神人やその子孫を除いて、葦原の低地帯に新生の国土が生れて来つて地域が広大になるに従い、漸次旧伊勢湖畔の天津磐境から低地帯へ向つて、民族の移動分邑が行われる様になつたのである。而もこの傾向が迦具土後期に入つて来ると、愈々激しさを加え、天津神明の子孫らも進んで左様な諸々の葦原の国に下つて、その地で永住鎮座する傾向が助長されたのであり、その果ては、外面《そとも》の国土で国津神《くにつ》と化する様になつたものが多かつた。

当時の日本国土は、現今とは聊かその景観を異にしていたもので、大和国を初めとして丹波や、信濃、甲斐、飛弾、美作などの国々には、現在の近江国に見られる様な大湖小湖が実在していたものと見られる。而も斯様な湖沼の国土へ降りついた天津神の子孫は、それらの国土を己が御身中《みくろ》としまたこれを国狭霧国《くにさぎり》として、第二、第三の高天原を作る様になつたのである。当時の日本各土の海岸線は、旧伊勢海岸線と同様の等高で律せられるべきもので、現在に比べると想像に難い程の高水位を占めていたのであり、旧奥羽地方の大半は、未だ隆起していなかつたであろう。既ち迦具土時代の旧伊勢海の海岸線は、大体のところ現在の三十及至四十米の標高地点を連鎖することによつて、その正確に近いものが得られると考えられる。後章で更に説明を加えるのであるが、茲《ここ》に云う旧伊勢とは、迦具土時代後期の頃、伊勢国一志郡阿阪山の山麓が、潮流に洗われていたものであると云う古事記の一節を採り来つて、その時代考証の基準を置いている次第である。

但し紀伊国を始め、伊豆、四国やその他の国ぐにでは、その海岸線は現在にあつても迦具土時代のそれと大差のない儘に始終しているものと見られる。既ち旧紀伊国は「根《ね》の堅洲《かたす》国」の名で呼ばれていたり、また旧石見国が「根の国」と呼ばれていたにみても察することが出来るのである。これらの国土は、太古から青山四周ではなく、また国の真中には大湖の姿も見当らずに、堅洲のままで生み成されたのであつたから、斯様な呼称で、迦具土時代からその国土の姿を指示したのであつた。

これらに関する考証や解説に就いては、後章の各頃で随時挙げる所存であるから、旧伊勢の景観に関するものとして、次の様な伝承や古地名考を列挙するに止めたい。

(一)現今の伊勢国玉垣村は、古代では海部と呼ばれた所であつて、その古地名から太古の景観が覗い得られよう。

(二)伊勢国鈴鹿郡管内村には長瀬神社が所在していて、太古の頃は此の神社附近一帯の地方を、長瀬沖と呼んでいた。

(三)伊勢国一志郡榊原村には貝吹山がありその山麓の岩盤から湖の吹き出る所がある。またその附近には「船が谷」の地名が遺されている。このことは布引山脈の東麓に近いこの地方でも、嘗ては舟運の利があつたものと解し得る。

(四)伊勢国桑名郡戸津村は、往古の頃は同郡古浜村に鎮座する多度社への船着き場であつて、大津と呼ばれていた。この地方は現在の様な田野に化し去る様になつてから、既に年久しいものであるが、この地方に船着祠や碇塚の古地名が残こされている。

(五)現在の伊勢国桑名郡のうちには、古代に実在していたと云われる蜆浜、田鶴浜、市部浜の名が遺されているが、その所在は既に明らかでなく、その総ては田野と化している様である。また溝野浜と云われた所は、現在の溝野村に当るが、太古では旧伊勢海の潮がこの辺りを洗つていたのである。小浜村の以西にある古美村は、古海の転訛であると見られ、太古民はこの地に早くから定着していたのであろう。

(六)旧伊勢は伊勢、伊賀、志摩の三ケ国の総称であり、またそれらのうち上代以前の伊賀は、伊賀全土に加えるに山城、大和、近江の一部を併せていたものである。また現在の志摩国は、太古では単に伊勢島の名で呼ばれていた。既ち志摩国磯部から伊勢国度会郡神原村の神津まで一線を結ぶと、それより南半の志摩国は、単なる島でしかなかつたことを云つたものであり、現在の浜島磯部、鵜方、国府、甲賀、立神、船越、波切、片田、布施田、和具、越賀、御座を包括する。

(七)伊勢国度会郡に鎮座する内宮は、神路山の麓にあつて五十鈴川に臨んでいるが、この神路山の東へ走る尾根と古市の丘陵に囲まれた五十鈴川の沿線は、小盆地を形成している。この盆地は、古代の浦安《うらやす》之国であつて、此の辺一帯の景観は、倭姫命《やまとひめ》への御夢の諭しからみて、天照大神が太古の頃に宮居をしていられた高天原の姿に似た所である、と仰せられた(倭姫命世記)と云われているのであるが、この小盆地内での布置は、嘗てのての天狭霧国の本拠であつた伊賀南壁下の霧生郷に似ていることを奇異としたい。旧霧生郷も、旧伊勢湖岸からは遙か離れた所に位置していたのであつて、其処は小さな湖上池を擁する地域であつた。

所謂浦安之国と云うのは、上代の伊勢一ヶ国を総称したものではなく、神路山の裾が、潮の入江で洗われていた太古の頃の名である。勿論この地方へ倭姫命が宮処を求めて移られた頃は、盆地内にあつた潮の入江も消え失せていて、五十鈴川の景観も現在と異ならぬものであつた。この事は、朝熊山の水神達が天照大神の御荒魂である神鏡を御船に乗せ、その川上へ遷し参らせたことでも明らかである。またその頃は浦安之国の名も失せていて、この地方一帯は「さこくしろ宇治の国」と呼ばれていたのである。現在この盆地内にある浦田町の地名からでも、古代ではこのあたり一帯が、入江であつたことが知られる。

第七節　迦具土大森林の大火と迦具土神の火体

旧伊勢湖畔で大森林を生成しつつあつた国土が、伊邪那美命の分身、迦具土神のためにその身の過失から焼かれて、焼土と化し去せた。那美命がその当時焼かれた「陰土《ほと》」と云うのは、現在の伊賀国名賀郡の比土《ひど》の住民が原住していたと見られる比土字高瀬村の高地であろう。

迦具土神のため焼き尽された伊邪那美命の御身くろとは、旧伊勢湖畔の国土そのものを云つたものである。この天狭霧《あまさぎり》国では、その当時迄は大森林を生成していたのであつた。

先づ最初に伊邪那美命が迦具土神のために焼かれて「熱がり悩み給うた」所は、御身の御陰土《ほと》からであり、そうした妹神の御陰土と云うのは、太古の旧伊勢湖畔に大森林の姿を見せていた旧伊賀の四壁のうちでも、その国土の陰部に当る地方を云つたものである。即ち伊賀国比土の地はそれである。

現在の比土村は、伊賀東壁から伊賀盆地へ突き出た比自岐《ひじき》の高地を降ると、その西南隅の裾にあつて、長田川上流左岸に添つた神戸村の一村落である。この地方は旧伊勢湖の東南隅に位置を占めていたので、伊賀南壁から派出する高地は、この地方で尽きるのである。従つて旧比土の位置を迦具土時代の言葉で云うと、「神の御臂《ひじ》に隠れて、神の御腰に続く陰土」となるのである。而し乍ら妹神の美富登《みほと》と呼ばれた地方は、神の御臂などと共に早くから旧伊勢湖岸にその姿を現していたのではあるが、御臂の全貌が湖面に生れ出る様になつたのは、寧ろ迦具土時代の後期に於いてゞある。

迦具土前期時代の伊邪那美命の御陰土《みほと》は、斯様に云つたものの、決して現在の比土そのものを指すのではなく、比土の村落が低地部へ移動する以前の原住地であり、比土の高瀬村附近の高地がそれに当るであろう。

神代に起つた迦具土大火の難は、実に迦具土神の「火弄り《なぶ》」に誘因したもので、この大火は先づ伊邪那美命の御蕃登に当る旧比土を焼き、それが更に四辺の国土にまで及ぶと、旧伊賀の国土は、総て火体となつたのである。而もこうした迦具土の大火が、旧伊勢湖畔を被い尽す火勢になつて来たので、伊邪那美命は御身に罹る火難を避けられる為に、湖岸の国土を右往左往し給うたのである。この大森林火の猛炎は、天狭霧国に接近する外面《そとも》の国土にあつた国津神々を非常に驚かせたもので、旧近江、大和、山城国からでも、この伊邪那美命の国土が火体となつて熱がり悩んでいる有様が望まれる様になると、その頃大和国十市郡の畝尾の丘に居住していた泣沢女乃神《なきさわめ》は、殊のほか伊邪那美命の御身を案ぜられて、旧伊勢湖の西岸に近い大和国の東部を駆け巡つて、火伏せのために神威を振われたのである。この泣沢女の神の神座は、現在の大和国高市郡内であるが、この地方は、当時の大和葦原中洲湖の東南部に位置していて、其処は湖へ流入する一つの水路の河上に当り、且つうつ蒼と繁茂した樹林に囲まれていた所である。太古の詞でその位置を表現すると、「天狭霧国に座す神の御頭」から遠く離れていて、その「御枕の尽きた処に御涙が飛び散り流れた処」であると云い得るのである。

さて日本の神代に旧伊勢湖の陰土《ほと》の地で突発した迦具土の大火は、単なる太古の大森林火についての歴史的事実に止まるものではない。これが当時の大和民族やその子孫に与えた影響と云うものは、今日迄も強く且つ深く生きているのである。而も左様にまでこの事は重大であつたに拘わらず、現在に至るまで神秘の裡に閉されていたのであつた。従つて私がこれからの子達に得《とく》と知つておいてもらいたい事は、迦具土大火そのものに就いての事実ではなくして、秘決とせられている彼の伊邪那美命の国土が焼かれたことによつて、この神とその子孫が「火の穢れ」を永世に負う様になつたと云う点である。

この様な火の穢れに就いては、本考証では深く究明することなく、第十六節に譲つて、そこで僅かながらも心ある後世の子らのために書き留めることにした。次にこの迦具土大火は、その後になると旧伊勢湖の減水を招来せしめ、或はまた天狭霧国の景観迄をも一変せしめる様になつたのである。而も天変地異が迦具土の焼土へ更に加わると、曽ての伊邪那美命の国土内には、幾多の特記すべき地理的変化が起つて、これが大和民族の祖先神人をして、低地帯国土への移動を促進せしめる主因になつたのである。

考証33

因生此子美蕃登《みほとやかれ》見炙而病在（古事記）の「この子生むによつて美蕃登焼かる」とは、伊邪那美命は分身迦具土神を生み定められて、己が御身くろとされていた国土を彼の所知に委ねたのであつたに拘らず、却つて迦具土神のために国土を焼かれ、その為当時の火難は、伊邪那美命の御陰土に当る地方から起つたものであることの叙事である。女神の陰土《ほと》とは、現在の伊賀国霧生の前面に控える腰山や比自岐《ひじき》地方の地理的位置を示す古地名の起源から考察して、神戸村字比土《ひど》に当る。またその正確な地域は、比土住民の原住民と見られる比土字高瀬村の高地と見る。

この地方は、旧伊勢湖の東南隅に所在していて、比自と阿我《あが》山の裾が湖へ突入していた頃に、現在の阿保町を被つていた旧中津と下津の両湖が交流していた個所で、上代に都邑の一つであつたと見られる神戸村字古郡《ふるこをり》の南方高地である。

次に「病みてあり」と云うことは、妹神の御身が病に罹り苦しむ姿を指したものではなく、当時の妹神の御身を化成《かな》するもの、即ち御身くろを構成していた旧伊賀の国土が、迦具土大火の為に悩んだ姿を伝えているのである。

考証34

於御涙所成神座香山之畝尾木本《うねをのきのもと》名泣沢女《なききわめ》（古事記）のうちの「御涙の落ちて神と成る香山の畝尾の樹の下に座す泣沢女之神」に見える「御涙」とは、伊邪那美命の御涙であつて、而もこの御涙は、旧大和国十市郡畝尾の丘に当つていたことの地理的説明に過ぎないのである。即ちそのころ泣沢女乃神の神座は、伊邪那美命の座す天狭霧国から見て、女神の「御涙が飛んで、遠く流れ堕ちた処」に位置を占めていた事を明らかにしている。即ち旧伊勢湖並びに旧隠《なばり》の両湖が、女神の左右の御目と云う名で呼称されていた時代には、こうした旧大和高市郡にある都多木神社の社地は、旧隠《なばり》の湖畔から遠く離れていて、而も水辺に臨む土地であつた事を明確にしている。

また泣沢女乃神が迦具土大火に際会して、伊賀南壁から旧大和国の東部や伊賀西壁に接近する地方に至るまで、火伏せのために駆け巡られたのであるが、この事は、次の史実でよく理解することが出来る。

則匍匐御頭辺《かしらべに》匍匐《はいばらい》御脚辺而哭流涕時御涙堕為神坐香山之《かぐやまの》畝尾丘樹下所居之神号啼沢女神（旧事記）

この様な泣沢女の行動から考察すると、迦具土大火の火勢は強く、旧大和国土に至近な地方へも拡大したのであり、また旧伊勢湖の西岸や湖北へも延焼の勢を見せていて、季節が夏から初秋までの出来事であつた事は、この国の風位からでも察せられる。それは梅雨明けには東北の風で晴となり、また秋雨が終ると、西北の風で晴となるこの国の気象による。尚現在の十市村は、何れの方向から移動分村したものであるか、私には未考察である。

考証35

上古並びにそれ以前の太古時代には、伊賀四壁の中腹以下の地域は、大森林帯を生成していたのであり、殊にそのうち東壁から張り出して、国土の臂となつていた比自岐や柎川《ひじき》右岸の高地は、一大密林地帯であり、また巨樹が繁茂していたのである。このことは迦具土大火後になつてから、男神伊邪那岐命が、旧迦具土の焼土を所知せしめんとして八柱の大山祇《おおやまぎ》神を生み定め、甞ての迦具土大森林を再現せんことを期せられた結果であろう。後代になつて旧伊賀に生れ出た驚異的な大森林の片鱗については、次の伝承を挙げることにする。

垂園森《たれそのもり》（市部村）は垂園明神を祭り、神功皇后の御宇に別部真人《わけべのまびと》が創めたものと伝承する。伊賀温故は云う。

「古伝に云う。此の森の藤延び盛りて南を指し、沖（地名）の藤さきと云う所まで延び、枝を垂れ数十丁先を蔓引けるによつて垂園森と名付く」

次に神代の巨樹や其の種類では、現在と同じ様に樟、桧、杉、柏、榊、橘、松などであつたことは、旧伊勢湖岸の埋没地帯と見られる伊賀盆地の周辺から出土する化石に依つて知られる。

考証36

火を有縁とする迦具土神の神威を伝えている数々の神名によつて、伊邪那美命の御身を構成していた国土が焼かれる様になつたのは、神代に起つた迦具土大森林の大火に起因したものであることが考察される。但しそれらの神名は、既に第二章に掲げているので、この章では省略したい。

考証37

迦具土神の垂跡地と見られているのは、伊賀盆地内の北部に周辺約二里の丘陵を作つている上野市街から見て、その南端の小高い丘にある旧朝日嶽の愛宕社である。愛宕社は延善式伊賀二十五座の一つで、古来から伊賀住民の尊崇を享けていて、世襲の神官が奉斉して来たものである。当社の御神体は二座あつて、右座は古来から神扉を開かぬものと云われている。而もそれが火体であることから考察して、旧伊賀の国土で火を失した迦具土神の憤怒の形相を現しているものであると見られる。因みに当社の客殿は、奈良朝時代に和気清麿が修築したと云われ、またその丘上は明治初年まで大森林であつた。

次に大和国宇陀郡内の秘境である曽爾《そに》は、今井、長野、塩井、太郎路、小長尾、掛、葛、伊賀見の八ヶ村で構成されているが、それらの各村落は、伊賀見と小長野を除いて、総て愛宕神社が鎮座していて、祭神は迦具土神とされてきた。然るに曽爾を含む大和国宇陀郡内では、曽爾に隣接している御杖村のうちの桃俣と土屋原の二村を除くと、迦具土神を祭神とする社地が見当らない。この事は誠に異とすべきである。而し乍らこの事自体が、迦具土大火後になつて分身迦具土が、女神伊邪那美命に伴われて旧伊賀から退き、太古から宇陀郡の秘境である旧曽爾へ移動したものであることを明確にしているのである。但し伊賀東壁下の上津村字勝地には、奥山愛宕社があり、祭神は迦具土神であるが、これは奥山津見命の神座であつた同地へ、中古の頃になつて迦具土神を祭つた結果である。

考証38

迦具土神の御神体として祭祀されてきた宝器の一部は、旧伊勢湖の減水後に大和民族祖先の移動に伴われて、曽ての朝日嶽を下り、垂跡の地を西方に求めたのである。即ちそれが山城国の鷹ケ峯であり、更にその後になつて現在の京都市外愛宕神社の社地へ遷された(伊賀伝承)ものであると見る。

但し伊賀から山城国へ分霊鎮座の途中に、暫し滞留せられた地は、伊賀西壁に突き出る比自山であつた。この地域は長田川の清流を脚下にしていて、遙に朝日嶽を望む景勝の地であり、曽ては比自乃宮の宮域であつて、また迦具土前期の頃には、一群落を構成していた所である。この附近には岩室、石棺、土穴などが遺されており、巨石の使用されているのが見られる。これらの巨石は、旧伊勢湖が比自岐山の中腹を洗つていた当時に、太古人の湖上運般によつてこの地の山上や山腹へ運ばれたものであると思考する。

而もこの比自山とその北に続く木根山（旧記は鬼子《きね》と書くことからみて、旧曽爾から一部の人びとが、嘗て定着したことがあつた処ともみられる。）とに挾まれた狭路は、左の御廻り路と呼ばれていた現在の岩倉峡が生れていなかつた以前には、伊勢湖から西方へ落下する唯一の水路となつていたもので、この水路に臨んだ左右背後の高地には、早雄《はやを》乃里《のさと》や高志《こし》乃里などが所在していたのである。この旧水路の水戸口と見られる木根山と比自山の境には、毎年郷民によつて太い注連縄が張り渡され、その縄には魚その他種々の藁作りの飾り物が懸けられ、それが遺習となつている。こうした異様な行事は、また研究と興味の対称となり得るであろう。

次に比自山の金鶏伝承は、神代から比自山が天津神一柱の座であつたことを伝えているものと考察するが、この地は仏教渡来後に神仏混合が強行され、寺房が立ち並んで一山を埋めた所である。また織田信長が伊賀に乱入して南壁の国見の砦を破ると、伊賀四壁の砦から馳せ参じた郷土や朗党が、最後の防戦地として比自山に立て籠つたのもこの所である。即ち比自山一帯は、戦略上のみならず、この国土内に住んだ人達にとつては、太古から有縁の地となつていた為であろう。元来比自山と云う名称は、神代の「臂」から転訛したもので、伊賀南壁に近い東部高地の比自岐《ひじき》地方は、嘗ての「右の御臂」であつたのに対し、これは「左の御臂」と成つていたからである。郷民も従つて比自岐山と呼び、比自山とは云わない。比自宮の旧趾は、このことによつて天津彦根命《あまつひこね》の神座であつたと見るのが正確であり、次の史実を挙げたい。

複舎左御髻玉著於左臂化生神号曰天津彦根命《ひだりのひじにかなる》（旧事記）

天津彦根命の神座であつたと見られる所は、亡失した比自観音の域内であることに誤りはない。而し乍ら其処から百米許り南方に巨大な磐室があつて、その前面に立つと、伊賀南壁を指呼の裡に収め、また周辺の景観は、小規模ながらも大和国山辺郡豊原村の神野山頂にある甕速姫命《みかはやひめ》の荒陵に似ている。近頃では雑木林が繁茂して、その視野が遮ぎられているが、この磐室の内部には、許多の土器があつて、近年まで持ち去られずに遺されていた。而し乍らそれらは太古のものか、或は後代になつて持ち込まれたものであるかは判定し難いであろう。

考証39

日本の分身考から推究して、迦具土神とは伊邪那美命の真の御子ではなく、御子の様に愛撫を享けた分身としての迦具土を云つたものである。この神は女神伊邪那美命に代つて、旧伊賀の国土を所知されたのであるが、この神に天（あま）の詞を冠していないのは、その年令の若かつたことを知らしめている。元来伊賀国では、太古から上古まで一貫して、迦具土神を除く以外は、常に女身の神人がこの国土に拠つていて、それを御身くろとし、また身を容れるための家とされたのである。即ち伊賀は「唯我」または「生我」のことで、我が身を意味するものであり、また「伊賀成せる押機」（古事記）と云うのは、汝自身が作つた釣天井と云うことであるに見ても解るのである。また人皇の御代に入る以前からでも、伊賀南壁を中心地域として、吾娥津姫命《あがつひめ》の御子孫が連綿と姫命の御名を世襲し、国土の守りに執いていたのである。このことはまた、白鳥の伊賀国の頃まで踏襲されていたのであつた。

考証40

迦具土神の御名によつて伝えられている「迦具」とは、物の「匂いを嗅ぐ」と云う言葉に似ているが、その真意は、「燻す《いぶ》」である。即ち迦具土とは、「燻れたる国土」を云つたのであり、且つまた迦具土神の御名そのものは、神の四肢五体であつた旧伊賀と、この国の大森林に火の穢れを浴びせた迦具土神自身の両者を併せ伝えているのである。

近畿地方では、現今でも燻れた匂ひを「きな嗅い」とは云わず、これを「迦具嗅い」と云う古語で表現している。倭言葉《やまと》は総じて幽遠である。

なおこの迦具に関聯して、大和三山の一つと云われる香具山を挙げたい。それは迦具の語音は、香具も同一の意義を持つと云うことである。即ち香具山は、太古の頃にこの山腹で庭火を焼き、神鏡を鋳た処であり、またその後人皇の御世に入つてからも、祝部土器などを作つた処であるから、昔からこの山自体が、燻《いぶ》れた山であると見られていて、その結果この山を香具山と名付けたものであることが知られる。

而もこれらのことについては、近古の頃までその真実が伝承されていたものであると云うことを解説するために、次の史実を挙げたい。

「爰に須佐男命は吾国を取らんとして小蛇なす。一千の悪神を卒して、大和国宇多野に一千の劔を掘り立て、城郭として籠り給う。天照大神これを由なきことに思召して、八百万神達を引き具して、葛城の天乃岩戸へ閉ぢ籠り給へば、六合のうち常闇になつて日月の光りも見えざりけり、この時島根見命これを歎いて、香具山の鹿を捕え、肩骨を抜き、合歓の木を焼いて、この事如何にあるべしと占なわせ給うに、鏡を鋳て岩戸の前に掛け、歌をうたはば出御あるべしと占に出たり。香具山の葉若の下に占とけて肩抜鹿は妻恋なせそと読みける歌は、この意なり。さて島根見命一千の神達を語いて、大和国香具山に庭火を焼き、一面鏡を鋳きせ給う。この鏡は思うようになしとて、捨てられぬ。今の紀伊国日前宮の御神体なり」。（大平記）

また大和国宇陀宇賀志の豪族弟宇迦斯《うかし》の進言によつて、神武天皇が神祇を祭られるに際して、彼れと推根津彦《しいねつひこ》に命じて、香具山で祝部土器を焼くための埴土《はにつち》を求められたのであるが、爺婆に化けたこの二人が、途中の路で「あなむさい」と人びとから後ろ指をされつつ香具山へ急いだ「古事記）ことからでも、太古時代からの迦具の意味が理解されよう。

なお伊予風土記によると、天乃香具山は天降《あまくだ》つた山であると伝承されていた様であるが、そのこと自体が、天乃香具山に天《あま》と云う詞が冠せられてはいるものの、太古の頃では香具山を含む大和国の香具山村一帯の地域は、決して天狭霧国の一部を構成するものでは無かつたと云うことを明確にしているものであり、且つまたこの伝承は、迦具土神の姿態から見ての地理的事実にも合致するものである。

考証41

旧伊勢湖岸であつた伊賀国の盆地周辺に埋蔵せられ、或はまたそれら地方の川底にも霧出している亜炭層は、迦具土大森林時代の一部が、周辺の湖底に埋没した結果の所産であると考察される。

考証42

迦具土大森林の大火は、旧伊賀の国土を被い、更にこれが伊賀の北壁にまで延焼する程の火勢であつたに拘らず、旧伊勢湖の湖上湖であつた平田湖や阿波湖に妨げられて、当時の天乃平田《あまのひらた》や天乃併田地方の以北へは及ばなかつたと解せられる。即ち旧平田湖の湖底である現在の平田盆地から南方を見ると、木代《きじろ》や山田の嶺々が比自岐村まで続いているのであるが、こうした一連の山を指して、古来から「南方は火体である」（伊賀伝承）と云われて来た事を注視したい。即ち斯様な言葉は、神代の中津瀬（古事記）である中之瀬川右岸の南宮山に立つて、その対岸に聳える山田山を望見して初めて発せられるものである。この「火体に包まれた」と云われている山田山は、決して上古の山田山の大火を伝承するものではなく、南宮山「ひよどり」の盤室に居住していた金山姫命《かなやまひめ》の国土から見て、旧山田山に御身を容れていた毘古《ひこ》の座が、迦具土大火の難を崇つている姿を口誦されて来たものであると考察する。山田山に関する史実としては、

山田郡山田在郡東南松柏鳥鹿多而土地豊饒也有神日事代主命《ことしろぬし》亦白河田明神磯城津彦玉手看《たまてみの》御宇之時奉斉也

（延長風土記）

考証43

日本の各地に遺されている「火渡り神事」は、神代に起つた迦具土大火と、当時の天津神が迦具土大火の難を避ける姿を伝えているのである。且つまた秋葉明神を「火伏せの神」として古来から尊崇して来たのは、主神は火を失し、その為火の穢れと、その責めを負う迦具土神であるので、彼はその神威によつて子孫を守り、自ら火難の厄を負われているものとして、古代人が奉斉することになつた為である。

考証44

愛我那邇妹命乎謂易子之一木《このひとつぎにかえし》（古事記）の詞は、男神伊邪那岐命が愛《は》しとせられた妹神の御身、即ち御身くろとした国土を、迦具土神のために焼かれて、その悉《ことごと》くを失い、その美し国には愛しき妹神の姿は既になく、哀れその跡には迦具土神のみが唯独り取り残されている姿を見た男神の御難きを云つたものである。

次に「ひとつ木」と云うのは、迦具土大火後にこの国土で見られたものは唯一木の樹にも例えられるべき迦具土神のみであり、これが僅に妹神の形見となつていて、其の他には最早や昔日の大森林の面影が残つていなかつたことの、焼土迦具土の実態を伝えた詞である。

第八節　迦具土神の「涎《よだり》」と呼ばれた旧中津瀬渓谷の起原

迦具土大火後程ないころ、旧伊勢湖の湖上湖であつた旧平田湖と旧阿波湖が、旧伊勢湖に向つて多具理《たぐり》を吐く様になつた。この迦具土神の「涎」と云うのは、神代の中ツ瀬と粟の門《と》が生れ出た事であり、現在の伊賀国阿波と出後《いづご》、並びに真泥《みどろ》と中の瀬を結ぶ両渓谷の起源を云う。

迦具土神の多具理《たぐり》は、迦具土大火後程なくして旧伊勢湖畔の国土内に起つた序曲的な地理的変動であつて、日本神代の天狭霧国が、太古の日に初めて経験した大洪水の第一段階になつたものである。この迦具土の大洪水難は、勿論迦具土の大森林火に起因したものであるが、こうした迦具土の御身から吐き出た多具理は、旧伊勢湖岸の各土に異変を起したに止まらず、更に第二、第三の地異を、四囲《い》の国土にまで招来せしめる様になつた事が特記せらるべき事柄である。

さて迦具土前期の旧伊勢湖は、その湖上湖の一つとして、旧平田湖を持ち、これらの両者は、南宮山と山田山で隔てられていたのであるが、一方の平田湖は、更に己が湖上湖として、旧伊賀の東壁にあつた旧阿波湖を従属せしめていたのである。即ち斯様な旧阿波湖は、その周囲を五里ばかりで図われている現在の伊賀国阿波盆地自体が、迦具土時代に見せていた国土の姿であつて、その頃の湖上水位は、三百五十米前後であつたことが知られる。またその湖面の及ぶ範囲は、伊勢と伊賀を境する鈴鹿南脈の西麓にまで延びていて、現在では長野峠の懸り口となつている阿波村字汁附《しるげ》の舟谷一帯までも、湖の水に浸していたのである。従つて太古時代の阿波湖上の水路交通は、汁附東岸の舟谷を起点として、その湖周に及んでいたものであり、またその頃での北岸の台地子日《ねのび》、即ち現在の子延《ねのび》を中心にして、日本神代では最大の都邑を構えていたのである。これが旧平田湖岸の千《ちく》座置戸《らおきくら》の群落と並んで、両湖の北岸で互に首都を作つていたものであり、所謂旧史に伝えられた天乃阿波と天乃平田は、これら二つの連鎖された伊勢湖の湖上湖に臨む別天地であり、また波静かな国土であつた。

さて旧伊勢湖に比べて遙かに高水位であつた旧阿波湖は、その四辺の高地に無数の高峰を並べていて、旧鈴鹿国との裁目《さいめ》には、霊山や鈴鹿南脈の主峯笠取山などを結んで、それを北に隔て、また笠取山頂から南に走るものは、旧馬野郷や上津郷の山々を隔てて遠く旧霧生郷を南に離ち、また西南隅の天神山（今は西教山）は、壬生野高原に交わつて旧平田湖を西に隔絶する小湖国であつた。而もこうした旧阿波には、その四周を繞らす高地部に大小無数の池が点在していたものである。然るに迦具土大森林火以後になると、それらの大池小池が自壊し、或はまた過重な雨量に堪えられなくなるに従つて決壊を招来し、遂には旧阿波湖自体が、それらの水量に支え難い状態になつたのである。

斯様に神代の旧阿波湖が漲水して、湖それ自身が過超な水量に堪え難くなると、それが水尾を求めるために、湖の南西部を破り、旧阿波からの排水路が生れ出たのである。即ち現在の阿波溪がそれである。この落下は、旧平田郷の東南隅にある出後《いづこ》村へ流下して、それが甞ての平田湖へ流入したものである。所謂神代に「粟之門」や「速吸《はやすい》之《の》瀬戸《せと》」と呼んでいた二つの水戸は、こうした旧阿波村から出後村へ流れ出た水路の両端を指して云つていたのである。而し乍ら現在では、平田盆地の東南隅に位置して阿波溪の受け口を扼している出後地方も、迦具土前期にはなお平田湖中のものであつた。また旧平田盆地は、所謂神代の天乃平田であり、湖岸の国土は、天津神々の圭田《けいでん》とせられたものの一ケ所でもあつた。

天の平田を生み成した旧平田湖は、その初期時代での放水路は、現在の様な中之瀬川の渓谷に依存していたものではなく、湖北の一部丘陵を破つて、これが数条の緩漫な水路を作り、そのころ天《あま》乃尾羽張劒《のおわばり》と呼ばれていた旧伊勢湖の北部へ流入していたのである。こうした当時の落下水路に当つた所は、南宮山から壬生野地方へ延びる小丘帯であつて、現在の西之沢村の背後にはそれら水路の落下遺構が覗い得られる。

さて迦具土大火後に起つた大洪水難が、迦具土神の御身中《みくろ》の国土に始まると、先づ初期の天乃阿波に溢れた水量は、その水尾として粟乃門《と》を作り、それから速吸《はやすい》乃瀬戸に落下して、旧平田湖を漲水せしめ、更に天乃平田の西壁となつていた南宮山と山田山の中間を破つて、現在の様な中乃瀬十四丁の渓谷を生むに至つた次第である。所謂神代の「中ッ瀬」とはこれであり、旧平田湖と旧伊勢湖を結んだ新しい水戸口を云う。迦具土の大洪水は、斯様に旧平田湖の水戸口をも一変せしめたもので、旧出後《いづご》村から直線の方向を採つて真泥《みどろ》地方を衝き、遂に現在の中之瀬川が生れたのである。
また当時の水位は、二百米以上の高位を占めていた。

迦具土神の多具理とは、即ち真泥《みどろ》村から中の瀬村を結ぶ中ッ瀬渓の起源を伝えているものである。神代にこの水路が出来たことを、多具理と云う詞で表現されて来たのは、迦具土神の所知する国土が迦具土大火後に病み疲れて、御身から神の「涎《よだり》」が吐き出されたものであつたとし、また斯様に口伝することによつて、その地理的位置や様相を、日本民族子孫に正確に伝えたものに他ならない。

考証45

多具理《たぐり》（古事記）または且神避之時悶熱懊悩《あつかいなやむ》因為吐（旧事記）などで記された「多具理」とは、伊邪那美命御自身の御身から「御涎」を流されたと云う様な、単なる生理的なことを伝える為の空虚な叙事ではなく、この女神が火難を避けられて旧伊勢湖畔から去り給うた後になつてから、迦具土神の国土内では、神の御涎れが流れ出初めたと云う地変上の記録である。

多具理を吐く様になつたのは、火を弄ぶによつて起つた迦具土神の迦具土大火に誘因するのであるが、さてこの迦具土神の国土内に起つた最初の水流落下は、その後程なくしてその下流地域にある旧山城、河内、大和国へも、迦具土の大洪水難を与える発端になつたものである。

更に解説を加える為に、伊邪那美命が嘗ての拠り所とされていた国土が、「熱がり悩んで涎れを吐いた」についての地理的説明をすると、次の様になる。即ち女神は迦具土の火難に遇うや否や、御身くろとせられた国土から退座されたのであるから、その結果としてこの大火以後の女神の国土は、自動的に分身迦具土神の御身くろと化したのであり、この為嘗ての那美命が座せられていた天狭霧国は、その国土の構成や形体についても、総て迦具土神の姿態で表現されているのである。従つて多具理の考証に当る場合にも、迦具土神の御身から吐き出た水流であるとするのが正しいのである。これが迦具土時代の後期に入ると、旧迦具土の国土も変貌したものであり、大日孁《おおひるめ》貴命が拠り給うた頃になると、旧迦具土も総て大日孁貴命の御身と化し、またその身くろや各土の位置の悉くを、女身の姿態で表現される様になつたのである。先ずこの点を鮮明にして置きたい。

さて多具理とは「嘔吐」を意味するものとも見られたが、それよりは寧ろ神の「御涎」であつたとするのが妥当である。またこうした呼称こそ、太古の地理的変化についての説明を正確にし、その過程を鮮明に伝えしめている。元来多具理の長さは、約十四、五丁で、前説の様に旧天乃平田湖岸の真泥《みどろ》から旧伊勢湖東岸の中乃瀬を結んだ溪谷のことであり、旧阿波湖に溢れた水量が旧平田湖に落下して来たことに依つて、その水勢は直線行路を取ることになり、これが南宮山と山田山の中間を突いて、遂には旧伊勢湖へ落下することになつた中津瀬（古事記）溪谷の起源や、その実態を御涎れの言葉で伝えているのである。

考証46

多具理生神名《たぐりにあれます》金山毘古命《かなやまひこ》次金山毘売命《ひめ》（古事記）と為吐此化為神《たぐりなす》 名日金山彦神 次金山姫神（旧事記）は、共に伊賀国南宮山頂に鎮座していた（源平盛衰記も左様に伝える）金山姫命並びに其の社地に関する地理的説明と、この社地が、中之瀬川で挾む対岸の山田山に鎮座していた金山毘古神に就いての伝承を記録したものである。神代の多具理を裁目垣《さいめがき》として、南宮山を中心とした中乃瀬川右岸は、金山姫命の国土であり、これに対座する左岸の山田山一帯は、金山毘古神が居住されていた国土であることを教えている。

元来南宮山頂に鎮座する（現在では南宮山の西麓）金山姫命の社地は、天武天皇の頃にこの地へ勧請せられたによつて起つたものと云われているが、これは事実ではない。元来この姫神の旧地は、現在の中之瀬川右岸一帯であり、且つまた左様に太古から語りつがれて来たものであつたから、後代になつて姫の神霊が故地へ還幸されることになると、垂跡地であつた美濃国の南宮山を発御せられて、天武天皇の御代に現在の南宮山小富士嶽へ遷されたのがその真実であると考察する。但しこうした日本古代に行われた神霊還御や分霊奉祀に就いては、後章の黄泉之国《よもつのくに》の項でその起源を考証するであろう。

考証47

現在の平田盆地内の西北隅に千戸《せんど》と真泥《みどろ》の村落がある。この両者は、中の瀬川の入口を挾んで、南北に位置しており、千戸村は南宮山を負い、真泥村は山田山を背にしている。この真泥と云う古地名やその地理的位置から考察すると、神代の迦具土神の「御涎れ」は、旧真泥の原住地であつたと見られる山田山の下腹部から初まつたもので、旧平田湖の溢水は、真泥村の前面から旧伊勢湖へ降下流入したものであることが知られる。なお真泥村背後の山田山は、対岸の南宮山一帯の高地部と同様に、神代遺品の宝庫であつた。このことはまた、千戸村とても同様である。但し旧千座《ちくら》の置戸《おきくら》（古事記）であつた南宮山下の千戸村や千歳《せんざい》村に関しては、後章の千座《ちくら》乃里《さと》の千座乃祓い」の考証で精細に解説したい。

考証48

粟之門、速吸之瀬戸《はやすいのせと》、中津瀬（古事記）と云うのは、神代に実在した旧阿波湖、旧平田湖、旧伊勢湖の三者を結んでいた水路を云つたものである。これらは現在の阿波溪とその水戸口を扼する出後《いづご》、並びに中乃瀬溪谷の各々が、国土の極めて若い頃に生み成されていた水門《みと》である。即ちこれら地域の古地名乃至地理的連鎖を究明すると、神代の景観やその国土起源が覗い得られるであろう。次の図表は、迦具土時代後期でのこれら水戸口や水尾の位置を示す。

旧伊勢湖（左右の御手の白銅鏡《ますかがみ》）

- (1) 旧隠乃《なばり》湖（現在の名張盆地）（左乃御目、又は左乃御手の白銅鏡）
- (2) 旧伊賀湖（右乃御目）
  - (1) 旧阿波湖（阿波盆地）（天乃阿波） → 粟の門《と》（古事記）（現在の阿波渓）
  - (2) 旧平田湖（平田盆地）（天乃平田） → 中津瀬（古事記）（現在の中の瀬渓）
  - (3) 旧伊賀湖（伊賀盆地） → 天安河（古事記）
- (3) 旧霧生《きりゅ》の池（霧生郷）

旧近江の海（現今の近江国の過半）……………………（現在の野洲河上流）

考証49

史実や伝承から考えると、鈴鹿南脈の布引連山の頂上部のうちでも、現在の阿波盆地を俯瞰する高所には、上代の頃まで大池群の形骸が遺されていた事が知られる。現在でも阿波村西北部の高地が壬生野高原と交わつている標高五百米の所に、田代《たしろ》池があつて、その池周は二里に及ぶ程の広大な地域を占めている。

次に現在の平田小盆地内には、上代の頃に消滅したもの、或は埋没したものと云われる郷村名が、多数残されているが、それらの地理的位置や地名などについて考察を加えると、元来神代の迦具土大洪水は、旧阿波の高地部に実在した大池郡の自壊作用に由来するものであつたと見るのが妥当である。また斯様な洪水難は、人皇御世以前からも度び〱平田地方を襲つたものであつて、旧平田湖が干上つた後代になつても、旧阿波に残されていた小湖が、旧平田湖底に生れ出た郷村へ水禍を蒙らしめたものであることを知らしめている。

但し嘗ての旧阿波湖やその湖畔国土の有姿並びに旧阿波湖の消滅に関しては、阿波岐ヶ原の解説に譲りたい。ただ阿波盆地や平田盆地で起つた上代の洪水難に就いてのみ、次の数項を掲げる。

(1) 中馬野に左妻の岩窟なるものがあつた。中古洪水に侵されたので、今その所在を詳かにし得ぬが、昔その巖窟に神あつて馬を愛し、横根山の溪流に馬を洗つたと云う。左妻馬洗淵と云う所は今も猶ある。

(2) 阿波龍王嶽の伝承に関連して、風土記に云う。

天武之御宇自馬野大池神龍化来。

馬野大池は笠取山頂に在り、今は水涸れて無し。土俗口碑に「大蛇此処に栖みけるが上天してのち此の池荒廃す」。

(3) 延長風土記に云う「山田郡爾保川在郡之東有洪水之難」。按ずるに魚留峠から流下して阿波渓に入る。今も魚留峠の下に爾保畑《にほばた》の字《あざ》が存している。(以上は藤堂元甫の三国地誌による)

(4) 風土記に現れている山田郡(平田を中心とした中村郷、阿波郷、馬野郷、喰代郷、友生郷で構成されていた)の域内にあつたものであるが、上代の頃に既に消滅乃至移動したと云われている川原、竹原、阿野、鳥合、玉井、郡、川向などの郷村は、旧平田湖の湖底に生れた村落である。然し乍らこれらの地方では、神代以降の不断の大洪水難が平田盆地や阿波盆地で絶えなかつた為に、遂には廃滅の運命に立ち至つた結果であることが知られる。

第九節　迦具土神の「尿《ゆばり》」と呼ばれた旧山城国木津川の起原と、神代の大洪水「しら血の穢れ」

迦具土神が旧天乃平田《あまのひらた》湖から多具理《たぐり》を吐き出した為に、遂には旧伊勢湖から「迦具土の尿《ゆばり》」が流れ始め、この新しい水路が生れ出た事によつて、迦具土神の国土が、初めて殖安姫《はにやすひめ》の国土へ結び着く様になつたのである。迦具土の尿とは、神代の大洪水であつて、これはその当時「左乃御廻り路」となつていた天乃盤座《いわくら》、即ち現在の岩倉渓と、その水路に結び着く木津川上流の起源を云う。また、迦具土乃尿の始まりを、当時の人びとは白血（しらち）の穢れとも云つた。

迦具土の大火後程なくして、迦具土神の国土を襲つた大洪水は、その水圧を旧伊勢湖の西北隅に加え来つたものであり、栗の門、速吸瀬戸、中津瀬を一連として、旧中乃瀬川を下つた「迦具土神の涎れ」が、現在の岩倉を破つて、山城国へ落下したのである。而し乍らこの水流落下は、迦具土の西北隅ばかりを衝いたものではなく、この神の左乃御臂と呼ばれていた現在の比自山《ひじ》と木根山《きね》の中間をも突いたのであつた。神代に此の比自山の北背へ流れ出ていた上代の高師川（古代の高志乃《こし》里《さと》や早雄乃里《はやをさと》を流れたのでその名の起源となつた）は、その頃までは「雄の初め」（旧事記）と呼ばれていた。

元来中乃瀬溪谷を生み、且つ迦具土大洪水の発端となつた旧平田湖からの多具理は、決して「直《なお》日《ひ》」（古事記）に進んだものではなく「曲り日」の線を作つて、旧伊勢湖へ落下していたのである。これは旧平田湖の排水路が、それ迄は湖北の丘陵の鞍部からであつたことに誘因する。而もこの曲日《まがひ》のために、現在の上野市の北半や東部の野畠地方が破壊し尽されたものであり、当時の水路は、それら地表の数十米以上の標高を流れつゝあつた。またこの御涎れによる水勢や「迦具土神の尿」の落下によつて、旧伊勢湖は急激に減水し、現在の上野市街南部の久米山の丘陵が、その頂上を湖中に現わし始めたのもこの頃の事であろう。

当時の上野の丘は、現在より標高の高かつたことは勿論であり、市街と対立するこの久米山と、等高の台地であつたと見られる。然るに時代が更に遷つても、迦具土神の多具理はその水勢を弱めず、旧上野台地の南半を飽くまで破壊して、久米山と旧上野台地の中間から旧久米川へ落下の方向を取つていたのである。

旧伊勢湖が迦具土神の御涎れで満水し、その結果水圧に堪え切れなくなつた為に、茲に新しい三段の排水路が生み出されたのであるが、これこそ神代の「しら血の穢れ」の始まりであり、次に掲げるものが、尿《ゆばり》の始めとなつた三筋の落下水路である。

旧伊勢湖の排水路

- (一) 天乃安《あまのやす》河（迦具土前期時代）
- (二)
  - (一) 鳥居出《とりいで》からの流れ
    旧新居村字鳥居出から湯蓋《ゆぶた》へ落下して、島ヶ原に下る（木津川上流）
  - (二) 「雄の允《はじ》め」からの流れ
    旧長田村字百田から三軒家を通過して、島ヶ原への落下（木津川上流）で、古代の早雄の里を流れたもの
  - (三) 巖倉からの流れ
    旧新居村字波野田から島ヶ原への落下（木津川上流）

これら三段の放水路は、共に島ヶ原村を経て、山城国大河原村へ落下したもので、これは現在の木津川が生れ出た発端である。即ち迦具土神の尿または小便（いばり）と云うのは、日本神代に起つた迦具土大洪水を云つたものであり、またこの大洪水の起るによつて、初めて生れた旧木津川、即ち太古の「左の御廻り」路の形態を伝えているものに他ならない。

迦具土の尿の流れとなつた三筋の落下水路のうちでも、巖倉を除く他の二つの水乃尾は、極めて短期間にその落下を停止したのである。而しながらこの時新しく生れた岩倉峡ばかりは、神代からの天乃《あまの》磐座《いわくら》として、旧伊勢湖が風早乃国の風早池と化し去る様になつた後世まで、永く大和民族の

子孫に舟運の便を与え、またこれによつて葦原の中国《なかつくに》や他の国土への民族移動には、唯一の水路として利用せられたものである。近世になつて、更に角倉了以がこれを改修した。

地理的に観ての迦具土神の尿は、上古の高師川と山肩川を云つたものである。また現在の木津川の上流沿岸は、神代での「尿」が如何に壮観であつたかを物語つている形骸であり、伊賀国島ケ原一帯から山城国大河原、笠置、加茂の小盆地、木津、棚倉の沿線は、即ち尿の流れに添つた地方である。而し乍ら当時の「迦具土神の尿」そのものの水位は、現在の木津川の河床水位に比較すると、想像以上の高水位を占めていたことは云うまでもない。

こうした有様であつた為に、旧伊勢湖畔の国土を離れて、迦具土神の尿に添つてその下流に位置した殖安姫《はにやすひめ》神の国土へ降る神人らに取つては、天之《あまの》御柱《みはしら》の中腹に懸つた旧木津川、即ち左の御廻り路から、その左岸に拓けた広大な旧大和国と、其の中央に浮んだ葦原中洲湖の景観を、脚下にし得たのである。これがため迦具土後期の時代では、それら旧木津川左岸の国土を、虚空見《そらみつ》大和国《やまとのくに》と称えたのである。

迦具土神が多具理を吐き、またこの神が尿を流し初めた頃の旧大和国は、殖安姫命が所知せられていたのであつて、この姫神の姿は、御身の内に葦原の大湖を抱き、その御頭と腹、臍、臍下に当る国土は、僅に湖上にそれらの貌《かたち》を現していたのであつた。元来旧大和国を己が御身としてこの国土を所知せられた神人は、天狭霧国の天津神の姿態と異つていて、国土を北枕にして神座を構えていたのである。即ち殖安姫がその御在世中に己れの御頭とせられた国土は、現在の生駒山を中心とした大和、河内、山城に跨る台地であつた。これら三ヶ国の相寄る生駒山脈の北部は、旧伊勢湖から左の御廻りの水路を伝つて降つた場合には、最初の目標となつたものであり、それは北倭村の高船の高地に当るが、而し乍ら殖安姫の座へ降る途中の着船地は、高船の北方一里許りに位置を占める河内国の磐船一帯の中腹である。またこの姫神の御腹と云われた国土は、旧大和葦原湖の東岸や西岸に生れつつあつた平坦地を云つたものであり、また神の御臍《ほそ》と御臍下は、湖南から遠く南大和にまで及ぶ高地部を指して呼び倣され、旧大和国吉野郡四郷村迄の吉野川上流地帯を併せ含んでいたのである。

現在の生駒山一帯の台地は、殖安姫が自身の神座とされていた頃には、左の御廻り路の水路の果てに浮んでいた国土であつた為に、天津神人や天津邑びと達は、当時の殖安姫の御頭の地を呼ぶに当つて、その地理的景観から考えて「迦具土神の屎」と名付けたのである。即ち「屎」または「くぞまる」と云うのは、迦具土神が流した水路の果てに生れ且つ浮んでいた国土そのものである。また斯様な名で呼ばれていたので、天狭霧《あまさぎり》国から見ての殖安姫神の国土やその位置は、極めて明確に指示表現されているのである。

但し斯様な遼遠な太古時代にも、産業は既にその緒についていたのであつて、旧大和盆地を被つた葦原湖の沿岸には、既に五穀の収穫があり、また湖南には、麦や大豆も産出し、且つ生駒山麓地帯には、養蚕が盛んに行われていて、牛馬の飼育もあるなど、当時の大和国が殖安姫の御身中として、安らかに統治せられていたことについては殊更に認識を新にすべきである。

考証50

現在の山城国の南部から伊賀西壁へ達するまでの木津川上流沿線に点在する山城国木津、岩舟、加茂、笠置、大河原、伊賀国島ヶ原などの地方に見られる水蝕状態や、島ヶ原、大河原、岩舟などの地名についての考察から、太古の大洪水である「迦具土神の尿」の放水量や、或はまたその範囲並びにその影響についての考証が可能となる。

次にこれら沿線の高地部住民は、太古から漸進的に旧木津川沿線やその下流へ向つて低地移動を続けて来たのであるが、この事に就いて次の様な口誦を資料とする。

(1) 山城国大河原字今山は。往古では伊賀国に属していて、伊賀山と呼ばれたのであるが、これが転訛して今山の名の起源となつたのである。現在の大河原村住民の一部祖先は、その原住地を斯様な旧今山やその以東の地に占めていたのであり、また旧木津川沿線居住民の大部は、その上流地帯から延年に捗つて、不断の低地移動を行つて来た。（今山伝承）

山城国大河原住民の原住地と考察される伊賀山につき、次の史実を挙げる。

伊賀山有神号南大明神所祭大物主《おおものぬし》也此有横井墳横井真人以此山為山賊被害仍而国造《くにのみやつこ》葬之春秋中終之祭有幽魂出光国民以称祭之有神田乞明神龍田明神也　（風土記）

(2)　山城国笠置川右岸の童仙房台地は、往古から近世まで都邑の形態を残していた所である。現在の山城国加茂の小盆地を中心とする木津川沿線の甕原《みかのはら》地方居住民は、斯様な高原台地の童仙房から、近世の頃まで漸進的に移動して来たものが少くない。なお童仙房については、第二十八項でもその一部を解説したと考える。

考証51

伊賀盆地の西北隅寄りに点在する長田村字百田《ももだ》と木根《きね》、新居村字波野田、出城《でじょう》、鳥居出《で》など各地背面の山腹に見られる水蝕状態や、波野田、出城、岩倉、琴ケ浦などの古地名に見て、迦具土神の多具理はこれら地方に水圧を加え、而も中之瀬を突き破つた水流は、旧伊勢湖面を西に走つて、㈠鳥居出、㈡巖倉、㈢高師川（高志の里に落下）を生みなし、この水勢が旧島ヶ原に集つて、迦具土の尿は初めて大洪水を起し、旧木津川沿線の国土へ落下したのである。この為当時の旧伊勢湖やその湖上湖の二三は、急激に一時的な減水を招来したものであると考察される。

考証52

神代の迦具土神の尿は大洪水と化し、先づ木津川を生み、更にその余波が西方に走つて旧大和平野、当時の葦原中洲湖に流入落下する様になつた。このため旧島ヶ原村や大河原村などの木津川上流地帯から土砂を運び、これが累積して小丘郡を作ることになつた地方は、木津川中流左岸の山城国と大和国との境である。即ち大和国添上郡歌姫を中心として、東西に走る小丘がそれで、奈良市西郊の狭岡社から山城国相楽郡山田荘へ達する砂丘帯に外ならない。

こうした地域の北端にある山田荘村字柘榴は、日本では最古の市場であつたと伝承されている柘榴市《ざくろいち》の旧地である。なお歌姫地方を中心とする地域では、井水を求めるため索井の深度を増すと、却つて井水が枯涸すると云う。このことは同地方が太古に遇つた迦具土大洪水の所産であることを証左するものと見られ、また次の口誦を挙げる。

「木津川左岸の大和と山城両国の境は、古来から幾度びかの大洪水難に遇い、それがため国土

の姿がその都度変えられて来た」(奈良山伝承)

考証53

迦具土前期時代の旧木津川下流地帯は、旧大阪湾の一部入江となつていて、現在の山城国木津町以北の平野は悉く海水に侵されていたのである。その当時の深度は、現在の大阪湾上の水位に比較すると、二十米前後の上位を保つていたものと概算される。而もこの内海が、迦具土大洪水とその後の洪水によつて、相当量埋め尽されたものと見られ、これについて次の理由を列挙したい。

(1) 迦具土神の誕れを主因とした旧伊勢湖北西岸の国土破壊。

(2) 迦具土神の尿を蒙ることによつて、旧木津川上流の沿線国土が破壊された。

(3) 山城国相楽郡寺田附近は、木津川の本流からかなり離れていて、宇治山の西麓に近く位置するのであるが、この地方の土中二三十米の所から、人工を加えた木細工などの出土することが珍らしくないと云われる。これは迦具土大洪水以後になつても、この地方では絶えざる洪水難に遇つた結果から、旧山城国の一部内海が洪積層を作つた為であると見る。

考証54

火神軻遇突智《かぐつち》娶土神殖安姫、生稚産霊《わかむすび》神比神、頭上蚕與桑、臍中生五穀（旧事記）

右の記録は、神代に迦具土の大洪水が起つた結果として、殖安《はにやす》姫が所知されていた旧大和の国土が、旧伊勢湖畔の国土と、互に水路によつて結び付く様になつた事の純説明的な地理的変化を伝えたものである。即ち「娶《めと》る」と云う詞は、天津神の住む迦具土の国土が、国津神であつた殖安姫の国土と、互に水路で連絡し合つた姿態を指して云つたものである。

更にまた、この姫神の御身くろに生成ししつつあつた若い国土時代の旧大和国のうちでも、神が御頭とされていた地方には、既に蚕業も初まつていたのであり、また姫の御臍を形成していた地方では、五穀も実つていた事についての、日本最古の農蚕業発展の事実が記録されているのである。このことに関しては、後代になつて姫の国土を所知することになつた保食神《うけもち》や、或いはまた保食神の四肢五体、並びにこの国津神が死に臨まれた当時の姿態を考察することに依つて、更に鮮明となるのであるから、後章の解説に譲つてこゝでは省略したい。

考証55

日本の太古から口誦されてきた純説明伝承のうちで、「子供らのうち、若し誤つて火弄りを犯すものがあると、その児は必ず夜中に遺尿する」と云うのがある。これは単に幼い児らの火弄りを戒める為のものではないのであり、日本神代の中期に、旧伊賀の国土に座せられていた伊邪那美命の分身迦具土神が、火を弄ぶことによつて、遂に大火を引き起すことになり、その結果那美命が拠つて己が身とせられていた国土を焼いたに止まらず、遂には我が身くろから「迦具土の尿《ゆばり》」を流し出す様になり、その果ては外面の国土や葦原の国々に住む国津神らにまで、迦具土大洪水の難を与える事になつたと云う純歴史上の真実を、口誦によつて語り継がれて来たものである。

　この少年の火弄りから遺尿を招いたと云う古代からの口誦を、単なる迷信であるとして、日本の人びとが看過してきたが、このことは近世までの子らにとつて、誠に心無い考えであつたと思惟する。元来日本に於ける口誦伝承そのものは、抜き難い程の真実を今の世に伝えているのであつて、例えば次の様な伝承による遺習は、人皇の御代以後に初まつたものではあつたとしても、現今にまで堅く守られている事は興味のあることであろう。即ち大和河内の国境生駒山の南麓にある生駒町附近や北倭村に関したことであるが、この地方の民家では、鶏を飼つているのが見当らない。これは朝鮮遠征のため生駒山麓で夜明けを待ち給うて「八千矛《やちよほこ》の神の御代より百船《ももふね》の泊つる湊と八洲《やす》百船人《ももふなびと》の定めし敏馬《みるめ》の浦」（万葉集）と云われたていた現在の神戸敏馬へ赴かんとせられた神功皇后が、刻限を間違えて早鳴きした鶏のために薄明の裡に起床され、暗峠《くらやみ》から河内国への早立ちを余儀なくせられたのであるが、その時のこの皇后の御怒りに由来しているものであり、それがこの地方での今なお鶏を飼育せぬ遺習となつてきたものである。二千年近くも守られているこの口誦によるこの地方だけの遺習は、奇異な迷信に創まるものであろうとして看過していた無縁の人びとにとつては、或は無価値でもあり、また百害ありと見ていたのも当然であろうことを附記したい。

考証56

現在での伊賀盆地の西北隅に位置を占めている新居村字鳥居出の地は、迦具土神の尿《ゆばり》によつて生れ出た旧伊勢湖からの落下水路のうちの一つであつた。

即ち鳥居出の地名は、嘗ての「天狭霧国の華表出《とりいで》」であつたことを知らしめている旧伊賀の地理的表現である。この鳥居出の西に続く御斉峠《おとき》前面の高地帯は、西山村字広出から西出までの村落であるが、この地に祭られている淡島《あわしま》明神への祝詞《のりと》のうちに「この神はしら血の病に罹り給うた」との一節がある。この神代の白血《しらち》それ自体が、迦具土神の尿として伊邪那美命の国土を穢した迦具土大洪水を口伝したものである。更に解説すると、旧伊勢湖の湖上湖であつた旧阿波湖からの水が、鳥居出地方まで押し流されると、これが旧西山村と鳥居出との境界となつている台地を破壊して、遂に島ケ原方面へ落下したものではあつたが、当時この国土変貌の姿を見た太古民は、女神伊邪那美の国土が病み疲れて、御身から白血を流されたものであるとし、その国土破壊の有様を子孫に伝えたことに由来する。この「白血を流す」と云う詞は、女人の尿に関する病を呼んだものであり、且つまた女身の神が拠る国土での水難を指している。殊にこの地方一帯は、古伊賀の名で稀品とされている伊賀陶土の原料白亜土の産地であることを考慮に容れると、西山村前面の脚下に見える湯蓋《ゆぶた》地方（奈良朝頃迄は温湯の湧いていた所であるが、洪水のため埋没したので地名となつた）は、旧木津川発生の当時には、白濁の溢れた小湖に被われていた地方であろう。この白濁の流れが、旧島ケ原村を巡つて山城国大河原へ落下した事を、女神の病として伝えたのは極めて妥当であり、またこの祝詞を唱えることによつて、郷民は淡島明神の神慮を慰めて来たと共に、それによつて木津川発生の起原を伝えたものである。

現在の淡島明神の社地は、標高三百米に近く、伊賀川の河床を抜くこと七十余米の高位置にある。既ちその社地の位置と、次の様な神明起源伝承から考察すると、現在の粟島明神のある高地からその前面に拡がつている新居村の一部や島ケ原の低地部は、迦具土大洪水の結果流出して、その悉くは旧木津川によつて運ばれたものであり、またこの地域に生れた小湖の内部には、許多の島が浮び出る様になつたことを語っているのである。この事の真実は、島ケ原と云う古地名からでも推察することが出来るであろう。粟島《あわしま》明神の起源については、

「伊賀国西山在の粟島明神は、往古の頃に伊賀東壁下の阿波から降り、波に乗つて現在の社地に着いたもの」とある。（粟島口誦）

考証57

次於屎成《くそまるになる》神名波爾夜須毘売《はにやすひめ》神、次於尿《ゆばりになる》神名弥都波能売《みづはのめ》神（古事記）は、かの「尿に化為《かな》る神名は、みづはの女乃神、次に尿に化為《かな》る神を殖安彦殖安姫と曰う」（旧事記）と記されたのと同一の口伝が記載されているのであつて、迦具土神の尿に添つた国土を所知していた「みづはの女乃神」や、または尿の彼方に浮んでいたところの屎《くそまる》の地域を所知した殖安姫《はにやすひめ》の御名を挙げている。これら尿または屎は、迦具土神自身の体から出たものではなく、実のところ(1)この神の住み做していた焼土迦具土から流れ出た迦具土の大洪水と、(2)その水路の果てに浮んでいた国土、即ち現在の大和と河内の国境に聳え立つ生駒連山から北倭《きたやまと》の高船地方へ続く一連の高地についての地理的説明に他ならない。

次に「屎《くそまる》」と云う詞は、人皇の御世に入つてからでも、太古と同様に糞と云う詞でその当時の地名が表現せられていたのである。これについては、崇神天皇の御世に大毘古《おおごこ》命の御身に関する次の一節が挙げることができる。

到久須婆《くすば》之度時皆被迫窘而屎出懸於褌故号其地謂屎褌《くそはかま》今者謂久須婆

第十節　旧大和国宇陀《うだ》の曾爾《そに》を被つていた衰亡期の旧黄泉《よもつ》湖

迦具土前期迄の大和国曽爾には、正に衰亡に瀕していた温熱泥濘の黄泉《よもつの》湖《うみ》が、穢い腹を見せながらその頃「老（おい）の国」と呼ばれていたその境域内に実在したのである。而もその国垣の四周には、二つの活火山と、一つの新しい火山が噴煙を上げつつあつた。女神伊邪那美命は迦具土の大火を逃れて、旧伊賀南壁を越えられると、斯様な黄泉国《よもつのくに》の殿内《とのうち》へ暫しがあいだ御身を寄せられたのである。

伊邪那美命は迦具土神の火弄りから、御身くろとせられた天狭霧《あまさぎり》国の国土内でその美富登《みほと》から焼き立てられ、遂には焼土迦具土から御身を避けられることを余儀なくされると、旧伊賀南壁を越えられて、旧大和国宇陀の曽爾《そに》へ一時御身を隠し入れられたのである。かくしてその後の那美命は、旧曽爾を己が御身くろとせられて、四囲の国垣を結い堅め、遂に黄泉《よもつ》大神《おおかみ》として新らしく座を構えられるに至つたのである。当時にあつてのこの女神の神座は、曽爾の東南隅に聳えている古光山の麓ではなく、現在の曽爾から室生村への途次であり且つまたこの秘境の北壁となつている墨塚、またの名を住塚と呼ばれている一千三十余米の高峰の麓であり、其処に流れ出る「みやしろ」川の上流であろう。

旧大和国の曽爾を囲つた国土は、迦具土時代以前からの黄泉《よもつ》国であつて、此処では旧伊勢湖実在時代に比べると更に遼古の頃から、大和民族の祖先が創生創国していたものである。その磐境《いわさか》は火成層で作られており、この国土は完全に他国との交通を隔絶していたのである。伊邪那美命は火難を避けられて、斯様な祖先の故地に駆け入られた頃の旧曽爾は、太古の面影も既になくなつており、汚く穢れ果てた国垣の景観を露呈していたのであつた。即ち国土の真中には温熱、汚悪、泥濘の黄泉湖が残されていて、而も湖は正に亡び去らんの有様であり、また湖岸の各土には、黄泉湖の人達が頑固に住み着いていたのである。この人達は太古から一貫して、祖先の奥津城《おくつき》から離れることを敢てせず、大和民族の大部が旧伊勢湖畔へ移動した後になつても、飽く迄も旧曽爾に踏み留まつていたのであつた。さてこの温熱湖は、旧琵琶湖の湖上湖であつた旧伊勢湖から見ると、更にその湖上湖に当るものであり、而も高位置を占めていたのである。こうした黄泉湖畔へ、黄泉国の人々は伊邪那美命を迎い入れることになつたのであるが、斯様な保守的そのものであつた黄泉神人については、本考証者が殊に注視するものであり、迦具土研究の終局的な目的とも考えているのである。

而し乍ら迦具土時代に入つてからは、嘗ての黄泉国の過程を覗うことが如何ばかりか困難であつたと思われるのは、恰も人皇の御世に入つてから嘗ての天狭霧国と云われていた旧伊勢湖畔の地文を窺うことが至難であつた事と同様であつて、日本民族祖先が歩んで来た超太古の黄泉国時代から天狭霧《あまさぎり》国時代までの経過は、実に悠久幾万年に及んだものである。先哲が遺す「瓊矛尽成後滄溟乾涸して洲壌と成る」と云う詞は、千釣の価値を持つていて、瓊《たま》も矛《ほこ》も、共に旧伊勢湖やその当時の水路流下の形態を後代の人達に語つているものに過ぎない。こうした不動の言葉を基として、先づ迦具土時代の全貌を極めると、更にそれよりも遙な太古時代に属する黄泉国の創生や、或はまた迦具土時代に入つてから以降の黄泉国の景観などが、微か乍らも探求し得られるものであろう。元来黄泉国の創生は、現代から迦具土時代を窺うのと異ならないものであると前言したが、旧伊勢湖実在時代から今日までの時代経過は、黄泉国創生の頃から旧伊勢湖畔へ向つて民族移動が行なわれるまでの経過年月と、殆んど等しいものであつたと見られる。

さて女神伊邪那美命が、大和国の別天地である旧曽爾へ逃避されたことは、身に火の禍を受けられた為にその難を避けられたのであつて、当時この神は、天狭霧国から国狭霧国への磐境を降られずに、却つて「老《お》いの国」であつた旧曽爾へ逃げ込まれたと云う事は、祖先が嘗て住み着き給うた国土内で、御身の安堵を願わんとせられたからである。この御所業は、大和民族性から見ても容易に理解し得られる。即ち現今でも日本民族は、祖先の奥津城《おくつき》を尊重し、また祖先鎮魂の地へは常に愛着を感じていて、吉凶につけ吾が身を故郷の山河に寄せ、その身と魂の安住を希うものであり、またこの傾向は、他民族よりも顕著である。これらは伊邪那美命の御所業からもよく察知出来るであろう。神武天皇が大和へ東還されたことも、神代から口誦せられていた「青山四周の国」の所在を知つていた筈の近江国塩津の生れの塩土老《しをつちおきな》の進言のみに依つて行なわれたものではなく、日本神代から一貫する民族性が、皇祖神人の創生せられた大八洲島の故国へ帰らしめたものである。

伊邪那美命は更にその後になつて、旧大和国曽爾から旧紀伊国の熊野灘に近い有野村へ遷られて、その地の花乃窟《はなのいわや》で御他界せられたのであつた。女神のその後については「出雲国の比婆山に葬る」と記されているが、而し乍らこれは事実と見做し難いもので、迦具土時代の熊野有馬地方、即ち現在の三重県南牟婁郡有井村を含む旧紀伊国は、神代の根《ね》の堅洲《かたす》国そのものであつて、この地方に住む大和民族が、安芸、出雲、石見など大和島根の国へ移動分村する様になつた後代に、旧有井村から伊邪那美命の御荒魂を奉じて、彼等が移動発展の地であつた旧出雲の熊野地方へ鎮め参らせたものである。この事はまた、古代から行われた日本での分霊奉祀の起源となつているものである。

考証58

入見時宇上多加礼斗呂呂伎（古事記）と伊邪再尊脹満太高腫沸虫流《ほてたたえてうなわきうじながる》（旧事記）は、ともに、伊邪那美命が迦具土の国土から逃がれて黄泉国へ入られ、その国を新に己が御身くろとして隠れ坐せられた当時の景観を伝承していたことによるのである。即ち有りし日の大和国宇陀郡の秘境曽爾の地理的記録に他ならない。

旧曽爾を中心とする四囲の高地は、迦具土時代以前の黄泉国《よもつ》である。伊邪那美命が御身を寄せられた頃の旧曽爾では、太古日本の民族的奥津城《おくつき》としての景観は亡び去つていて、殊に国垣の内は汚れ果て、醜悪の諸相を露呈し、その国土の腹、胸、陰土《ほと》、左右乃手足に当つた地方には、黄泉の人達が堅く守つていたのである。而も嘗ての炎熱地獄であつた黄泉湖が、なお国の真中に実在し、湖そのものは減水しつつ低温化して、泥濘汚濁であり、その姿は「腫れ上つた御腹に虫が流れている」姿に異ならなかつたとの旧曽爾の地理的説明に尽くされている。更に活休火山八ッのうちその二つは、活火山であつたことも伝え、また十八丁に延びて屏風岩の西方へ続く室生村の黒岩村のあたりまで、当時は妹神の御腹を構成した国土であつたことについても、次の様な伝承で語りつがれてきたものが記録されているのである。

有八雷《やつのいかづち》居於頭者大雷、居於胸者火雷、居於腹者黒雷、居於陰者裂雷、居於左手稚雷《いかづち》、居於右手土雷、居於左足鳴雷、居於右足伏雷也（旧事記）

雷は怒土である。土は津地であり、水に臨む国土である。これは迦具土が焼土であると同様である。怒土とは活休の火山群で囲まれていた国土の姿を云つたものである。またこれらの名によつてその位置が明確に指示されている。当時の人達はこれら旧火山の麓にあつて、前面の黄泉湖を見下し乍ら居住していたものであることが知られる。

但し後世の「隠《こも》り乃国」と云うのは、か様な太古にあつた旧黄泉国の実在やその位置を指示したものであろうが、人皇の御世直前までの隠国と云うのは、むしろ旧曽爾を除いたものである。このことについては、考証九十五から九十七を参照されたい。

考証59

黄泉国《よもつくに》(古事記)とは、枯れ果てた国土、または祖先鎮魂の国と云う意味である。地理的には旧伊勢湖南辺の天狭霧《あまさぎり》国から見て、その背後に隠れ、而も交通の隔絶されていた旧大和国の曽爾《そに》を云う。旧曽爾は大和民族の創生した秘境であるが、所謂高天原民族は、その初期には黄泉湖畔に原始居住したものであり、而も温熱の黄泉湖が減水する様になると、旧伊勢湖沿岸の国土へ降《くだ》つて、新しい天津磐境《あまつ》の内で天津神となり、また天津邑人《むらびと》となつたのである。更にその後になると、これら天津国人らのうちでも、その進取的な一部は外面《そとも》の国土に降つて、それら地方で国津神や国津邑びととなつたものである。か様に時代の推移に伴つて、漸進的な民族的発展は太古から既に絶えず行われていたのである。

こうした神代初期の頃から、既にその民族的移動が不可避なものとなつていたに拘らず、大和民族祖先の一部のうちには、祖先が原始創生した故地から少しの微動も敢てせず、飽くまでも旧曽爾《そに》に踏み留まつていたものであつた。火の穢れを身に受けた伊邪那美命が、己が痛心を慰めんと志されて、か様な嘗ての黄泉国へ入つてからは、これら黄泉国びとらの庇護をうけられることになつたのである。こうした女神の所業は、日本民族性から見て自然のものであり、元来《がんらい》日本人はその性格からみても、身を祖先鎮魂の山河に寄せることによつて、心身の休息を願うと云うことが、現存でも変らないものである事実を考察すればよい筈である。

考証60

故伊邪那美神者、因生火神《ひのかみをうむによって》、遂神避坐也（古事記）のうちの「神避坐《かみさります》」とは、死し給うたと云う意味ではなく、迦具土の火難から逃れるために、旧伊勢湖の背面で、高水位な湖上湖を抱いていた旧黄泉湖へ駆け入られた那美命の故事を伝えているのである。

女神が隠れ入つて常座された故地は、現在の大和国宇陀郡内の室生村と曽爾村の中間に聳えている住塚の前面台地と見られる。住塚は墨塚、または国見山と称える美しい高峰で、此処から室生村までの幾つかの山嶽と同様に、古来からその頂上を極め得た者は唯の一人もない。その位置は曽爾の北辺を形成している屏風岩の西へ続く独立の岩塊で、標高は一千三十余米、頂上まで一面に画の様な芝生で被われている。

この住塚の麓に南面して、三社《みやしろ》または宮城《みやしろ》と名付けられる七、八軒の民家がある。此処を「みやしろ」と呼んでいる。またこれらの民家は、おのおの宮と云う詞を姓氏に冠している。この宮城から住塚の奥裾へ進むと、八十梟《やそたける》が居住していたと云う所があり、神武天皇の大和入国は、この地みやしろを目標に東進して来たものと見られる。而もこの宮城と呼ばれる一帯の地域は、高天原時代よりも更に遙な邃古のころに、黄泉大神《よもつおおかみ》が御身の頭として、宮居していた所であることには疑を容れない。この域内の「みやしろ」に遺されている古歌を挙げると、

千代万御裳川の流れをば
　くみためませし宮《みや》城《しろ》の里
かしはらの宮居の柱たてませし
　始めは宇陀の宮城の里

但し伊邪那美命は黄泉国に暫し滞留されたのであつたが、その後に男神伊邪那岐命と再会されて、旧伊勢と大和の国境を裁目《きいめ》づけられた後は、互の交通を絶ち切られ、御自身は旧紀伊国有井

村へ座を遷されたのである。なおこれらのことに就いての精細は、後章の黄泉国での神争いの頃に解説を譲りたい。

なお現在日本各地に所在する古社のうちでも、拝殿のみがあつて、神殿の見当らない所が少くない。また古社の神域から遠く離れて、奥宮と云われるのが存在している。これは太古の神避坐《かみさります》または神隠坐《かくれます》の有様を後世に伝えているものである。

考証61

伊邪那美命神者、葬出雲国与伯伎国堺《ほうきのくにのさかい》比婆山《ひばやま》也（古事記）と伊弉再尊於紀伊国熊野之有馬村焉、土俗祭比神之魂者花時以花祭（旧事記）は、互に対立する記録ではない。前者が比婆山を指して、女身の奥津城であるとしている理由は、大和民族の一部が天狭霧国から根之堅洲《ねのかたす》であつた旧紀伊に降《くだ》つた際に、ひとまずその御荒魂を旧有馬邑《ありまのむら》へ祭つたものであることを伝えたものであり、後者のそれは、その後になつて旧熊野から旧伯耆と出雲両国の域内へ移動発展した熊野邑びとの一部が、女神の御荒魂を比婆山へ分霊観請したことを伝えたもので、これらの事実が、後世になつて旧記に混同される様になつた為である。斯様に日本での分霊奉祀は、人皇の御世以前から既に行なわれていたものであり、また現世にまで続けられていて、分村などの場合には、遺習化されているのである。従つて紀伊国熊野の人達が中国地方へ降つてから、最初に土着して神霊を奉斉した所は、旧出雲国のうちで熊野と呼ばれていた地方であると云うことを知らしめる。出雲因幡伯耆石見を初めとして、日本全土には数多くの熊野神社があり、その悉くは、紀伊国の熊野より勧請されたもので、青森県弘前市の熊野奥照神社は、第十一代垂仁天皇六十七年に草創されたと云われ、また秋田県山本郡鵜川村の熊野神社は、斉明天皇四年に、阿倍比羅夫《あべのひらふ》が祈願せるところと伝えている。

伊邪那美命が移り住んでいた熊野有馬村は、現在の三重県南牟婁郡有井村であり、また同地に鎮座の花乃窟社は、伊邪那美命の陵墓と云われ、窟はその高さ二十七間、東西六十五間、南北百十間に捗る壁立の岩塊で、現今ではその拝所への道に浜木棉《はまゆう》匂《にお》うが、迦具土時代では、その頂上が波打際であつたと見られる。また奥有馬村の産田には、産田神社があつて、境内の周囲三丁半、「土人伝えて伊邪那美命この地で迦具土神を生み給う、御浜七里の東端にあり」、（紀伊続風土記）と云う。これらの域内は熊野灘に臨む景勝な処で、御浜七里の東端であり、この社地を中心とする熊野灘沿岸の地域は、人皇以前の長い歳月に捗る熊野神邑（旧事記）であつた。また太古時代に天津神らが旧有井村地方へ降るために利用されていた路筋は、先づ「迦具土神の御杖」を伝つて「御裳《みすそ》」へ渡り、それから進んで「天乃羽車《あまのはぐるま》」と呼ばれていた道、即ち伊邪那美命の墳《ふん》墓へ向つての路を取るものであつた。これら古代の岐《ちまた》または道については、後章で解説を加えたい。

なお神代の花の窟に関連して、火難を身に負われた伊邪那美命や、迦具土神の御身を明らかにするために、次の史実を附記して考察に資すことにする。

花の窟社は無格社であるが、古来では朝廷から錦の御旗を献ぜられた所と伝えられており、紅の縄と錦の旗《はた》は金銀で作り、またこれを火の祭と呼ばれていた。（紀伊続風土記）

なお黄泉国が実在したものである事に就いての考証は、迦具土神の御櫛や御杖などの解説に併せ、黄泉国垣の裁目《さいめ》争いを詳説する後章に譲る。

第十一節　焼土迦具土の八段統治

迦具土大火のため焼土と化した旧伊勢湖畔の国土は、伊邪那岐《いざなぎ》命によつて先づ三段に、次に三段から八段に区分せられ、これら八段は八柱の大山《おおやま》祇《ぎ》神に委ねて、その所知にあづからしめた。このことは、日本神代に始まつた山林行政の起源である。また各段を区分するために用いられた十拳乃《とつかの》劔《つるぎ》と云うのは、国土の若かつた太古時代に、迦具土の左右乃御手から流れて、旧伊勢湖に落下流入していた十筋の旧河川を云う。

伊邪那美《いざなみ》命が黄泉国の裁目《さいめ》内に入られることになると、その跡に残された女神の旧国土は、分身迦具土の御身くろであり、而もその国土内に取り残されていたものは、焼土と化した迦具土ばかりであつたので、この有様を見られた男神伊邪那岐命は、憤怒と悲嘆の余り、先づ焼土迦具土を三段に斬り裂いたのである。さり乍ら、旧伊勢湖畔の国土を三段に区分せられても、那岐命は更に満足し給わず、其の後になつて、五段から八段にまで統治区を細分せられたものであり、かくする事に依つて、始めて迦具土大森林の再生を計り得たのであつた。

次に斯様に区分せられた各段には、八柱《やはしら》の大山祇神を生み定められて、それらの神人に各区の所管や経営を委ねられたものであるが、これこそ日本の太古時代の天狭霧《あまさぎり》国で、皇祖神人が所謂八紘一字の理想を顕現した肇りである。而もこうした行政区が、旧伊勢湖の分裂以前、即ち当時の湖面水位が二百三十米前後の時代に行われたものであり、またその当時の旧大和国曽爾には、炎熱を失いつつあつた黄泉湖が、その「腹」に泥濘醜悪を露呈していて、その衰亡期の姿を見せていた時代であることを考慮に容れると、如何ほどに遼遠な太古であつたかゞ想像し得られるであろう。

伊邪那岐命が焼土迦具土を分離統治するに当つて、各段の裁目《さいめ》垣とせられたものは、その当時に旧伊勢湖へ流入していた十条の旧河川であつた。だが斯様な国土の若い頃の天狭霧国に見られた河川は、その名を「伊邪那岐命の佩き給う十拳の剣」と呼ばれていて、そのうちでも最大のものは、天乃《あまの》尾羽張劔《おばわりのつるぎ》であつた。この劔はその形からでも知り得られる様に、現在では伊賀盆地の北部を占めている柘植川の流域に当つている。またこの劔の先端は、柘植から近江国の油日村に達していたものであつて、天乃尾羽張劔そのものは、神代の右乃御廻り路であつた天安河が旧近江国への水路落下を停止する以前の頃までは、旧伊勢湖の水が旧伊賀の東北隅、即ち油日乃里まで延びていて、それが恰も劔の形態であつたことを指さして、太古の人びとはか様に呼んでいたものである。

また左様な旧伊勢湖の一部北岸を、天尾羽張と呼んだ他の理由は、この劔の先端に聳え立つた近江国油日嶽の麓には、尾羽張神が座を占めていて、それが螢火の輝く程の神威を振い、而もこの神が天安河の水路を扼していたからでもある。

次に「劔の手上に集う血が、手俣から漏れ出づる所」と云われたのは、伊賀北壁内の小湖から旧伊勢湖に流入していた水戸、即ち現在の河合川がその位置に当つている。迦具土時代では現在の玉滝村字内保を中心としていた地域には、小湖が作られていて、これが友田村や波敷野村を被つていた他の小湖と連絡し、その水戸の流れは、旧河合川添いに旧伊勢湖の北岸へ漏れていたからである。これらの小湖は、現在の内保、玉滝、西湯舟、東湯舟、友田（旧北五ケ郷）の低地部を浸していたものであり、こうした小湖からの水流落下を、迦具土神の「血が手俣から漏れ出でた」と云う言葉で表現していたのである。この場合の手は、迦具土神の手ではなく、旧伊賀北壁を御身くろとしていた天津神一柱の身にとつて、旧河合川を差狭んで両面から迫る高地が、その神の手俣に当つていたものであると云うことに他ならない。

即ち伊邪那美命は、迦具土を三段に分割して、旧伊勢湖畔の国土に基本的統治区を制定された時代には、迦具土神の御足に当る旧伊賀の北壁下一帯が、当時の水路交通の要津となつていたものであり、それ故にこそ、こうした旧河合川の右岸高地へ闇淤加美《くらをがみ》神を封ぜられることになつたのである。従つてこの神が伊賀北壁を御身くろとして、第三段を統治していた重責については、旧記に依存を要さぬ程地理的に見ても明らかである。

闇淤加美神がその当時に神座を構えていた地域は、現在では明確に示し難い。またその旧趾も伝承されていない。このことは、太古の住民が旧伊勢湖の嘗ての湖底へ漸進的に移動した為で、移動のたびに、彼らは神霊奉斉の座を順次に低地部へ移転することになつたからである。而し乍ら現在の柘植川右岸に添つて伊賀北壁下に点在する西条村は、この神が拠られた所であると見られる。但し同地にある旧貴布弥《きぶね》宮の伝承地は、迦具土神代の故地と云う観点からみて、一回だけの移転で創まつたものであるとは云い得ない。

旧貴布弥宮の地は、上代の頃に「恋乃湊」と呼ばれていた所に所在したものであると云われている。これは減水末期の旧伊勢湖岸のうちでも、貴布弥の社地が臨んでいた地方は、細長い沼の姿を見せて残されてあつたからであろう。而もこうした小湖に臨んでいた恋乃湊は、迦具土時代以降になつて旧伊勢湖が退水すると、古い港の位置が旧湖底の北辺に添つて遷り変りつつあつた結果であろう。従つてこの辺りは、上古の頃まではなお水運の要路に当つていて、而も僅かながら太古時代の面影が残されていたのである。即ち伊邪那岐命が闇淤迦美《くらおがみ》神をして、嘗ての迦具土神の御足に当る地方を委ねたと云うことは、迦具土前期の水陸両路の交通が、専ら旧伊賀北壁下で行われていたことの重要性に依る。

さて伊邪那岐命が迦具土を三段に分つと、先づその三分の一に当る湖北の国土を、闇於迦美《くらおがみ》神の所知に委ねたのである。前説の様に、この地方は嘗ての「迦具土神の御足」となつていた国土であり、而も御足の地は、神代の民族移動に当つて天狭霧国から国狭霧国国へ降る関門であつたので、闇於迦美を古代から「恋路を司る神」であると口誦して来たのは、神代に於ける水陸交通とこの神の職責が、極めて明確に表示されているのである。

また「劔の手上に血集《つど》うた」と云うことの地理的表現については、既にその一部を説明した様に、旧伊賀北壁内の小湖を云つたものであり、旧玉滝村内保が当時の湖畔での都邑であつたことと、神代の佐那乃県《あがた》が、か様な小湖の東岸に営まれていた邑《むら》であつたことを窺わしめる。この地域にある旧友田村の湯舟地方や玉滝村内保地方などを被つていた旧伊勢湖の小湖上湖が、迦具土後期になると埋没消滅して、湖畔の原住民は旧河川に添い、旧伊勢湖の北岸へ移動を行つたものである。従つて佐那乃県の住民が移動した方向は、現在の柘植川下流の佐那具《さなぐ》地方に当つている。

次に「刀の前に血走る」と云うのは、現在の壬生野高原や平田盆地の東北部高地に深く入り込んでいる狭地を指示したもので、甲野村の紅の岩屋と云われる地方がそれである。この場所は平田村から壬生野村へ越す所にあるが、神代の頃では旧伊勢湖の一部入江がこの附近まで延びていたものであつたから、紅乃岩屋と呼ばれていた太古の群落は、迦具土初期には「刀の前《さき》に血走る所」と云う詞で、その当時の位置を明示されていたのである。

さて伊邪那岐命が佩き給うた「天尾羽張劔」の前に「血が走りつく所」と呼ばれていた斯様な旧甲野は、迦具土後期の末葉になると、天若日子《あまのわかひこ》の妻下照《したてる》姫が旧大和湖西岸から移住されて来て、夫の遺骸をこの地に遷し上げて祭られた所である。また姫が旧美濃国の喪山へ降られる直前まで居住されていた所は、同地の鳴阪神社の旧社地と云われる沢田山であろう。鳴阪社と云われるものは、平田盆地内に三座あるが、これらは天乃平田と呼ばれていた旧平田湖沿岸の居住民によつて、漸進的に湖の干拓地へ向つての分村や、或は移動に伴つて起つたものであり、すべては旧甲野からの分霊勧進であつたと見られる。

考証62

於是伊邪那岐命抜所御佩之十拳《とつか》之劍、斬其子迦具土（古事記）とは、伊弉諾尊遂抜所帯十握劔斬軻遇突智《かぐつち》（旧事記）と同意儀のものであつて、その中に記されている十拳乃剣と云うのは、当時の旧伊勢湖へ流入していた十条の河川を指したものである。また「其の子迦具土を斬る」と云うことは、焼土と化し失せた迦具土の身、即ち旧伊賀を中心として、旧近江、山城、伊勢、大和の一部を包む国土の分割を云う。また旧河川を剣の名で呼んでいたことは、洲壌の若い頃の旧河川は、伊邪那岐命の国土にあつて「神の佩く御剣」の形態を作つていて、而もそれらが御身くろの内の旧伊勢湖へ流入していたことを明確にしているのである。

伊邪那岐命は斯様な旧河川を以て、新しい迦具土の裁目《さいめ》垣として国土を区別し、それら各段を大山祇神達に所知せしめられたのである。而も当時の神人らが、如何ばかり迦具土大森林の再興に懸念せられたかについては、日本では「神は一葉をも惜しみ給う」と云う古来からの伝承でも知ることが出来よう。所謂十拳の剣を形成していたのは次の通りである。

伊邪那岐命の御佩く十拳の剣

1、旧香落川(大和伊賀)…黄泉湖から旧隠《なばり》湖へ
　　第一段首を作る
2、旧長瀬川(大和伊賀)…御髪から旧隠湖へ
　　陰土《ほと》を作る
3、旧種生川（伊　賀）…御頭から旧中津の湖へ
　　第二段胸を作る
4、旧青山川（伊　賀）…御美豆良《みづら》から旧中津へ
　　第四段腰を作る
5、旧上津川(伊賀)…旧上津湖から旧中津の湖へ
　　第三段腹を作る
6、旧呉服川（伊　賀）…旧阿波から旧伊勢湖へ
　　第六段右の御手を作る
7、旧柘植川（伊　賀）…旧伊勢湖から天安川へ

8、旧巖倉(伊賀山城)：旧伊勢湖から旧木津川へ ＼第八段右の御足を作る
9、旧月瀬川(伊賀山城)…旧隠湖から旧木津川へ ＼第七段左の御足を作る
10、旧宇陀川（大和伊賀）…御枕から旧隠湖へ ＼第五段左の御手を作る

伊邪那岐命の御佩き給うた十拳の剣が、単に一振りの剣であつたと考えることは、右に掲げた迦具土八段の国土やその裁目垣から見て、明らかに誤りであることが理解し得られよう。このことに関連して、正平年間に伊勢国の円城が、宝剣を得たと進奏した時に、日野資明《すけあき》は平野社の神主神祇大副兼員を召し出して、彼に三種の神器に関する相伝を訪ねたのであるが、その時彼は改めて兼員に申し伝えた言葉として、

「委細の説大略古来より誰も存じの前なれば、別に異議なし、但し其の説中に十束劔と名付けしは、十束ある故なりと聞くぞ、人の左右無く可知事ならずと覚へる」（太平記）と記される一節は、興味あるものであり、兼員のように十握劔（旧事記）を、十摑みまたは十掌であると考えることが、正しくないと見る。

考証63

伊邪那岐命が焼土迦具土を次の様な八段の御身くろに分つたのであるが、これは日本の神代に天津神が行つた山林行政の先駆であつて、後世になつて作られた八紘一宇と云う詞は、その淵源を迦具土神の八段に肇めているものである。即ち、

焼土迦具土の八段
（迦具土神の身くろ）

1、御　首（伊賀国比奈知国津の高地）…旧隠《なばり》湖の南岸
2、御　胸（伊賀国種生村霧生《きりゆう》の高地）…旧霧生池の沿岸
3、御　腹（伊賀国土津村一帯の高地）…旧伊勢湖の東岸
4、右乃御手（伊勢伊賀国境の布引連山）…旧伊勢湖東部高地
5、左乃御手（大和伊賀国境の高地部）…旧隠湖の西岸
6、御　腰（伊賀国矢持村腰山一帯）…旧伊勢湖の南岸
7、右乃御足（近江伊賀国境の高地部）…旧伊勢湖の北岸
8、左乃御足（山城伊賀国境の高地部）…旧伊勢湖の西岸

右表の様に迦具土の八段区を定められたのであるが、旧伊勢湖がその後急激に減水して、湖畔に新しい洲壌が生れ出る様になり、それら新生の国土は、大日孁《おおひるめ》貴命の御在世時代になると「別の六段」と呼ばれていて、すべて女神の御身くろのうちに算え入れられたのである。その頃では

かの天安河が旧近江国への落下を停止していて、旧伊勢湖そのものは、左右乃白銅鏡《ますかがみ》と呼ばれた二つの大湖に分裂していたのであつた。これらの事については、後章で解説するのでたゞ左表のみを記しておく。

大日孁貴《おおひるめ》命の身くろ（旧迦具土）
- 一、旧迦具土八段
- 二、更に化成《かな》る六段
  - 1 右の御臂（伊賀国比自岐村の高地）
  - 2 右の掌中（伊賀国阿波盆地）
  - 3 左の掌中（大和国波多野村地方か）
  - 4 左の御臂（伊賀国比目山一帯）
  - 5 右の御手腕（未考）
  - 6 左の御手腕（未考）

考証64

次集御刀手上血自手俣漏出所《ちがてまたからもれいづるところ》、成神名闇淤加美神《くらおかみ》（古事記）とは、高龗神《たかおがみ》（旧事記）の神座についてその位置を明らかにしたものである。先づ「御刀の手上に血集まる所」と云うのは、旧伊勢湖の一部である天尾張劔の手上に位置を占めていたところ、即ち旧伊賀北壁内の小湖を云つたのであり、またこの小湖から旧伊勢湖北岸へ水流が落下していたことを、血が「手俣から漏れ出づ」と云う言葉で、神代の地理的説明が伝承されて来たものである。この漏れ出た水路を扼する伊賀北壁の南腹に神座を構えていたのは、闇淤迦美《くらおがみ》神であつて、この神は伊邪那岐命の分身大山《おおやま》祇《ぎ》の一柱《ひとはしら》ではあつたが、その真の職責は、旧伊勢湖北岸に於ける水路交通を司つたものであり、当時の居住地は、現在の佐那具北方の高地に当つたものであると見られる。よつて次の考証を添えたい。

(1) 現在では伊賀北壁下の柘植川添いに外山、東条、西条、土橋、山神などの村落が一連に並んでいるが、これらの村落が迦具土期の頃の所在は、旧河合川右岸の高地部であつて、波敷野村や曽河内村などを含んでいたものと見られる。

(2) 柘植川と河合川は佐那具地方で合流し、西へ流れて伊賀川となるが、その右岸には西条村の人家が並んでいる。この西条は東条と共に、上代の頃は都邑を作つていた所であり、この地方に伝えられている次の口誦を考察したい。

「西条には嘗て貴布弥《きぶね》の森があつて、その故跡に貴布弥明神が鎮座していたのである。また貴布弥明神と云うのは、高龗《たかおがみ》のことである」（伊賀伝承）

(3)

「高龗《たかおがみ》は恋路を司る神であつた」（伊賀伝承）によつて表現されている真実は、太古の地文と、この神の神座が如何に重要な位置を占めていたものであるかを知らしめている。即ち旧伊勢湖の北岸に臨んでいた「迦具土の御右足」は地理的にも旧伊勢湖畔水陸両路の要点に当つていて、当時の天津神々や邑びとらが、葦原の低地帯国土へ移動するとなると、必ず高龗の所知していた「御足」の地を通過するによつて始めて可能であつたことを明らかにしている。迦具土後期に入つてから初めて「左乃御廻り」即ち旧木津川の水路が生れ出たのであるが、この水路が通じる様になつたことを、太古では軻遇突智娶《めとる》土神殖安姫（旧事記）の「娶る」と云う詞で表現されて来たことから考察しても、御足の地に定座する高龗《たかおがみ》の職責は、焼土迦具土の第三段を所知すべき大山祇《おおやまぎ》であつたに拘らず、他方では「恋路を司る神」であつたと伝承されて来たことは、神代の天狭霧国内交通が、水陸両路の何れに論なく、専ら旧伊勢湖の北岸を中心にして、外面にあたる国狭霧乃国《くにさぎりのくに》との往来が繁しく行われていたことを理解せしめる。

(4) 貴布弥明神の垂跡した地方は、人皇の御世に入つてからでも、旧伊勢湖の形骸が遺されていて、それが葦原の細長い小湖を作つていた処に臨んだものであり、且つまた水運の便があつたことは、恋乃湊の古歌からでも知ることが出来る。またこの事によつても高龗が、神代の頃にはこの地方の水陸両路に捗る重責を負つていたことを確証せしめている。旧記に云う、国府湊

（一名を恋の湊）三宮之神領也（準后伊賀記）

(5) 伊賀北壁は殆んど片麻岩で構成されているが、その山麓地帯が洪積層であることから見て、北壁内の玉滝、内保、湯舟や鞆田を中心とする盆地は、神代に旧伊勢湖の湖上湖を形成していたものであり、またこのことは「集御刀手上血」の地理的意義で明確にされているのである。伝承もまた左様に伝えている。

考証65

爾著其御刀之血走就《はしりつき》湯津岩村、成神名石拆神《いわさくの》（古事記）とは、迦具土時代に旧伊勢湖東北隅の一部入江に臨んでいたと見られる現在の愛田村から甲野に続く地方の地理的説明である。また烏坂山を中心とする現在の甲野から壬生野《みぶの》へ通じている途次の八伏の地は、当時は水辺の近くに臨んだものであり、而も湯津岩村《ゆづゆわむら》としての太古の群落が作られていた所であることが知られる。

また是時斬血濺《きるちたばちりて》滝染於石礫樹草《いわむらのきやくさ》砂石自含火其縁也（旧事記）によつて伝えられるものは、こうした八伏越に残る紅石屋《べにのいわや》、またの名を「紅岩尾」と呼ばれる地域の説明である。現今でも熱毒を含むと云われている猩紅石の甲野村紅石屋が、「血が濺む《よど》」と云う詞で、当時の旧伊勢湖一部の入江に臨んでいたその姿を表現されていたものである事を考察すれば足り得る。

前記の二考察に現われた湯津磐村または湯津岩村などの詞から見ると、当時の天津神や天津邑《あまつむら》びとらの居住地は、旧伊勢湖岸のうちでも温湯の湧出していた所が選ばれたものであり、またその地方では、半ば穴居の群落が作られていた様である。現在の伊賀山間部には、湯蓋（西村）、湯屋谷（古山村）、湯舟（友田村）、湯の谷（馬野村）などの村落があるが、これらの古地名は、太古の湖畔に実存していた湯村を伝えているものであろう。

考証66

次著御刀本血亦走就湯津石村所成神名甕速日神《みかはやひ》（古事記）。これは旧伊賀国柘植《つげ》地方から旧近江国甲賀郡油日地方までの天尾羽張劔と呼ばれた所、即ち旧伊勢湖のその末端に位置していた国土に就いての説明である。また神代の天安河が、旧近江国への落下を停止せんとしていた当時の姿を伝えていると共に、その水路の先端に位置していた地方では、甕速日神《みかはやひ》が湯津岩村《ゆづいわむら》を作り、其処で己が神座を構えたものであることを伝える。こうした天安河の先端に位置していた旧油日地方やそれに隣した旧湯舟地方は、安河添いに旧近江国の磯尾や磯辺へ向う行人の通路を拒む境域であつたが為に、嘗ては旧油日村の岩室に居住せられたことのある天尾羽張《あまのおわばり》神の子孫甕速日神を起用して、伊邪那岐命はその所知を委ねられたものであることが考察される。

考証67

伊邪那岐命は迦具土神の身くろを斬つて、八段に分割されたのであるが、各段の裁目垣内に座を構えていた八柱の大山祇《おおやまぎ》の旧地に就いては、迦具土後期以後での民族移動が繁しかつた為に、殆んど烟滅に帰した所や、または神霊分祀等が度びたび行われたものである事が知られる。而し乍ら神代の天狭霧国の実体や、迦具土神の四肢五体の姿態や、更にまた旧伊賀時代から現代にまで遺されている古地名の考察に待つと、当時の神座は次の様な位置であつたと見られる。

迦具土八段の大山祇の座

1 （首）正鹿《まさか》山津見神（古代では首嶽と呼ばれた伊賀南壁の主峯である尼ケ嶽の直下）

2 （胸）於縢《おと》山津見神（未　考）

3 （腹）奥山津見神（伊賀国上津村奥山権現の旧社地で、この辺りは前世紀の遺物と云う山椒魚多し）

4 （腰）闇《くら》山津見神（伊賀国矢持村字腰山の域内）

5 （左手）志芸山津見神（大和国都介村字吐山か）

6 （右手）羽山津見神（未　考）

7 （左足）原山津見神（山城国木津川右岸高地か）

8 （右足）戸山津見神（伊賀国山神村乃至外山村地内）

右八柱の大山祇の各々は、一様に津見神《つみのかみ》の名で伝えられているが、このこと自体から見て、それらの神座は悉く旧伊勢湖やまたは湖に流入する水路に臨んでいて、而も景勝の地であり、特に舟運には便利な位置を占めていたことが判然としている。従つてこれらの正確な地理的究明には、当時の旧伊勢湖を中心として、この大湖に臨んでいた東大和や南山城にまで拶る高地帯や、更にこれらの奥地にも散在していた許多小湖の姿態を知り、且つ当時の水位測定に待つことが一助となるであろう。

第十二節　迦具土神の「御櫛の雄柱《おばしら》」と呼ばれた大和、伊勢国境の伊佐見《いざみ》原と、迦具土神の「御衣裳」から生れた人皇初期の御裳飯高乃国《おすいいいたかのくに》

伊邪那岐命は妹神伊邪那美命の御跡を追い給うて、伊賀南壁を越えられ、南伊勢の旧飯高へ向つて進み、道に迷われつつも迦具土の御杖を経て、御櫛の地に行き着かれたのであつた。命は更に櫛乃雄柱《おばしら》の一つに登ら

れて、其処で初めて黄泉《よもつ》の国の景観を望見せられたのであるが、其の醜悪な国土の姿態に驚かれ、直に黄泉国垣を離れて、旧近江国の多賀へ逃げ帰らんと企てられたのである。神代のころに迦具土神の櫛乃雄柱と云われていたものは、高見山であつて、伊勢と大和の国境に立つ上代の伊佐見原《いざみがはら》に他ならない。

焼土と化し果てた迦具土神の御身、即ち旧伊賀国の国土を八段に割いて、各土に大山津見の神を生み定めてからの伊邪那岐命は、直に妹神の御跡を慕われて、黄泉国へ急がれたのであつて、その目的とされていた事は、未だ完からぬ外面の国土を経営するに当つて、妹神に協力を乞い求め給う所存であつた。

伊邪那岐命が妹神に追い縋つて、黄泉国の入口へ迄行き着く道筋は、伊賀南壁の東方を迂回して、台高山脈を目指して進まれたのである。男神は、こうした伊賀伊勢大和三ケ国に跨がる山嶽重畳のうちに踏み入られたのちに、何れかの尾根に渡り着かれ、其処から黄泉国の殿内《とのうち》を窺わんと執心せられたのである。

こうした道筋に当つていた地方は、総て迦具土の御身の外に所在したものであり、紀伊山脈の東脈を作つている白髪、請取、高見などの嶺は、旧紀伊国の熊野神邑から延びて来たものであるが、更にこの辺りから南方へ拡がる旧南伊勢の高地は、「迦具土神の御衣装」と呼ばれる国土に当つていた。即ちこの地方を指して迦具土の御衣装と呼んでいたのは、旧伊賀南壁の主峯尼ヶ嶽を以て「天津神の御頭」または「御首」とし、その脚下の地に座を構えながら、北面の姿で、御足を旧近江や美濃の国境にまで延していた迦具土神に取つては、これら南伊勢や紀伊国の一部は、神の背後に垂れ拡がつて、その身の衣装を構成していたものであつたが為に他ならない。この事たるや、旧伊賀が太古時代から南伊勢と不可分の関係にあつたことを教え、また人皇以前には、神風伊勢国の一つ名で、上代の白鳥乃伊賀国が呼び倣されていたものであるのを解明しているのである。

迦具土大火時代の伊邪那岐命は、固より旧近江国を己が御身くろとせられて、旧琵琶湖東岸の多賀に居住されていたのであつたから、妹神の御跡を慕つて旧大和国曽爾の黄泉湖畔を窺わんと企てられても、その途中にある旧迦具土神の「御杖や御裳」などの国土に就ては、地理的にも極めて不案内であり、これが為に伊賀南壁の東辺を迂回されてからは、恰も闇路を進む御心地で、妹神を追われたのである。而し乍ら焦慮の末に伊邪那美命は、旧曽爾に接した大和国御杖村を抜けられて、台高山脈の東部に控える主峯高見山に登り着き得たのである。上代の伊佐見《いざみ》山とはこれである。伊佐見山はまたの名を伊佐見原とも呼ばれたのであるが、こうした太古の伊佐見原は、嘗ては迦具土神の「御櫛乃雄柱《おばしら》の一個」ともなつていた。

　高見山を中心にして東西に走る連山は、取りも直さず「迦具土神の御髪」であり、またその黒髪を垂れ連ねた嶺々から落下していた水流は、櫛の歯に通う姿態となつて本流に集まり、それが旧伊勢海に流入していたのである。即ち伊勢国の一志飯南両郡界の東部紀伊山脈は、高見山を基準として「右乃御髪」を形成していたものであり、これがため御髪の南麓を流れた水流は、「右の御髪乃湯津爪櫛《ゆづのつまぐし》」と呼ばれていたのである。また高見山の西に続く大和国の宇陀と吉野郡界の連山は、龍門嶽を中心にして「左乃御髪」を形成していて、而もその御髪の間から漏れいでて後代では「保食《うけもち》神乃臍下」と呼ばれたところの旧吉野郡四郷村地方へ流下していた水路、即ち太古の吉野川は、従つて「左の御髪乃湯津爪櫛《ゆづつまぐし》」を形成していたのである。

　これが為に迦具土神の「御櫛に立つ雄柱」と云われたのは、高見山を中心にして、その東西の連脈に立つ嶺々であり、これらが「御髪」と呼ばれた大森林地帯の上半に竝び立つていて、その間隙から無数の水流が櫛の歯の様に落下していたのである。上代の伊佐見原が、斯様な櫛の歯の雄柱の一つと云われていた事は、国土の産土《うぶすな》期に伊勢と大和の両国に跨がつたこの高峯が、分水嶺として顕著な位置を占めていたからでもある。即ち高見山の北麓から流れて旧大和国曽爾に入つたものは、黄泉湖に注ぎ、また他方では御杖村から伊勢国太郎生村を経て長瀬を過ぎ、これらが旧隠《なばり》乃湖に注入しての行く先は、現存の淀川の最上流部である。更に一方では高見山の東南麓を下つて、旧波瀬の小湖に流入していたものは、その水尾を東方に求め、それが旧櫛田川となつたものである。

即ち伊勢国櫛田川は、迦具土時代の「右の御髪乃湯津の爪櫛」に当つていた。その姿態は恰も神の御櫛に似通つていて、御櫛の国土から水流を集めながら旧伊勢海へ流れ出たものであつた為に、そこに初めて生れ出た名称である。従つて櫛田川の名称起原が、この地方へ後世になつて御巡幸になつた倭姫命が、御櫛を落し給うた故事に依るものでであるとするのは、肯じ難いのである。

去来見《いざみ》原から遠望し得た黄泉国の景観は、既にその一部を解説した様に、伊邪那岐命の御期待せられたものとは異つていて、国垣のうちは汚く穢れ、黄泉湖は国の真中に醜悪汚濁を現わしており、而も衰亡期に瀕しながらなおも炎熱地獄を沸き立たせる様相を残していたのである。この為に祖先鎮魂の国土としての面影も全く消え果てていて、形相一変の黄泉《よもつ》湖畔には、黄泉国びとらが残留し、これら飽くまでも保守的な大和民族の一部は、黄泉国垣を八段に分つて居住し、祖先の奥津城となつていた国土からは一歩も離れようとする気配さえ見えなかつたのである。而もこれら黄泉の神人は、迦具土大火を避けてこの国に逃げ入つた女神伊邪那美命を迎え入れ、これを黄泉大神《よもつおおがみ》として鎮護していて、外面《そとも》の裁目《さいめ》垣から黄泉国の内部を窺わんとした伊邪那岐命を拒んだのである。而もこの異形な有様に驚かれた男神は、急いでその御身くろにされていた旧近江国へ逃げ帰らんことを苦慮せられ、ひたすらに身の延命を謀られたのである。

考証68

追往黄泉国《よもつのくに》、爾自殿騰戸出向之時……還其殿内之間甚久難待（古事記）とは、伊邪那美命の御跡を慕つて待き着かれた伊邪那岐命に対して、女神の態度が冷酷で、一旦は黄泉国の殿内（即ち敷居のことで、伊賀古語の「戸のくち」）まで立ち現われたのであつたが、旧大和国曽爾の国土内へは、一歩たりとも男神をして踏み入れしめなかつたことを伝える。

その拒み給うた理由は、炎熱泥濘の黄泉湖が国土内で醜悪な腹を見せていたので、その有姿を知られまいとの御懸念による。即ちか程迄に変り果てた祖先の国に御身を隠し入れ給うて、女神はこの国土を己が新な御身くろにせられていたのであつたから、青山四周の旧近江国を以て身くろにされていた伊邪那岐命がこの国を隙見せんと企てたのは、我が身に耻を見せん為のものであると思惟されたからである。またこれらのことに就いては、次の様に当時の伝承が精細に伝えられている。

吾不意到於不須也凶目《しこめ》汚穢《きたなき》国矣、乃急走廻帰之時伊弉再尊恨曰、不用要言令吾恥辱汝己見我情、我復見汝情　（旧事記）

考証69

故刺左之御美豆良《おんみづら》湯津津《つ》間櫛《まぐし》之男柱（古事記）のうちの御美豆良《おんみづら》とは、迦具土時代の「髪」の御地の一部に就いての呼称である。当時の神の御髪は、伊勢国の一志飯南郡界を走るものと、更にまたそれとは反対に、大和国の吉野宇陀郡界に跨がる紀伊山脈の一部を云つたものである。次にこうした頃の左乃御美豆良とは、旧迦具土の右乃御美豆良に対し合つた地方、即ち布引連山のうちの髻《もとどり》嶽に対面しながら旧伊勢湖を隔つて聳えていた高地である。今その場所を明らかにし難い。また高見山以西と以東の連山は、各おの櫛の歯形を見せながら、髪の地から水流を旧吉野川と櫛田川の左右双方に分水していたので、これらを指して左右乃津間櫛と呼んだものである。また「櫛乃雄柱」とは、髪に竝び立つていた嶺々を総称するのである。このうち左乃津間櫛に平行して、大和国室生村から高市郡へ走り就く高地部は、迦具土神の「御枕辺《まくらべ》」と呼ばれたもので、同じく迦具土の縁辺を作っていた国土である。

考証70

一箇取欠而《とりかきて》、燭一火入見之時《ひとつびをともしてみませるとき》（古事記）の意味は、「其の雄柱一箇をひき欠きて、燭火《たび》となし、一つの火を挙げてこれを見給う」（旧事記）と同一の伝承に依るものであることが解かる。即ち櫛の雄柱の一つであった去来見原《いざみはら》、即ち大和伊勢の両国境に聳えている高見山に出て立たれて、初めてその北方遙に国垣を作る旧曽爾の黄泉国《よもつくに》を遠望せられたことを云ったのである。

また「ひとつ火」とは、伊弉諾尊不聴所請干時闇也（旧事記）からでも知られる様に、男神は旧迦具土神の御髪の地などに就いては地理的知識に暗く、従って女神を追い求めた伊邪那岐命は、ひたすらに高見山を目指され、この峯を一筋の道知るべの火と頼んで、黄泉の裁目《さいめ》垣まで進まれたことを云ったものである。

考証71

迦具土時代の旧大和と伊勢両国の境界地帯に於ける地理、交通、景観を基調にして考察すると、伊邪那岐命が黄泉国の姿を窺い得た「櫛乃御柱の一つ」と云うのは、上古迄は伊佐見原《いざみはら》と呼ばれていた現在の高見山である。高見の地は、日本の上古にあっても、近畿と伊勢志摩を結ぶ陸路交通の要路に控え、持統天皇が志摩国から大和路の途中に越し給うた去来見《いざみ》も、か様な高見山の南腹を過ぎる往還であつた。去来見または伊佐見と云う名も、その起原は「汝の国土を見る」と云う意味であつて、伊邪那岐命の御在世時代に初まつたものである。神武天皇が御東還せられた時にも、この山に登つて国見せられたものであり、従つてそれ以後になつて初めて、現在の様な高見山の名に改められたものであるとみられる。

嘗て上古の伊佐見山を高見であつたと見做さずに、伊賀国名張附近の小丘であるとの説をとる者があつた。これは誤りであろう。その理由として先づ挙げたいことは、元来神代の隠乃国《なばりのくに》と云うものは、迦具土時代の後期に入つてから大日霊貴命《おおひるめ》の一部御身くろと成つていた国土で、その域内は隠湖の南岸から伊勢国太郎生村を包み、黄泉国《よもつくに》との裁目垣を作つていた大和国御杖村迄を囲う地域であつた。而もこの地帯の大古住民は、旧隠乃湖の減水から消滅に至るまでの過程を追つて、漸次その湖底に移り住んで来て、人皇の御世に入る以前に早くも「名許《ばか》りの奈婆理《なばり》」の里《さと》を作つていたのである。従つて、後世に大和国の吉野地方から見ての隠《こもり》の山とは、隠乃国を作つたことのある大和国宇陀郡内の御杖や、その東に続く伊勢国一志郡内の太郎生を包括する場所であつた。殊に人皇以後になつて大和から志摩への交通は、岐神《ちまたがみ》の座を結んで通う太古の移動路と異つていて、専ら河川の流れに添つていたものであり、従つて高見山を越すことに依つて、神代の「迦具土神の御杖」の裾から櫛田川を伝つたものである。固より去来見は、現在の曽爾村伊賀見でもなく、または伊賀南壁の一部を指して云つたものではない。持統女帝の御製に曰う

吾妹子乎去来見乎高三香裳日本能不所見国遠見可聞　（万葉集）

先考は云う、「高見山は伊勢国飯高郡波瀬村の舟戸字舟越にあり、頂上に利足権現の社あり、高見峠は頂上より南へ下ること十八丁、舟戸より二十二丁、大和伊勢の国境にて鳥居立つ」とある。またこの地に「いさみの原の古郷」の歌もあるにみて、利足権現とは岐神であり、人皇の御世に入る以前にあつても、去来見原から舟戸を結ぶ高見山の南腹には、相当の人家があつたものと思われる。

考証72

吾不意《われをもはず》到於不須也《いなし》凶目《しこめ》汚穢《きたなき》国《くに》也（旧事記）で伝えられた「凶目《しこめ》」とは、醜目《しこめ》であつて、醜目と云うのは、その当時は旧黄泉湖が実在していたものであることに加えて、その美しからぬ景観を説明したものである。このことはまた、迦具土時代に青山四周の裡に実在していた大湖小湖を目指して、その国土に座を占める神の「御目」であるとしていたことに異ならない。即ち大日霎貴《おおひるめ》

命の左右乃御目は、旧伊勢湖と隠湖《なばり》であり、また保食神の御目は、後述する様に生駒山南麓の小湖であつて、伊邪那美命が逃げ入られた当時の「黄泉国の凶目《しこめ》」と云うのは、旧大和国曽爾に実在していた衰亡期の黄泉湖を指示したものである。

さてその頃に見られた黄泉湖の姿態や、或はまた黄泉国垣の神争いを現今にまで遺し伝えているものとして、次の様な口誦や遺習を附記して、これが究察に待ちたいのである。

(1) 死者の骸を墓地へ送るために、その葬儀の列に入つた者は、その帰途に就く場合には、必ず往きと異つた道筋を選んで、己が家路に帰り着くべきである。若しこのことを違えると、その人は必ず延命せない。

(伊賀遺習)

この事が教えているものは、伊邪那岐命が祖先鎮魂の国土であつた旧曽爾を窺う為に行き着かれた路と、己が身の延命を得て、旧近江国多賀へ逃げ帰ることが出来た道筋が、互に異つたものであつた事に由来する。

(2) 他人の身の廻りを三度び巡ると、その巡つた者は、数年を出でないうちに必ず死するであろう。

(伊賀口誦)

これは逃れ行く男神伊邪那岐命を追い撃ちに懸けた黄泉国の女人志許女《しこめ》の軍が、

㈠　旧伊勢国高見山の南麓にあつた旧波瀬湖を廻つて、伊邪那岐命の分身蒲《えび》乃子達を追い捲くつた。

㈡　次に旧伊勢国多気の高地で、伊邪那岐命の分身竹乃子達を追い廻した。

㈢　三度び目には旧伊勢国太郎生村で、男神を追い撃ちに懸けたのであるが、志許女はこの最後の追い廻しで、敢なくも桃乃子達に破られて、自身の生命を落すことになつた。か様に伊邪那岐命の身辺を三度び追い巡ることに依つて、落命することになつた黄泉女人の有りし日の事実を伝え、またその所作を真似ない様にとの希いから、これが現在に至るまで日本民族子孫の間に忌み事となつているのである。

(3)　敷居越しに食物を乞い渡し、或はまた乞い受けることは、死したる国に臨んでの所作であり、不吉である。　　　　（伊賀口誦）

右は「吾者為黄泉戸喫《よもつへぐい》」（古事記）の詞からでも伝えられているものであつて、またか様な日本に遺されている口誦や遺習が、太古の黄泉国垣の裁目で起つた男女二神の神争いの時代に始まるものであつた事の真実が知らされている。この場合の敷居は、国垣に準《なぞら》えているのである。

(4)　死者の骸を安置するところの部屋には、只一個の灯火のみを点じ置いて、その棺を照し上げ

て置くこと、　（伊賀遺習）

この有様は、黄泉国垣を照し見ている姿であり、次の史実を写すものである。

為秉炬《たび》乃挙一片之火之而今世人夜忌一片之火《ひとつのひをいむ》　（旧事記）

(5) 遺骸を祖先の墓所へまで送る途次に当つて、近親の者らが予め用意して携え来つた真新しい草履を、路傍に抜け捨てるべきこと、　（伊賀遺習）

こうした事は、黄泉国を窺う為に旧伊勢国の櫛田川を渡つた伊邪那岐命の所作を写したものであるか、或はまた男神に従つて黄泉国へ入ろうと企てた人達が、行路の行手を沮まれて、故国へ逃げ帰つたその旅路の様相を伝えたものかの何れかである。またこれらの草履に、色ものや紙類などを緒に交えて作つたものを忌み嫌つている古習は、単色な素材であつた黄泉国創始時代に於ける具足類を思わしめる。

(6) 冷水を満した器に、熱湯を注ぎ入れることは、死したる国での所作であり、また死の国に臨んでの姿であつて、不吉である。　（伊賀口誦）

日常の生活でも堅く訓しめられているこの遺習は、冷水を混えていた旧琵琶湖や旧伊勢湖畔の国土から発足せられた伊邪那岐命が、温熱を湛えていた旧曽爾の黄泉国土を窺い入らんとせられた結果、却つて我が身が苦難を蒙る事になつたその男神の所業を指して、不吉であつたとした神代の史的事実や太古人の恐怖感が、極めて正確に伝え遺されているのである。

(7) 死者の棺がその住家の 裁目垣を出で立つ 直前になると、近親の者が垣内で、先づ野火を挙げ、これが消え去るのを待つて、初めて祖先の墓所に向うべきもの、 (伊賀遺習)

この遺習は、迦具土大火の難を避けられて、祖先鎮魂の旧曽爾へ御身を移し給うた伊邪那美命の御姿を写しているものである。

(8) 衣服を左り前に着けることは、死したる国での姿である。 (伊賀口誦)

死者の衣装は、左り前に着付けすること。 (各地の遺習)

迦具土時代以前の日本民族祖先は、衣服を左り前に着けていたものであつたことを、か様な口誦や遺習によつて証明されているのである。

次に死者に縫目無しの粗布を纏わしめて、これが黄路《よみじ》の国へ送る為の衣装であるとせられて来た遺習は、旧伊勢湖畔に移動する迄の大和民族祖先が、旧曽爾湖または黄泉湖の湖岸で居住していた時代に、その身に着けていた衣服の有様を語つているものである。それは単色であり、且つまた縫目無しであつたことを伝え教えている。

(9) 死者の遺骸を傍にして、伊賀四壁の山間部で行われている行事のうちでも、その最も異様なのは、棺を安置してある部屋と次の部屋の敷居を裁目垣として、近親の者二人が背中合せに並び立ち、一個の餅を半々に握り締めて、互に後手の方向に向つて引つ張り合うことである。またこの餅が二つに千切れることを、好い兆であるとして悦ばれる。（伊賀遺習）

さてこの姿に現され、またそれに依つて伝えられている真実は、黄泉国の裁目垣に並び立たれた伊邪那岐と伊邪那美の二神が、黄泉国の戸前で「黄泉《よもつ》の戸喫《へぐい》い」を行われた当時の様相を、その儘に再現しているものである。即ち敷居際から逃がれんとする者は、男神を現わし、棺を安置した敷居内に曳き入れようとする者は、那美命を現わしているのである。

(10) 死者への配膳は、盛り切りの椀一個の上へ、一本の箸を突き立てたものばかりを供へ置くべきもので、これに違えることは、黄泉国での所作ではない。（伊賀口誦）

この口誦によつて遺習されていることは、何らかの誡めを寓意するものでもなく、また人びとに強いて行わせるものでは無い。これは黄泉時代の食物が、穀物ではなくして、突き刺して食う山野や河海の産物であつたことを教えている。

以上列挙した口誦や遺習は、何ら宗教的な臭味がない。また宗教的縁起伝承に基いて始まつたものでも無い事が明白である。既に言葉の穢れや身の穢れの各節で述べた様に、これらは清純な説明的口誦によつているものであり、またそれに従つて行われる遺習である。端的に云うと、神代乃至それ以前に、大和民族の祖先が経験した事実が語り継がれているものである。現在にまで日本の人びとが、迦具土の研究に疎遠であつた為に、これらの遺習が、単なる迷信の招いた奇習であると看過されて来たものである。この事はまた、日本の子供達にとつても、誠に不憫であつたと考えたい。

第十三節　贄《にえ》と忌竹《いみたけ》、注連縄《しめなわ》の起原と、迦具土の「御髪」

伊邪那岐命は黄泉国《よもつ》垣からの帰途に当つて、旧伊勢国櫛田川の上流地帯で、黄泉国の志許女《しこめ》が帥《ひき》いていた大軍によつて追い撃ちに懸けられたのであるが、この時の危難に際会して、南伊勢の飯高地方に居住していた竹乃子達や鰕《えび》乃子達の祖先が、男神の延命を謀り、純忠を尽して、遂に彼等の一族は殆んど黄泉大神《よもつおおかみ》の贄《にえ》と成り失せたのである。

然るにその頃伊勢国一志郡太郎生の秘境に育つた桃乃子達の祖先がその前面に現われ出で、志許女《しこめ》の軍を破つてこれを黄泉《よもつ》国へ追い堕すに至つたのである。その堕した故地は、大和国の宇陀郡に接触していた伊賀南壁の一局部であり、現在の香落溪谷入り口の右岸断崖に当つている。


迦具土時代の前期に伊邪那岐《いざなぎ》と伊邪那美《なみ》の二尊が、日本の低地帯国土への国見や御経営の為に、旧淡路島を「胞《えな》」とし、またそれを「大八島の中柱《なかばしら》」としての本拠地と定められたのではあつたが、その雄図半ばに迦具土大火が起り、その結果として、妹《いも》神は黄泉国へ身を隠し入れられてからは、黄泉大神と成つて旧大和国の曽爾《そに》に居住することになると、伊邪那岐命はその御跡を慕われて、黄泉国垣まで行かれたのであつた。而し乍ら男神御自身は、この時に見た旧曽爾の醜悪な国土の景観に驚かれて、直に故国の旧近江へ逃げ帰らんと企てられたのである。

この時女身伊邪那美命は、男神のか様な所作を深く恨んで、我れに恥を与える為に国土の姿態を望見したものであると思惟せられ、直に黄泉国垣を守つていた志許女の軍に命じて、男神を追い撃ちに懸けられたのである。

この事は日本神代史のうちでも、最も精細に口伝され、また記録されている黄泉国《よもつくに》の裁目《さいめ》争いである。元来この御争の及んだ範囲は、旧伊勢国の中南部高地を中心とするのであるが、大和国の東部から伊賀南壁一帯にも渉つていたのである。而もこの神争いの起つた頃は、旧大和国宇陀には猶も黄泉湖が実在しており、また旧伊賀は水位二百三十米以上の旧伊勢湖で被われていたのである。更にまた大和国の都介野地方や松山を含めた榛原《はいばら》地方では、それぞれの小湖を擁していた遼古のことでもある。而もこの国垣の争いの間に、天津《あまつ》神やその分身達の身に降り重なり襲い来つた苦難が、並大抵のもので無かつたので、当時の人びとが経験したあらゆる出来事が、特種な神事ばかりでなく、其他種々な行事、物厭《い》み、遺習の上にまで及んでいて、それらが近世の頃まで、日本民族の子孫に正確な姿で伝えられてきたのである。

この神争いの時代に、伊邪那岐命が御身に受けた数々の危難や、またこの男神が旧近江国まで延命し得た途次に当つて、その御盾《たて》となりまたは贄《にえ》となり失せた旧南伊勢高地帯居住の国津神とその所業、或はこれら分身達が尽した純忠については、次の様な順序に従つて列挙し得られる。

(1) 上古の頃に伊勢国の南部高地に蟠居して、意《お》須《す》比《い》飯《いい》高《たか》国を作つていた人達の遙かなる遠祖が、男神伊邪那岐命の危難を救い奉つた。

飯高国と云うのは、現在の伊勢国飯南郡の西域であり、嘗ての飯高郡に当る。この地方は、神代では迦具土神の「御髪から御帯」に続いていた国土であり、而もか様な迦具土の御衣装のうちでも、殊更に大切であつたところの「髪」と呼ばれる地域に居住していた者は、当時の蒲《えび》乃子らであつて、神代の蒲乃子達の子孫そのものが、後世の飯高国を創めたのである。蒲乃子と呼うのは、即ち「鰕《えび》乃子」の意味で、伊勢国高見山の東南麓一帯の波瀬盆地が、小湖であつた頃に、その沿岸に幡居していた国津《くにつ》神のことである。

伊邪那岐命が志許女《しこめ》の群が追い来つたのを見て、直に旧飯高を目指して逃げ給うたのであるが、この時の御難に際して我が身を挺し、男神の御盾となつて黄泉国の女群を防いだのが、即ちこれら蒲乃子達に他ならない。

か様な上代の飯高国の祖先らが、壊滅する間隙に乗じて、伊邪那岐命は旧波瀬湖の西岸からその南岸へ迂徊し、更に東方を望んで、櫛田川の上流右岸に逃がれんものと策されたのである。

(2)

黄泉国《よもつくに》の志許女《しこめ》は、更に男神を追い来つて、遂には迦具土神の御髪乃爪櫛《つまぐし》、即ち櫛田川の上流にまで追い詰めたのである。進退極まつた伊邪那岐命が、最大の危難に遇われたのがこの時であり、旧伊勢国飯南と一志両郡の境を右往左往せられ、旧近江国への血路を求められる為に、旧伊賀南壁を越えられて、伊賀国種生村字老川《おいかわ》の方向を指して逃れんと志された。

(3) 旧伊勢国櫛田川の上流で、伊邪那岐命の御危難を救つた国津神は、神代の「笋《たけのこ》」である。これは笋乃子達の意味である。即ち「笋または筍」とは、日本の上古時代になつて、この地方で五百枝刺竹田国《いぼえさすたけだのくに》を作つていた人びとの遠祖に当る。即ち神代の笋乃子達が、後世の竹田国を生み成したものであり、現在の伊勢国一志郡内の多気地方や多気郡の大部は、か様な竹乃子達の旧国土である。

(4) 旧伊勢国多気の深山帯から漸く逃れて、男神は一志郡の秘境である旧太郎生《たろお》村へ向つて身の延命を企てられた。

この道筋の指し示す処は、現在の淀川の最上流から下流の長瀬川に添い、それより山越しに伊賀南壁の腰に近い老川を目指すものであつた。種生村字老川からの流れは、旧伊勢湖の湖上湖であつた旧上津や中津乃至下津、即ち現在の阿保盆地を被つていた小湖に落下していたのである。

(5)　旧伊勢国の太郎生に逃げ入られた男神を追う為に、黄泉国からの援軍は更に志許女《しこめ》の許へ送られて来た。地理的に見て旧太郎生は、旧大和国宇陀の一部である黄泉国《よもつ》とは僅に古光山、亀山、具留尊（くろそ）を結ぶ絶壁で隔絶せられていたのである。即ち男神の逃れ来つた方向は、黄泉国に近い南部伊勢を経て、再び黄泉国の東に接した一志の奥地を目指されたのである。

男神が旧太郎生村へ入られると、その頃太郎生に住んでいた「桃乃子」達が現れ出で、彼等は志許女の軍前に立ち塞がつて、黄泉国と旧太郎生村との国境となつていた柊木阪《ひいらぎ》で、追いすがる女軍を撃ち払うことが出来たのである。この戦で志許女自身は、伊賀南壁の東端からその西端を指して逃れ、遂にその行き尽いた伊賀大和の国境で、而も二千余呎の絶壁を作つている所、即ち現在の香落溪の右岸断崖から桃乃子らに追われて、黄泉国の水尾へ真逆さまに投身することになつた。

黄泉国垣の外面《そとも》での神争は、その経過については地理的にみても、旧記には整然と伝えられているのである。但し以上の説明は、或は次の考証と重複する所があるかとも考えられる。

なお最後に志許女の群を破つて、伊邪那岐命を助け参らせた国津神「桃乃子」とその一族は、その後この地方から日本各土の四隅まで移動発展した大和民族の子孫によつて、永くその当時の勇武を伝承されて来た桃太郎の事である。桃太郎の伝承は、伊賀南壁に起源を発する千方《ちぼう》将軍の口誦と共に、日本最古のものであると云われているが、この国津神の生地は、伊勢伊賀大和三ケ国の国境地帯のうちで、怪奇な岩塊を見せている大洞、具留尊《くろそ》、尼ケ嶽、古光、国見、三国などの高峰に囲繞された伊勢国一志郡太郎生村である。太郎生は上、中、下の村落に分れ、古光山から具留尊へ続く断崖によつて、大和国宇陀郡曽爾《そに》と隔絶しており、太古時代では、これら両国の交通は不可能なものであつた。これが為僅に古光山の南麓が、黄泉国への往還に当る柊木阪《ひいらぎ》となつていて、これが旧太郎生と曽爾の関であり、また柊の樹に包まれ水辺に近い狭路であつたと考えられる。

考証72

於是伊邪那岐命見畏《みかしこみ》而逃還《にげかへる》之時《とき》、其妹伊邪那美命言令見辱吾《われにはじをみせませつといひ》　（古事記）

これは黄泉国との神争いに当つて、その誘因となつた妹神の御辱に就いての伝承である。女身の辱とは、旧曽爾に実在していた醜悪な旧黄泉の湖を男神伊邪那岐命は望み見て、その姿態が穢らわしいものであるとして逃げ帰らんとしたその所業を、女神は悪《にく》み給うてのことで、この様な振舞いは、我が身に恥を与へるための所存であろうとの神慮から、女神は直に黄泉《よもつ》国の志許女《しこめ》らをして、男神の跡を追わしめられた事を伝えているのである。

当時実在していた黄泉湖の景観や、更にまた女神の身くろのうちの一部としてのこの湖が、既に消滅一歩前の過程にあつたことに就いての地理的事実は、前節でも解説したのであつたが、この湖畔に幡居して、伊邪那美命の御身を奉じ入れた黄泉の国びとらは、旧曽爾《そに》を八段の身くろに分つて、それら各段を国堅めしていたのである。次の史実は、旧曽爾の縁辺に見られた当時の活休火山や、その位置に併せて、炎熱地獄の旧曽爾湖が有りし日の実態を伝えている。

於頭者大雷居《あたまにはおおいかつちい》、於胸者火雷居、於腹者黒雷居、於陰者拆雷居《ほとにはさくのいかづちい》、於左手者若雷居、於雷右手者土居、於左足者鳴雷居、於右足者伏雷居　（古事記）

但し黄泉国の起源に関しては、迦具土時代を抜くことの遥かな神古であつた為に、右に掲げた史実に依るのみでは、地理的に住民の分布状態までを解明し得ない。而し乍ら旧伊勢湖畔に移り住んだ天津《あまつ》神らが、国土の南壁を御頭とせられていたのに対して、黄泉国の神人らは、旧曽爾の北壁を己が頭とし、南面に座を構える姿態の国土であつた事が看取されるのである。

なお曽爾の東南隅には古光山があり、具留尊《くろそ》、亀山と連つて国土の東壁を作つており、その直下は台地となつている。この古光山の麓で、太古の日に仙女が七つ子を生んだと口誦せられている。これは一度に七つの子を生んだと云うことでは無く、旧伊勢湖畔の高天原へ移動する以前の天津《あまつ》神らの祖先は、古光山の麓で「倶に生る二代耦《たぐい》生る五代、所謂神世七代」（旧事記）を生み成したものであり、且つその地方は、旧黄泉湖に臨む処で、而も旧曽爾の陰土《ほと》に当つていたものであると考えられる。

考証74

爾伊邪那岐命取黒鬘《くろかづら》投棄、乃生蒲子《えびのこ》、是摭食《ひろいはむ》之閒逃行（古事記）の詞によつて記された取黒鬘投棄と云うのは、蒲乃子とその一族が住んでいた国土の所在について、その地理的事実を明らかにしたものである。神代の蒲乃子達は、旧伊勢国飯南郡の西部高地に居住していて、その群落の中心は、現在の波瀬村一帯を被つていた旧波瀬湖岸であつた。このことは、この国津神の名が淡水産の鰕《えび》の詞で伝えられている事によつても知られるのであるが、この波瀬湖が神代に実在していたものであると云うことに就いては、船戸《ふなど》神の解説に譲りたい。

次に「黒鬘を取つて投げ棄てた」と云うのは、当時の蒲《えび》乃子達が黒鬘《かづら》として、旧迦具土神の「御髪鬘《かみかづら》」の地を守護していた人達、即ちこれは現在の曽爾に接近する飯南の地方に居住していたものであるから、彼等自身は、真先に志許女《しこめ》の軍の前面に立ち向わざるを得なかつたのである。また「これが喰われる間に逃げ行く」とは、黄泉志許女の率いる女軍の矢面に立つた蒲《えび》乃子達が、身命を投げ捨てて伊邪那岐命の御危難を救つた事を云つたものである。即ち「喰《くら》う」は古語で、相手を打ち破ると云う意味である。

斯様に旧南伊勢国飯南高地で、伊邪那岐命の為に己が身を黄泉大神への最初の贄《にえ》として棒げた蒲《えび》乃子達の尽忠そのものは、今もなお古社神殿の正面に注連縄《しめなわ》の姿で飾り伝えられており、またその業相は、神垣を守るものとして、大和民族祖先がその子孫に残しているのである。贄《にえ》そのものは、旧伊勢国の太古時代から初まつたもので、それは蒲乃子に由来するものであり、近世までその一半を覗わしめる行事が、雲津川の河口に近い伊勢海岸の贄崎地方に遺されていた。

伊勢国飯南地方に関連する旧記によると、第五代孝照天皇の頃になつて、天押帯日子命《あめのおしたらしひこ》がこの地方へ降《くだ》り来つて、そこで初めて飯高之君《きみ》や壹師乃君《いつしのきみ》の祖となつたものであるとせられている様であるが、元来意須比飯高国《おすいいいたか》（倭姫命世記）の起源は、人皇の御世に入つてから天押帯日子命がこの地へ遷り降られた為に生れたものでは無く、その創国の起源を推究すると、神代の初期に「迦具土神乃御髪」の地に居住していた国津《くにつ》神らの子孫が、追々と迦具土神の「御帯」の地帯へ移動して来て、それが旧伊勢国飯南郡の西部高地で国垣を作り了えたものであり、それが後代になつて、この地方へ天押帯日子命《あめのおしたらしひこ》が降《くだ》り遷られたものである。また仮に、飯高国《いいたかのくに》が人皇五代の御世に興されたものであつたとしても、当時の飯高地方に住んでいた人達の遠祖は、蒲《えび》乃子達であつたことが看取されるのである。飯高の名は伊比多賀《いひたが》の転訛と云われ、伊比は鰕であり、これは多賀と共に、男神伊邪那岐命に有縁なのが興味深く覚えられる。

考証75

亦刺其右御美豆良《おんみづら》之湯津津間櫛《つまぐし》引闕而《ひきかきて》、投棄乃生筍《たけのこ》、是抜食之間逃行（古事記）の前半は、所謂「筍《たけ》乃子」達の原住地に就いての説明である。即ち「迦具土の右乃御美豆良《おんみづら》」と呼ばれていた伊賀国東南隅の髻嶽《もとどりだけ》から移動し来つて、遙かそれより南方の「御櫛」、即ち旧伊勢国櫛田川の左岸に住み着いていた国津神「竹乃子」らが父祖の地を云つたものである。所謂「筍」とは、竹乃子達の遠祖を指したものであり、また竹乃子達とは、上古の竹田乃国の祖先を云つたものであつて、迦具土時代の原住地は、伊勢国一志郡多気を中心とする高地であつた。元来この多気地方は、紀伊山脈の東脈二双に狭まれた秘境で、その南壁を形成していたものは、右乃髪の櫛乃雄柱《くしのおばしら》である。神代にこの地帯に定住していた竹乃子達の子孫が、その後になつてその技葉を栄えしめ、それが更に分邑して、雲出川の対岸に移動し来り、或はまた櫛田川を渡つて、伊勢国南部の多気郡地方へまで移動発展したのである。これが人皇の御世に入つて以降も、その直系が祖先の旧地にあつて国堅めをしたのが、即ち千五百刺《いぽへさす》竹田乃国に他ならない。南北朝の頃になつてから伊勢国の国守として一志郡の多気城に拠つていた北畠氏は、こうした神代の「筍《たけのこ》」の子達の正統を掬んだものであると考察される。北畠氏の守城は、各所に散在したもので、その本拠の多気から最も離れていたものは、伊勢海岸に近い雲出川下流の阿阪山白米城である。このことはまた、上古以降竹田乃国の人びとが行つた低地移動を語つている。

考証76

到黄泉比良坂《よもつひらさか》之坂本《のさかもと》、取在其坂本桃子三箇、待撃者悉逃反也（古事記）とは、神代の桃乃子達の出生地や、その生国と黄泉国との国境で、僅に一ケ所の岐《ちまた》なつていた柊木《ひいらぎ》阪の位置を明らかにしている。茲に云う「桃乃子」または「桃乃実《み》」と云うのは、伊賀南壁内の群落とは交通があつたが、旧曽爾とは絶壁で隔絶されていた旧伊勢国一志郡太郎郷に、そのころ出生した「桃乃子」を云う。子または実とは、即ち「もの種」のことで、後世の人がその始祖を表現する為に用いられた詞である。

但し桃乃子の出生地については、日本の各地にその生地として伝承されている所が数多い。然しながらその殆んどは、旧太郎生郷を原住地としていた大和民族祖先の一部「桃乃子」らが、神代以降その発展の各土へ降《くだ》つて、その地で祖先からの口誦をその儘に子孫に伝え、それによつて太古の功業を遺し伝えんと企てたものであつた為に、彼等祖先に関する口誦が、日本の各地に分散されているのである。

旧太郎生郷は、嘗ての隠《なばり》乃国の一部であつて、上代以降になると多羅生《たろお》とも記されている。また神領六個山の一区でもあつた。この伊勢国太郎生村の地からみて、伊賀盆地を狭む対角線上には、近江国多羅尾《たろお》村がある。この白砂の秘境多羅尾には、連綿として多羅尾氏が居城を構えたものであり、またその西南の高地は、野殿氏の居城があつた野殿に続いている。而もこれら近江国多羅尾や山城国野殿は、陸路交通には最も安全であつた高地部の岐《ちまた》を連ねての古代では、その要路に位置していた処であると見られる。

郷名である多羅尾村や太郎生村は、ともに「たろ」と音を縮めての呼称であり、これは男児を指して呼ぶ伊賀古語である。

考証77

日本では最古の神話の一つであると云われ、また大和民族の祖先から永く伝承せられて来た桃太郎とは、黄泉《よもつ》国の神争いに当つて伊邪那岐命の危難を救い、且つ黄泉志許女《しこめ》を打ち破つた桃乃子とその一族に就いての物語りである。亦の名を意富加牟豆美《おおかんずみ》命と云れた桃乃子らが、迦具土神の御頭の地方で、東方から西方へ向つて志許女を追い詰め、その果ては彼ら黄泉の大軍を蹴落すことになつた地点は、旧伊賀と大和の国境地帯であり、且つまた嘗ての黄泉湖がその水尾を垂れていた所で、これは現在の香落渓の右岸断崖からであつた。この事に関連して、

「伊勢国一志郡の太郎生で生れた児太郎は、伊賀南壁の嶺々を伝つて鬼女を追い詰め、東から西に走つて、遂に香落渓《こうちだに》の本流が大和国曽爾《そに》から伊賀国へ落下する右岸の絶壁から、その女人を追い堕した」　（香落伝承）

　この伝承で知られている香落渓の左右両岸は、殆んど垂直二千余呎の断崖であつて、数里に及んでいるものであり、深淵には山椒魚が群棲する。大正時代以前には、この渓谷を伝つての伊賀と大和の交通は、その左岸断崖上を伝う以外には不可能であつた。また迦具土時代の香落渓やその下流青蓮寺川は、現在の水位とは比較にならぬ程の高位置を占めていたものであり、且つまた温水であつたとも考察される。

考証78

抜所御佩十握劔而、後手《うしろでに》布《ふ》岐《き》都《つ》都《つ》逃走矣（古事記）とは、旧南伊勢から伊賀南壁へ遁入せられんが為に、男神が退路として選ばれた旧河川、即ち旧太郎生郷から旧伊勢湖への落下水路並びにこの水路の上流から下流地帯に亘つての地理的説明である。即ち伊勢国一志郡太郎生村や大和国宇陀郡御杖《みつえ》村地方の水流を集める淀川上流が、神代では「御佩き給う十《と》拳《つか》乃《の》劔《つるぎ》」の一つと云われたものであり、これが為この河上地帯、即ち劔の先端にある御杖村の神末地方から旧太郎生郷へ向つて後手に血路を柘かれたことを、男神が「後手に拭きつつ逃げる」の詞で表現し、これに依つて逃れ行く方向を正確に伝えているのである。

考証79

日本の各地で行なわれている節分の夜の追難《ついな》の行事は、平安朝の頃に始められたものであると云う。また近江国石部の西南に当る阿星山東寺及び西寺（長寿寺とも云う）の鬼儺の面は、聖武天皇の頃の作と云われる。然しながらこうした考証については、平安朝の頃になつて初めて旧記が追難の行事を記したと云うことに依るものであつて、行事そのものの由来については、左様に浅墓に取扱つては済し得ない。即ち文字が輸入される様になつた直後またはその後代では、それより以前に起り且つ行なわれていた総ての古代日本の事象を究明して、これを正確に記録することが極めて困難であつたので、太古からの民間行事が、殆んど記録されていなかつた為である。従つて日本の正史に現われた頃に左様な行事が始まつたものであるとするのは、文字を重点に置いての賢明な考えからであろうが、このこと自体が、迦具土の解明をも遅らせたものであり、また後日の人達を昏迷の裡に追い入れたものであろう。

追難の遺風は、黄泉国垣《よもつくにがき》での神争いで黄泉国から逃げ帰つた伊邪那岐命の苦難を伝え、またその延命の様相を、精細に遺しているもので、文字による記録よりは寧ろ誤りなく伝えられているものである。この事はまた、次の行事からでも覗い得られる。

(1) 柊《ひいらぎ》の枝を戸口や裏口に挿す（遺習）

この場合の戸口や裏口は、太古の日に黄泉国に境していた天狭霧《あまさぎり》国の裁目《さいめ》や、またはその国垣であるとして見做されているものであり、また柊の枝を挿すと云うことは、黄泉志許女《よもつしこめ》の軍が旧曽爾《そに》から旧太郎生村の境まで追い来つたときに、その途中にあつた黄泉平阪、即ち柊の樹の生い茂つていた坂道の前面まで押し迫つた処で、桃乃子達の一族から撃破されることになり、これが為この柊坂を裁目として、黄泉の鬼女らは一歩たりとも男神の国垣内へは踏み入ることが出来なかつた故実をその儘に伝えているのである。

(2) 田作魚《たつくり》を柊《ひいらぎ》の枝に串し、これを戸口に挿すこと（遺習）鬼、即ち「老《おい》の国の人びと」は、生臭味を厭うたものと云われる（伝承）。固よりこうした口誦が伝えている真実は、迦具土時代の旧曽爾が、旧伊勢海岸地方との交通から全く隔絶されていて、別個の国垣を作つていた古い国土であつたことの証左である。また田作魚を厭うと云われたのは、伊邪那岐命の為にその身を楯して、旧波瀬湖岸で戦つた国津神「鰕《えび》乃子」らの居住地や、その贄としての生態を現わしているものである。

(3) 節分の夜に厄払いまたは厄落しが戸口を廻つて来る。昭和三十余年の現在でも偶にこの遺習が見られて、戸口を叩く者は少年に限られている様である。而もこの子らの祖先は、太古日本の迦具土大火に遇つて火乃穢れを負い、女神伊邪那美命を旧曽爾に迎え入れてこれに随身した人達と有縁であろうかと考察される。

(4) 節分の行事が、夜に入つてから行なわれると云うことは、黄泉国《よもつのくに》に関聯するが為であり、暗夜の行事は、暗夜に黄泉国垣での争いが起つたと云うことではなくして、退路の道筋が、男神にとつて地理的に暗く、且つ遠い道程であつたことに由来している。

(5)　追難の行事に現われる「鬼」とは、鬼神の類を表現しているものではなく、旧大和国曽爾《そに》の「老い果てた国土に住み着いていた人びと」を指し示すものである。これは旧黄泉湖を擁した頃の曽爾は、旧伊勢湖畔に定着して、そこで新生の天狭霧《あまさぎり》の国を創国していた時代の大和民族から見て、如何ばかりかその国土の姿態が古く、且つ老い果てた国柄であつたかを知らしめている。日本人は昔から「死しては護国の鬼となる」と云う。これとて日本人窮極の根元である黄泉国に帰一鎮魂することを意味したものであろう。さて伊邪那岐命が黄泉国から旧伊賀へ遁入された時は、旧隠《なばり》湖の沿岸へは出ることなく、旧長瀬川の河から山越えに、種生村字老川《おいかわ》の高地を目指されたものであり、この老川から更に矢持村を経て、神代の大道であつた迦具土神の右乃御手、即ち布引山脈を伝つて、旧阿波郷へ降《くだ》らんと志ざされたのである。この老川村は、上代の頃には鬼川と呼ばれていた処で、日本三体の一つと云われる老川如来があり、か様な処でのその起源は、神仏合体論者の巧智からであろうとみられる。

(6)　「節分の夜には鐘や大鼓を打ち鳴らし、成るべく家の内を賑にして置くこと」。この遺習とても、ありし日の黄泉国垣での凄惨な戦いを伝えているものに他ならない。

考証80

黄泉志許女《よもつしこめ》は女神伊邪那美命の御恥を雪がんが為に、男神を旧飯高地方で苦も無く破つたに拘らず、一度びこの女人が旧伊勢国の櫛田川を渡捗《としよう》して、更に追い撃ちを懸け、その勢に乗じて嘗ての迦具土神の「御櫛から御髪」の地へ侵入することになると、其処で「桃乃子」ら一族の為に破られ、遂に己が身を亡ぼす様になつたと云う古事記の一節に敷衍《ふえん》して、次の伝承を挙げてこれが考察に資したい。

(1) 女人が誤つて櫛を跨ぐと、不吉は必ずその身に附け入る。（伊賀口誦）

(2) 路傍に落した櫛は、これを拾つて我が身に着けてはならない。女人が若し誤つてこれを拾うたとなると、その身は必ず不吉に堕入る。（伊賀口誦）

(3) 女人は節分の夜になると、人知れず我が櫛を道の辻に捨て置いて、後方を振り返ることなく我が家に逃げ戻ると、その身は後難から遁れることが出来る。（伊賀口誦）

右の様な女人の櫛に関聯する口誦や或はその遺習は、旧櫛田川の渡捗を敢てした志許女《しこめ》の女軍と、その末路を伝えているものである。志許女は「しかめ」のことで、顔を「しかめづら」にする所謂仏頂面である。またこの古語は、志許女の名から転訛したものである。

考証81

古来から我が身に危難が迫ると、不知不識のうちに桑原と云う言葉を吐く。これは旧伊勢櫛田川上流での神代の国垣争いは、最も凄惨なものであつたことを伝えている。即ち当時この地方の国津神《くにつがみ》であつた竹乃子達や蒲《えび》乃子達が、残り少なくなるまでに黄泉大神の遺した大群の為に亡された地方は、櫛田川左岸の旧桑原地方であつたことの地理的説明である。

桑の名については、磐之媛《ゆわのひめ》命が養蚕をなされた（奈良市郊外の歌姫地方とみられる）（日本書記）ことが文字で初めて伝えられており、また「垂乳根《たらちね》の母の養う蚕の眉隠《まゆこも》り気づき渡り」（万葉集）の古歌も見られる。而しながら「稚産霊《わかむすび》神の頭上に蚕と桑生れ」（旧事記）の伝承からみると、迦具土時代の前期にあつても、既に現在の桑樹が旧大和国北倭《きたやまと》地方に植樹されていたものであることが知られる。

また丹後風土記に「住古豊受大神は当国の伊去子嶽に天降《あまくだ》り坐す時、天道日女命《あめのみちひめ》は大神に五穀桑蚕の種を乞い求めて、その嶽に天乃真名井《まない》を掘り、その水を濯ぎて、以て水田陸田を定め」とあり、「当国に天道日女命と称える者あり、老いてこの地に来り、麻を績ぎ蚕を養いて、人民に衣を作ることを教う。故に山口（倉部山の）に坐す御衣知祖母祠と云う」とある。天道日女命の御名からも、天狭霧《あまさぎり》国に生れた女身であつたが、年老いてから丹波国加佐郡高梯郷へ降《くだ》つて来て、里《さと》びとに養蚕を教えたものであることが知られる。伊勢国桑原の地も、神代の初期に於て既に衣料の生産地であつたと解せられる。

考証82

近江国の湖東にある多賀村多賀神社の祭神は、古来から延命の神として、大和民族の子孫から尊崇されている。か様に伝承されて来た理由は、この祭神が伊邪那岐命であり、且つこの神人が黄泉志許女《よもつしこめ》の軍に追い廻されて、幾多の危難に身を晒されたものではあつたが、幸運にもそれらの災厄から悉く遁れて、無事に旧近江国の多賀に帰り給うたものであつた為に、大和民族の祖先らが多賀でその神霊を奉斎し、その神威を子孫に伝えたものであると共に、その延命に肖《あや》からんと希つたことに始まつているものである。現在の多賀村は、旧多賀の高地からみて、その西方に隔たる所に位置を占めているとみる。

考証83

日本各地の神社では神祇奉斎の当日になると、先づ忌竹《いみたけ》で神域を囲い、次いで神輿渡御の道筋にも、これと同様に忌竹を立て連ねる遺習がある。またこうすることに依つて、初めて神の座とその御渡りを易からしめるものであると云い継がれている。斯様な行事は、神社のみに限られているものではなく、大和民族の子孫らが各自の新居を定める為に行う地鎮の祭事にも、同様の慣習であつて、この事に依つて己が厄難を裁目《さいめ》垣の外へ払うものであるとせられている。

この様な一見して奇異な祭事も、その真実を考察すると、嘗ての黄泉《よもつ》国垣での争を語つている遺風である。竹そのものは竹乃子達の姿を現わしていて、迦具土神乃御髪の地に拠つていた竹乃子達とその一族が、伊邪那岐命の御為に身を挺して神の裁目垣を守り抜き、而も黄泉志許女の贄《にえ》となり失せることに甘んじた彼らの姿を、後世の人びとの前に遺しているのである。

竹は古代から目出度いものとして、日本民族に愛着せられ、また竹で作つた簓《ささら》は、神代の頃にあつて早くも用いられていた楽器の一つである（伝承）と云われている。

上述の解説によつて、旧南伊勢に居住して、その身を男神の楯とした神代の竹乃子ら一族の面影が、明らかに考察し得られるものと信じる。

第十四節　黄泉国《よもつくに》の裁目《さいめ》垣と迦具土神の「御杖」

伊邪那岐命は、妹神伊邪那美命と、旧伊勢国櫛田川上流の左岸高地で再会せられて、黄泉国との裁目垣を定められた。このことは、現在の大和伊勢二ヵ国の裁目を作つたことであり、また大和国宇陀郡御杖村の起源にもなつているのである。なお男女二神が再会せられて、絶妻《ことづま》の誓を立てられた処は、現在の伊勢国一志郡と飯南郡界であり、それは宮前村の背面にある「めづらし峠」の「千引《ちびき》の岩」のことである。

迦具土大火後の焼土を八段に分つて、その各段の裁目内に八柱《やはしら》の大山祇《おおやまぎ》を生み定めた伊邪那岐命と、一方では迦具土の大火を逃れて、旧曽爾に入つてその裁目内で黄泉大神となつた伊邪那美命が、旧南伊勢の櫛田川上流での神垣争いの後になつて、改めて再会されたのであるが、その当時これら二尊が絶妻《ことづま》の誓を立てられた場所は、現在の伊勢国飯南郡波瀬村字舟戸から宮前村へ延びる櫛田川の北岸高地である。其処は飯南と一志の郡界であり、東西に走る紀伊山脈東辺の一個所で、「珍らし峠」または「千引《ちびき》の岩」と口誦されて来た地点に当つている。

絶妻《ことづま》の誓と云うのは、裁目《さいめ》垣を作ること、即ち伊邪那岐命と那美命が、互に自身の盤境を定めることを云つたものであつて、この目的の為に「男神が最初に投げ給うた御杖」と呼び做されていた地域は、大和国のうちでも最も伊勢の国境に接近した大和国宇陀郡内の御杖村である。この御杖村は、同じ郡内の曽爾《そに》とは紀伊山脈の一部東脈で隔絶されていて、この地方では、神代の来名戸《くなど》として、来名戸《くなど》神が座を構えていたものであり、此処は黄泉国から見ると、外面《そとも》の国土であつたが為に、上代までは伊勢国の一部と成つていて、旧太郎生郷とは親近の往来があつたものと見られる。

こうした南伊勢の千引乃岩《ちびきのいわ》を中心にして、双方の裁目垣を定め終えると、女神伊邪那美命は奮然として、黄泉国《よもつ》の垣内に立ち帰られたのである。従つてその跡に取り残された伊邪那岐命は、新に定められた裁目垣内での国土、即ち黄泉国と接近していた旧迦具土神乃御衣装、換言すると、迦具土神が嘗て己が身に纒うものとせられていた旧伊勢国の南部高地帯全土に捗つて、新しい国土の経営に着手せられることになつたのである。

この御経営は、旧伊賀南壁から遠く紀伊国熊野地方に接する迄に及ぶ広大な高地帯に捗つていて、男神は先づこの地域を八段の御衣装に分ち、その各々には岐神《ちまたがみ》を定められて、各段の所知と相互の交通を司らしめたのである。岐神《ちまた》とは、現今でも、道祖神《どうそ》として祭られていて、その起源の古いことを窺わしめているのである。

元来迦具土時代の交通が、湖岸を伝つての水路交通によるか、或はまた展望の利く高原の尾根を伝つて行われたものであるから、伊勢国の波瀬盆地が波に被われていた時代の旧波瀬湖岸では、その西岸の旧舟戸村が、高見山の南麓に位置を占めていて、旧大和国への陸路を扼したものであり、且つまた湖内から旧伊勢海浜への水路交通の要津となつていたものである。これがため男神伊邪那岐命がこの地へ舟戸神を封ぜられた事は、神代の旧波瀬地方では、最大の群落が所在していたと云う理由のみには依らないのである。

さて伊邪那岐命が旧南伊勢から大和の一部へ布置せられた国津神は、次の様である。

迦具土神の御衣装（御身に纒うた国土）
- 投棄《なげすて》る御冠（大和国山辺郡豊原村の神野山を中心とする台地）
- 左乃櫛（大和国吉野と宇陀の両郡を境する連山）
- 右乃櫛（伊勢国櫛田川左岸の一志、飯南の郡界）
- 御枕辺《まくらべ》（大和国宇陀郡南部から高市郡に至る連山）
- 御　杖（大和国御杖村と伊勢国飯南郡界の高地帯）
- 御　帯（伊勢国多気と飯南の両郡を境する高地帯）
- 御　裳（伊勢国度会と多気の両郡を境する高地帯）
- 御　褌《はかま》（紀伊と大和の両国が伊勢と境する台高山脈）

但し旧迦具土神乃御櫛のうちでも、右乃御櫛と云われていたのは、大和伊勢両国の境に立つ高見山を起点にして、それから東に走つて旧伊勢海岸の阿阪山に尽きた台地を云い、これは請取峠や白髪峠を包括するものであつた。この請取峠と云う名も、男女二尊が裁目《さいめ》分けを行つたことに由来しているものと見られる。また左乃御櫛とは、迦具土神の御杖を伝つて西へ走る台地で、大和国吉野川右岸の龍門嶽に尽きる地方のことである。

考証84

最後其妹伊邪那美命身自追来焉、爾千引岩引塞《ちびきのいわを》其黄泉比良阪《よもつひらさかに》其石置中《ひきふさぎ》、各対立度事戸時《ことどをわたすとき》（古事記）の「事戸を渡す」とは、絶妻誓《ことづまのちかい》（旧事記）を立てること、即ち黄泉国との裁目垣を作ることを云う。日本では裁目に石を置き、これに依つて土地の境界を定めることが、古代からの遺習になつている事実を看取すべきであろう。大和紀伊を初め伊勢国では、垣内《かいと》の名を附した村落が少なくなく、垣内の研究についてもなされている筈である。

さて伊邪那岐命と那美命の二尊が、互に国土の裁目を定める為に竝び立たれた処は、伊勢国飯南と一志の郡界になつている紀伊山脈の一部東脈で、櫛田川の左岸高地にある「珍らし峠」または千引乃岩と伝承されて来た処である。こうした考証に資するために、次の伝承や古代からの口誦が記録されている史実を掲げたい。

(1) 伊勢国一志郡波瀬《はぜ》盆地（深瀬、加波、桑原、月出、落方、大良木、草鹿野、舟戸、木梶、栃谷）は、礫石や竹乃滝から生れたもの。　（伊勢伝承）

(2) 投げた石が、遠くまで高まく波を打たせて、その押し寄せた波の地は、波瀬乃里である。　（伊勢伝承）

(3) 波瀬乃里を被つていた波は、高見山の麓を西へ越え、そのため伊勢国から大和国へ水が落ち過ぎたものである。現在の大和国高見村字杉田村は、か様な「水が過ぎた所であつた」ことの伝訛である。　（大和伝承）

(4) 更に次の史実を附加して究察に資したい。

昔天照大神来白馬出現座視国境、挙言宣誰布国境知人那子、干時申酉方森与利翁一人出現出向
奉過大神申久、此界瀬古会伊勢大和両国之堺仁天侍止云、天照大神宣久荒珍天児屋根命也此界
不審止宣天、大石乎取河中爾打入給、氏処号珍布下此河瀬云、堺賀瀬水俄爾滝乃如久此処号滝
野、川上仁漲登留其波之寄湛留所、号加波里波瀬里舟戸、波之寄留所号波留里、佐賀登留波爾
添天駒歩勢給比天、波之止留所爾至而誉言志天宣久、此日高見嶽両国之堺止宣、翁日草毛木毛

大神之御国也止順々志給　（五鈴遺響）

右の伝承は、伊邪那岐命が大日霊貴命《おおひるめ》の御名に取り違えられて、誤り口誦されて来た結果であるとみられる。

考証85

故於投棄御杖所成神名《みつえになりませる》、衝立舟戸神《つきたてふなど》（古事記）と、追来干泉津平坂之時《よもつひらさか》、伊弉諾尊《いざなぎ》乃投其杖曰、自此以還雷軍不敢来矣（旧事記）のうちに記されている衝立舟戸と投棄御杖は、伊勢国飯南郡波瀬盆地の西隅にある舟戸村と、大和国宇陀郡御杖村の起原を伝えているのである。即ちこれら地方が、嘗ての黄泉国であつた旧曽爾とその国垣を接しておつた為に、衝立舟戸神をこの地帯へ封じたものであり、また当時の水路交通が、この岐神の職責であつたと云うことを明らかにしている。

迦具土前期の頃に「旧迦具土神乃御杖」に拠つていた船戸神の神座は、伊勢国飯南郡波瀬村字舟戸であるが、この国津神の子孫らは、その後になると旧波瀬湖の減水や消滅に順応して、漸次櫛田川左岸の請取峠や白髪峠の裾に添い、東方へ移動したものと見られる。なお大和国御杖村の起原が、倭姫命の頃に初まつたものであるとして、その理由を挙げる為に、姫はこの地の神末村で暫し御杖を留め給うたからであるとしている。然しながらこれは誤りで、御杖村の杖は、神代の投げ棄てた杖のうちの岐（ちまた）であつたことを伝えているものに他ならない。

考証86

次於投棄御帯《なげすつるおんおびに》、所成神名《なりませるかみ》之長乳歯《ながちは》神（古事記）と云うのは、長乳歯神が岐神《ちまたがみ》の一人として、自身が拠つていた神座の位置に就いての地理的説明である。神代の長乳歯神は、上代の乳熊《ちくま》長彦（神功記）の遙かな神祖であると見られ、またこの神の職責は、旧伊勢国飯南と多気の郡界を走る高地帯の岐神であつたが、其の後になつてその一部子孫が、櫛田川に添つて移動降下したものであり、更にこれが人皇の御世に入る頃になると、その遠孫は伊勢海岸の近くで、射和村を作り創める様になつたのである。射和《いわ》と云う名称は、迦具土神乃御帯に原住した乳歯神の子孫であつたことを指示しているものであるとともに、乳歯は転訛して、射和となつた事を伝えたのである。但し伊勢国で中世まで、射和千軒の名を擅《ほしいまま》にしていたこの大都邑も、その後は飽くなき大火の難を幾度びが蒙つて、あげくの果ては現在の様な一寒村に転落し終つたのである。

第十五節　旧伊勢伊賀国境の花立乃衢《ちまた》と、迦具土神の「掌中《たなごころなか》」と呼ばれていた阿波岐原《あわきばら》での垢離《こおり》

伊邪那岐命は旧大和国宇陀郡御杖《みつえ》から旧近江国の多賀に帰り給う為に、旧伊勢国一志を経て、伊賀東壁を南から北に向つて渡られ、次いで旧伊勢湖の湖上湖であつた旧阿波湖を眼下に望み得た花立乃衢まで行き着かれた。これは神代の大道であつた迦具土神の右乃御手を通過せられたものであり、男神はこの衢《ちまた》から旧阿波湖岸へ降つて、その北岸に当つていた日向《ひなた》之《の》小《お》門《どの》之阿波岐原で、身の禊《そそ》ぎを行われたのである。

神代の阿波岐原と云うのは、上代の味酒《うまざけ》鈴鹿国に隣した花橘乃《はなたちばなの》阿波乃国であつて、現在の伊賀東壁下で別天地を作つている阿波盆地は、その形骸である。また太古時代には、この阿波の国土を指して、「迦具土神の右乃

御手乃掌中」（たなごころなか）と呼んでいた。

伊邪那岐命が妹神伊邪那美命と旧大和と伊勢国の境である大和国宇陀郡御杖村の南壁に竝び立たれて、嘗ての「迦具土神乃御杖」を作つていた地方で両国の裁目垣を定められると、直にその裁目内にあつた迦具土迦の御髪から御裳に及ぶ八段の国土内で、岐神《みまたがみ》や道祖神を生み定められ、これら国津神らをして、陸路交通の職責を司らしめたのである。さてか様に嘗ての迦具土神が身の御衣裳とせられていたことのある国土の経営を一先づ完了されることになると、男神は伴《とも》びとらを引き具して、御自身の故《もと》の身くろであつた旧近江国へ帰還せられたのである。

伊邪那岐命はこの帰路に当つて選ばれた道筋は、旧伊勢湖の南岸から旧中津瀬（古事記）へ向つての舟路ではなく、伊賀東壁の布引山頂を南から北進せられたのである。この路は日本神代のころでは、最も高所を行く大道であり、また最古のものであつて、四囲の低地帯国土が脚下に望み得られ、而も安全であつた。後世になつて須佐男命が天狭霧国の宮居に参進せんと企てられた時も、旧阿波国の天津邑《むら》びとであつた天明玉命《あまのあかるだま》が案内に立つことになつた路は、実にこうした旧迦具土神の右乃御手であつた。

神代の大道であつた布引連山の南端は、即ち天乃八達衢《やちまた》である。またその道の北端は、花立乃衢《はなたてのちまた》であつた。天乃八達衢と花立乃衢と結び着けたものは、迦具土神の右乃御手となつていた主幹路であるが、この路にはその中間に旧迦具土神の右乃御美豆良《おんみづら》があり、また処から花立乃衢迄では僅に三四里の距離で、この岐《ちまた》に立つて直下に望み得られたものは、迦具土神の右乃御手の掌中《たなごころなか》と呼ばれた国土で、これは花橘乃阿波乃里《さと》となるべき以前の姿であつた。

即ちこれらの国土を現在の地名に呼び更えると、伊賀国霧生村と種生村の背面を走る伊勢国八知村への間道を横切つて、伊賀伊勢の国境に峯える髻《もとどり》嶽の西腹に出で、次で矢持村、上津村、布引村などの高地部を縫つて、阿波村の東南遇に立つ笠取山への道程を云つたものである。

か様な旧迦具土神の右乃御手を渡る 迦具土前期時代の頃は、その右側では伊 勢国榊原村、八知村、倭村などの奥深い隅々まで、旧伊勢海の潮が寄せていたのであり、またその左側は、旧伊賀を被つていた旧伊勢湖と、その幾つかの湖上湖があり、それらを眼下にしての往来であつた。さてこの布引山脈を北に行き着いた処は、笠取山頂であるが、その山頂に路の股をなして巡るものは、花立乃衢そのものであつた。其処から東へ下る旧伊勢海岸への路は、神代の千和岐乃里《ちわきのさと》を行くものであり、また衢から北へ向つてその儘進むと、味酒《うまざけ》鈴鹿乃国への間道となる。而しながら此処から西へ向うと、旧阿波湖畔への坂路であつた。

伊邪那岐命御自身もまた、斯様な天狭霧国と国狭霧国の境に当つた神代陸路の中央路を進まれたのであるが、その途次に当つて、旧阿波湖畔に降り立たれることになり、そこで御身の禊ぎを行われたのである。

旧阿波湖と云うのは、現在の伊賀東壁下で盆地を作つている阿波が、迦具土時代に見せていた景観である。その当時の阿波原住民は、その東端にある長野峠直下の汁附《しるげ》地方や、または東北部の子《ね》延《のび》村よりも更に高所の 位置に居住していて、旧伊勢湖の湖上湖 のうちでも最も東辺であり且つまた極めて清浄な旧阿波湖沿岸に散落しながら、天乃阿波《あまのあわ》として、 都邑の形態 を作つて いたのである。

この天乃阿波《あまのあわ》の一部北岸が、日本神代の橘之小門《おど》の阿波岐原になつていたものであり、太古、上古、中世の遺跡を秘めたこの阿波乃国が、現今の様にいよいよその人煙を薄くする様になるまでには、次の様な幾多の時代を経過して来たのである。

(1) 迦具土神の右乃御手乃掌中《たなごころなか》　(旧阿波湖実在時代)

(2) 日向之橘之小門之阿波岐原《をどのあわきはら》　(同　　上)

(3)　天《あま》乃阿波　（大日孁貴《おおひるめ》命時代以降）

(4)　尾田之吾田節《おだのあだふし》之淡乃郡　（人皇の御世初期）

(5)　花橘之阿婆乃里《あわのさと》　（上　　古）

(6)　阿波郷（上阿波駅亭以下五ヶ村）　（奈良朝以降）

(7)　伊賀国阿波盆地　（現　　代）

この様な旧阿波の変遷は、専ら旧阿波湖の減水とその消滅によつて招来されたものであり、これらの過程のうちでも、尾田之吾田節之淡《あわ》乃郡と呼ばれていたのは、人皇の御世に入つて以降仲哀天皇の頃までのことである。この時代になると、旧阿波の景観も現代とは聊も変らない程に変貌していたもので、嘗ての湖は干上つており、完全な花橘之阿婆《あわ》之里《さと》を作りつつあつたのである。固より古代阿波住民の大部は、迦具土時代の後期に入る頃になると、花立乃衢《ちまた》から下つて、東国の方へ向つて進み、また左乃御廻りの水路を伝つて低地帯の国土へ移動したものである。従つて湖が消滅する迄には、延年の歳月を経過していたのであつた。

これがため人皇の御世に入つてからの阿波住民のうちには、太古の頃に旧阿波湖が実在したものであることの物語りのみが伝承されていたものの、その形骸を尋ねる術は何処にも求め得なかつたのである。殊に旧阿波からの民族的低地帯国土への移動は、主として左右乃御廻り路であつた旧岩倉峡や、旧野洲川の水路を伝うことによつてその西域へ向つて移動したものであり、こうしたことの名残りとなつているものは、神代のころに「四つ面《おも》」のうちの一つ面と呼ばれていた伊予国の風早郡や、或はまた大宜都《おおげつ》姫の国土と呼ばれたことのある阿波国であると見られる。か様に旧阿波、即ち天乃阿波から不断の移動が行なわれていたものであつたが為に、旧阿波湖のありし日の口誦も、忘却の裡に彼等の周囲から消え失せる宿命となつたのである。

而しながら日本の上古時代迄での旧阿波は、迦具土時代に栄えた都邑としての面目を、官府の地とすることによつて保たれていたのである。而も盆地内での洪水は、四時絶えることがなく、この事はまた近世と同様であつたと見られる。殊に近古織田信長公は伊賀国へ乱入し来つて、この国土内の老幼を殆んど斬り伏せてからは、その盆地の縁辺には、廃堡の数のみが多きを加えたのである。而も飽くまでこの阿波から離れなかつた住民達も、阿波盆地内での低地移動を不断に行つて来たのであつて、その過程は、嘗ての旧阿波湖の沿岸から離れて、現在の様に変貌したその湖底へ向つての移動であつた。

さて伊邪那岐命が黄泉国《よもつくに》との神争いによる身の汚れを落す為に、禊《みそ》ぎを行われた橘之小門《おど》之阿波岐原と云うのは、旧阿波湖の北岸であり、この事実は、史実によつても明瞭にされているのであるが、その頃の正確な水辺は、現在の阿波字平松の葦北神社後方の台地であると見られる。即ち斯様な台地の北部縁辺が、小門を作りつつ清流を放つていた時代の事を云つたものであり、またこの地に近い盆地内の旧富永は、湖の西北岸で群落を形成していたのである。

旧阿波村字富永は、日向《ひなた》に当る処に位置を占めていて、この地方で、彼の大日孁《おおひるめ》貴命の御物種《ものだね》のうちの一柱《ひとはしら》と呼ばれた天穂日《あまのほひ》命が生れたのである。また大日孁《おおひるめ》貴命御自身も、伊賀南壁の旧霧生を出で立たれて、か様な旧阿波の国土へ御臨幸せられこともあると伝える。

考証87

到坐筑紫日向《ひなた》之橘小門之阿波岐原而禊也（古事記）のうちに伝えられている橘の小戸乃阿波岐原とは、九州のうちで朝日直《ただ》刺す国と見られる旧日向《ひゆが》国を云つたものではなく、太古の伊賀国阿波郷六ケ村（旧藩時代の公穀三千四百十一石三斗八升）を解説するものであり、これはまた、旧阿波の国土内に旧阿波湖を擁していた迦具土時代の阿波で起つたことの叙事である。日向とは「ひなた」であつて、日当りの好い湖の北岸を総称しているのである。

次に小門《おど》と云うのは、水門の意味で、現在の阿波村字平松の葦北神社後方の台地が、旧阿波湖の北岸近くに浮んでいた当時に、この台地がその北部高地にある子延、即ち子日《ねのび》の一部を狭んで、湖の水流を流しつつあつた水戸である。

旧阿波六ケ郷一円が、太古の頃は橘乃小門乃阿波岐原と呼ばれた処であり、且つまた伊邪那岐命が御禊ぎを行われた頃から見て遙かな後代に至るまで、国土の姿は幾変遷したものではあるが、日本の上代に下るまでは、永く花橘の匂う国土であつたことについて、次の古歌からでも考察し得られよう。

鏡成《なす》吾見之《し》君平《を》阿婆《あわ》乃野乃花橘之珠爾捨都《たまにひろいつ》　（万葉集）

鏡成ると云うのは、太古時代では迦具土神の「左右乃御手に抱く鏡」であつた旧伊勢湖の湖上湖としての旧阿波湖を伝えており、またこの太古の御鏡は、遂に阿波乃野と化成《かな》り去つた事を教えているのである。「鏡成る」と云うのは、決して枕言葉ではなく、地理的な真実を伝えて歌つたものである。また太古の頃の湖は、空気の対流する阿波盆地を被つていた事とて、波静かな湖面であつたであろう。

次に橘之小門と見られる現在の阿波盆地北部縁辺の近くに鎮座する葦北神社について、次の史実を考証に加えたい。

山田郡阿波郷葦神社、圭田三十八束三字田所、祭国常立也、和銅三年庚戌九月始加礼、如勢州加圭田有神戸坐戸等　（風土記）

考証88

吾者到伊那志許女志許米岐穢国而祁理、故吾者為御身之禊（古事記）は、「吾れ先に凶目《しこめ》き汚穢の処に到る、故に当《まさ》に洗い捨て、吾身の触穢《けがれ》を濯ぎ除わん」（旧事記）と同意義のものである。身の穢れを祓うと云うことは、伊邪那岐命に依つて初めて旧阿波湖畔で行われたものであり、これが後世の大和民族に遺習せられてきて、「垢離を取つて身の不浄を禊《はら》う」古習の起源となつているのである。

人皇第十一代垂仁天皇の御世に倭姫命が天照大神の御杖代《みつえしろ》となられて、伊賀国に入り、そこで太古の高天原を求め給うて、神戸村の阿我《あが》山に御滞留せられたのであるが、姫がこの地で神戸穴穂宮を御造営せられることになると、この由を聞き知つた郷民らは集り来つて、直にその附近を流れていた黒崎川の清流に飛び入り、彼等は身の禊ぎを終えたのちに、初めて穴穂宮に参宮した（伊賀伝承）ものである。こうした所作に見ても、垢離と云うものは、神代から一貫して、天津《あまつ》国津《くにつ》の社地に参入する子達らが必ず負うべき神事であつた。現今になつて禊《みそぎ》に対する無智が、か様な太古からの遺習を軽んぜしめているのであろう。元来大和民族がその日常生活にみても、不浄を厭い、また事ごとに御禊ぎの態を不知不識のうちに行つており、或はまた、先天的に入浴を好む人種であるとせられている事も、これは単に身の清浄を願つたによるものでなく、言葉の穢れまでも厭うたその民族的性格が、太古から育《はぐ》くまれて来た為に他ならないのである。而もその淵源と成つているものは、伊邪那岐命が黄泉国からの帰途に当つて、伴《とも》びとらと共に旧阿波湖畔で行われた「水潜り」であつた。

従つて古来から神前に供える鮮魚にみても、血に汚れたものを厭うたのは、この故実に基いたものであり、伊賀国では太古から石打の法で捕えた魚のみを神前に供えることが、現在にまで遺習されている。従つて旧穴穂宮の傍を流れる黒崎川でも、或はまた南宮山下の中瀬川でも、更にまた阿保大村神社の麓の石打川などでも、こうした金槌を振るつての石打の法が、近世までも行なわれていたのである。

禊ぎそのものは、決して重大な意義を持つものではない。これは単に黄泉国《よもつ》の志許女《しこめ》との神争いで、身に負うた血の穢れを洗つたことに始まつているものであり、単純な太古の歴史的事実を、遺習によつて伝えているまでに過ぎない。

現今でも肉親の者の骸《むくろ》を祖先の墓地に送つてのちに、己が家の裁目内まで帰り着くと、留守居の者らは予め盥に水を漲つて置いて、彼等を待ち構え、さて帰り来つた人達をして、その盥の内に足を踏み入れる所作をなさしめる。また家人らも、それらの人びとの足を拭う態を作るのであるが、このことが古習となつていて、現今にまでこれが厳重に遵守されている。

こうした事は、迦具土時代の神争いの帰途に行われた禊ぎを伝えているものであつて、墓所に足を踏み入れたと云うことは、黄泉国の殿内を覗うた伊邪那岐命の姿であつたと見做すものであり、また満水の盥そのものは、禊ぎを行つた有りし日の阿波湖を写している。次に盥に足を入れてこれを洗う姿態を作るのは、当時の禊ぎの実体を伝えているものであつて、汚穢を禊ぐと云うことよりは、怪我による身を洗い清めるための所作である。

次に「橘之小戸檍原《おどのおおきはら》に還り向うて湯すぎ」（旧事記）の湯滌ぎは、当時の阿波湖は冷水の湖ではなくして、温熱の湖であつたことを伝えているものと考えられる。

考証89

迦具土時代の後期に入ると、嘗ての天狭霧国の旧伊賀は、大日孁貴《おおひるめ》命の御身くろと化したのであるが、その頃になつて旧霧生郷に神座を構えていた大日孁貴命は、伊賀南壁の座から降られて、旧伊勢湖の湖上湖であつた旧阿波湖畔の国土、即ち現在の伊賀東壁下で別天地を作つている阿波へも、訪ね着かれたことがあると見られる。即ち次の史実を考察に容れたい。

阿盃郡此郡始属伊勢国、云阿波庄、天照大神自天上《あまのうえより》天之阿波玉給、五穀長蔓故名阿波謂阿盃《あはい》音謬也、又云阿拝《あはいとゆい》謂阿倍《あべとゆうは》者此処為国府其之府務宅地阿倍、故今謂阿倍野郡此其言謬也　(天平風土記)

考証90

仲哀天皇の「筑紫神憑《かんがか》り」に現われた吾田節《あたふし》の淡之郡《あわのこおり》と云うのは、志摩国にあるものと一説を試みた人もあつたが、これは誤りである。右の吾田節の淡之郡並びにその地に鎮まる神の御名は、旧伊賀国阿波と、同六ケ郷内の一つ猿野村地内の旧小山田乃里《さと》に鎮座する阿波社を指したものである。これは杉生乃社とも呼ばれていて、猿田彦《さるたひこ》神の別名白髯明神を祭つたものであり、伊賀二十五座の一つに列し、この社の起源は、吾娥津姫《あがつひめ》命の創め給うたものと見られるのである。その理由として挙げたいことは、元来天乃阿波としての国土も、天孫降臨後の時代になると、旧伊賀の全土を吾娥津姫命が世襲して、これを所領することになつていたものであつたから、この姫神は祖先の遺徳を偲ぶ為に、旧小山乃里へ猿田彦神を奉斉したものであると考察する。

筑紫神憑りの一節に云う。

答曰神風伊勢国百伝度逢之折鈴宮《ももつたうわたらいのいすずのみや》居神名、橦賢木厳之御魂天疎向津媛《あまさかるむかつひめ》之命焉、亦曰除神有神乎、答曰、幡荻穂出吾也《はたすすきほにでしわれ》於吾田節《あたふし》之淡之郡《あわのこおり》所居神有也　（神功記）

考証91

右手之掌中《たなごころなか》化生之神、号天穂日命《あまのほひ》（旧事記）に記されている「右手乃掌中《たなごころなか》」とは、迦具土神の御身くろを構成した旧伊賀の国土のうちで、神の御手乃掌中と成つていたもの、即ち左様な位置を占めていた地方であることの意味で、旧伊賀国阿波の地理的位置、並びに当時の景観がこれで明らかにされているのである。

伊邪那美命の分身迦具土神が旧伊賀に居住せられた当時は、旧伊賀の国土そのものが、迦具土神の四肢五体であつたについて既に解説し尽したのであるが、神代にこの国土に拠つていた天津神らは、伊賀東壁の布引連山を以て、自身の右乃御手と目していたのであつた為に、か様な右の御手の末端で、掌の形を作る位置を占めていた旧阿波湖沿岸の国土、即ち旧阿波郷は、神の「御手の掌中」に当るものであつた事を云つたのである。現今でも前後左右の方向や、或は位置を指示する為に、右手左手または後ろ手などの言葉が用いられている。従つて「手」はこの場合には比喩ではない。

大日孁貴《おおひるめ》命の御在世中に、大神の勅命を受け、葦原乃国へ降つて、而も三年余りも複命せなかつた天忍穂耳《あまのおしほみ》命の御子天穂日《ほひ》命は、右の史実でも明白な様に、旧阿波湖畔に生れた天津《あまつ》神であり、またその生地は、湖の北岸に臨んだ旧富永であつた事が知られる。即ち旧富永の住民は、天穂日命を唱える為に、止美《とみ》明神の名で伝えて来たからである。更にこれが人皇の御世に入ると、その神霊は湖畔の低地へ移動されることになり、更にその後幾変遷して、神功皇后時代には、的場神事の旧地へ移されたのである。従つて天穂日命の正確な生地は、旧富永の住民が原住したと見られる同村落の北方高地に当る。なおこの地の阿波神社は、神功皇后が三韓遠征から帰られてのち、高良命が勅使として阿波に下向し、稚日女《わかひめ》命を祭つたと伝承されている。稚日女命は天《あま》の織女《おりめ》で、ひるめの命の御妹である。

考証92

天狭霧国と呼ばれていた旧伊賀の時代には、旧阿波湖畔からその東壁を越えて、旧伊勢へ降る主要路があつた。これは現在の長野峠ではない。即ち左様な神代陸路の衢《ちまた》となつていた処は、花立乃衢と呼ばれた個所であり、そこは迦具土神の右乃御手を狭んで、天乃八達衢《やちまた》に向つて南北に呼応する位置にあつた。而も天乃八達衢は、当時の南伊勢海岸や熊野への陸路起点であつたに対し、この花立乃衢は、旧北伊勢から海浜伝いに奥美濃や奥三河または信濃などに入つて、東国へ降る主要路の出発点になつていたのである。

即ちこうした花立乃衢は、阿波盆地の東南隅に聳える笠取山頂を廻るものであり、岐神《ちまた》の祠《ほこら》は、西に向いていまなお現存する。神代の知和岐《ちわき》または道別乃里《ちわきのさと》は、この衢《ちまた》から東へ降るに従つて点在していたものであり、またそれらの邑《むら》が、後世の味酒《うまさけ》鈴鹿乃国へ渡る路に当つておつたのである。なおか様な鈴鹿山脈の東腹が、知和岐乃里と呼ばれていたことに就いては、迦具土後期の頃に知和岐に居住していた猿田彦神の解説に譲りたい。

花立乃衢を擁した笠取山は、鈴鹿南脈となつている布引連山の主峰で、標高は約二千呎、その頂上からは摂津河内和泉を初め、伊勢海を脚下に俯瞰する所であり、延々と続く太古の大道「迦具土の右乃御手」は、南方遙かな青山峠まで走る。古代この頂上には、馬野大池または七つ池が実在していたものであつて、天武天皇の頃までこれらの大池は、笠取山頂で碧水を満していた（馬野伝承）と云われている。

か様な花立乃衢の西麓に控える旧阿波は、天乃八達衢をその東背に負つていた旧霧生と同様の景観を見せていたもので、神代の天狭霧《あまさぎり》国を被つた旧伊勢湖やその湖上湖の周辺に数多く見られた聚落のうちでも、最も美しく、且つ都邑の形態を作つていた最大のものであると考察される。

考証93

旧阿波湖は天乃平田湖の湖上湖として、旧伊賀国阿波六郷を被つていたのであるが、迦具土大火後になつて、この国土から「迦具土神乃涎《よだ》れと尿《ゆばり》」が流れ出した為に、それから以後の湖は、減水の一歩を辿ることになり、遂には人皇の御世に入る迄での太古時代に、全く消滅し尽していたのである。このことに関連して、人皇の御世に入つて以降この盆地内での阿波住民の低地移動を考察すると、迦具土時代の阿波原住民が、外面の国土へ向つての移動や、或はまたその過程を知ることが容易であると見られるので、次の伝承を添える。

(1) 現在の阿波村字平松の地名は、中古の平松駅亭の名を残しているものであるが、上古の頃までは、宇佐見原《うさみはら》の台地にあつた。

(2) これが中古へ時代が遷ると、九丁の地に移動したものであり、

(3) 更に元禄十年になると、遂に現在の様な阿波盆地の中央低地部へ向つて移動を続けた。

(阿波伝承)

こうした伝承を考察すると、古代阿波湖岸の原住民は、阿波四壁の高所から漸進的に、湖岸の干柘地へ移動したものであると云うことを教えているのである。更にまた嘗ての天乃阿波の国土は、旧阿波湖の減水や消滅につれて、漸次拡大されて来たことが理解される。

但し迦具土時代に実在した旧阿波湖の面積については、阿波村の全土を包んだものと見るのが当然であり、またその当時の水位は、三百米前後であつたとするのが妥当である。

元来阿波と云う名称の起源は、水の「泡」または「淡」からきているもので、安房国の名も、か様な泡の意味から起つたものであろう。こうした旧阿波湖は、迦具土後期に下つても、なお現在の阿波東端にある汁解《しるげ》地方迄でを水面下に納めていたものと見られる。汁解の村落は、阿波盆地内でも比較的高地部に位置を占めていて、伊賀から伊勢へ下る長野峠の直下にあるが、その地名の汁解は「しるげ」と読み、現在では汁附と書かれているものの、これは水の減退したことを意味する。この汁附の東端を舟谷と呼び、この地方は旧阿波の陰土《ほと》として、古代では水陸両路の要津であつたと見られる。このことに就いての伝承も、また左様に教えているのである。

次に旧阿波から西へ向つて、旧伊勢湖岸への水路を伝うた民族移動は、専ら神代の粟乃門《と》、即ち現在の阿波溪を下つて天乃平田、即ち現在の平田盆地へ出で、更に迦具土神の多具理《たぐり》、即ち旧中ツ瀬を下つたのちに、右乃御目または右の御手乃白銅鏡《ますかがみ》と呼ばれた旧伊勢湖へ進み入つたのである。天津神や天津邑びとらは、こうした移動の途中に当つて、旧伊勢湖岸に定着したものが至つて尠く、その大部は、左右乃御廻り路を伝つて、下流の国土へ移動分村したのである。この為に迦具土神乃胞《えな》と呼ばれていた旧淡路島は、大和民族祖先らの活発な発展を策する為の本拠地として、これら旧阿波湖や旧伊勢湖乃至旧琵琶湖の湖岸に住んでいた天津国津の人びとに専ら利用せられた処であり、彼等太古民は、そこから更に夜乃食国《おすくに》や常夜《とこよ》乃国は云う迄でもなく、南方遥かな海原《うなばら》乃国へも移動を企てたのであつた。

旧阿波から旧伊勢湖岸へ降つた古代阿波の邑《むら》びとらのうちで、その一部が当時の左乃御廻り路の水路近くに残つていて、定住する様になつた場所は、伊賀盆地の西北隅であり、いくらか高所に位置を占める西山村字広出の上屋敷であると見られる。此処は旧伊勢湖の落下口の一つで、而も迦具土の尿《ゆばり》が流れ出た処に近く、また広出の前面一帯が琴ケ浦と呼ばれていた頃は、その水辺に臨んでいた処である。この上屋敷の祖先は、阿波から着いたものと云われ（西山伝承）、また同地に鎮座する淡島明神は、本地を阿波としていて、太古の洪水で流れ着いたものを、この地方の住民が拾い上げ、斉《いつ》き祭つたもの（粟島伝承）と口伝されている。これらの事から推究すると、太古に起つた迦具土大洪水や、または其後になつて幾たびか旧伊賀の国土内や外面の国土を襲つた洪水禍が知り得られ、更に他方では、旧阿波を初め迦具土の八段を構成していた国土からの古代大和民族の移動が考察されよう。

第十六節　「火の穢れ」と「身の穢れ」

旧伊勢湖が分裂する直前の日本神代に、迦具土神が招いた迦具土大森林火に遇うことによつて、女神伊邪那美身の御身くろが火体となり、その結果御身の国土を大火に穢されることになると、女身は止むなく焼土迦具土を離れて、分身迦具土神を伴い、黄泉国《よもつのくに》へ逃げ入られたのであつたが、この時に当つて伊邪那美命に随身して、旧曽爾《そに》へ入つた天津邑《あまつむら》びとらの一部は、其処で祖先鎮魂の奥津城《おくつき》を守つていた「老《おい》乃国」の人達に迎え入れられたのである。こうした黄泉国の人びとやその子孫は、迦具土大火を一期として、万代までも「火乃穢れ」を負うべき身となり、天津国津の人びとらと断妻して、自ら疎んじ来つた様である。この事たるや、太古からの大和民族祖先が、潔身について飽くまで厳粛であつたことの民族的性格を窺わしめているものである。即ちこれら一部の大和民族祖先は、たとえ火乃穢れを浴びたものであつたとしても、彼らは女神伊邪那美命を守護して、而も旧黄泉国を八段に結《ゆ》い堅めていた神人であつた。然しながら彼らは迦具土大火の厄災を負つてからのちは、その子孫も年久しく孤立自尊して、旧黄泉国《よもつ》からは一歩も移動せなかつたのである。従つてこの事を守り抜いたことの為に、国垣に近い迦具土神の身くろや御衣裳に拠つていた天津国津の人達の子孫とさえ、疎遠の裡に延年を算え来つたのである。然しながらこの事自体は、却つて後世の彼等子孫の幸とならず、殊に仏教が伝来して、これが神道を犯す程になつた仏教盛時の頃にまで時代が遷ると、彼等の負うべきものとせられて来た火乃穢れに関する真実が明らかにし得られない儘に、穢れと云う言葉そのものから、穢れへの責めが一段とその子孫に加えられてきて、嘗ての自負的位置から転落する様になつたものである。その為に哀れこれらの子孫は、日本全土の旧郡二ヵ所に分散移動を強行せしめられたと云われる。この事は、迦具土時代の事相が、悠久な太古でああつたが為に、日本の上古になると、旧伊賀、伊勢、大和、近江、山城、紀伊などを中心とした国土の姿態が、伝承によつて求め得られるべき筈の真実を立証し得難い迄でに変貌していたからでもあり、更にまた、神武天皇大和入国の頃になつて、これらの諸国から逃避的な民族移動が激しくなつたが為であろう。

固より伊邪那岐命は黄泉《よもつ》の志許女《しこめ》らの群勢との戦いで、幸にも延命せられて花立乃衢《ちまた》までたどりつかれると、そこから旧阿波へ下つて、その地の阿波岐原で行われることになつた禊ぎの所作と云うものは、黄泉の神争いで受けられた身の穢れや衣装の汚れを洗わんが為に、旧阿波湖の水に潜られたのであり、禊ぎとは、「水注ぎ」に他ならなかつたのである。これは汚穢混濁の国と化していた祖先の奥津城《おくつき》へ入つたことを不浄であつたと考えられたと共に、神争いで受けた身の傷や衣服の汚れをぬぐう為の水潜りに他ならない。さりながら一方の女身伊邪那美命の裁目《さいめ》内から、黄泉国垣外の争いを見ると、なる程自身が身くろとしていた旧曽爾《そに》の姿は、衰亡期の黄泉湖を擁し而も炎熱を湛える地獄の相であつた事とて、誠に美しからぬものではあつたが、この国土に移り住んだ人達や伊邪那美命御自身にとつては、黄泉乃国の人びとと同様に、女身の国土を固守することに依つて男神を国垣外に追い払つたのであり、従つて御身そのものには何らの穢れのあるべき筈が無かつたのである。但し国土迦具土を大火で穢したので、左様な火の汚れを御身に負うて、祖先の国垣へ逃げ込んだものであるので、潔身を重んじた太古時代では、これらの人びとは一様に、「火乃穢れ」を負うべき者として、自認自責し来つたのであろう。

日本では近世の頃に至つても、太古に起つた迦具土神の火乃穢れを責めとして、万代の長きに捗つてその穢れを洗うことが出来ず、而もその祖先が女神伊邪那美命の御為に飽くまで保守的に構えた結果、却つて火の穢れの罪業をひたすら身に負つて来た人びとがあつた。即ち嘗ての日本民族祖先が、旧曽爾から天三降《あまみくだ》りに移動して、遂には大八洲島の隅ずみにまで発展する様になつた迦具土時代に時代が遷つても、これら大和民族の一部子孫らは、遠い父祖の地から離れようとはせずに、頑固に踏み留まつていたのである。これがためこれらの人びとは、邃古の迦具土大火と黄泉国の神争いを転機として、厳重な火乃穢れを自ら負い来つたに止まらず、万代を貫いて、いよいよその責めを重くせられることになつた様である。殊に仏教伝来以後になると、火乃穢れの遠由やその真実が煙滅せられ、或は埋れ尽していて、その責めは益ます加重されることになり、これを払う術が何処にも求め得なかつたものであろうことを敢て再言したい。か様に幾多時代の変転に遇着しても、これら人達のうちの僅な一部子孫のみが、「我れらの身は決して穢れてはおらない。ただ火ばかりに穢されている」との口誦を伝えていて、僅にそれによつて、心を慰め、買うべからざる罪を負つてきた様である。而もこの穢れに対する自責観念は、他からの強要によつて生れたものでない事が、更に哀れであり、自らの身に火乃穢れありとして、諦観の態度を取つて来たのである。こうした事は、若しもそれらの人が火を乞い求めた場合に、投げ火を願うたと云う別火の態度からみても理解し得られ、水を与えることを拒否した遺習からも察し得られる。またこれらの事によつて大和民族祖先の民族性や、穢れに対する本質的な態度が考察出来るのである。

なおこれに反して、「火は穢れてはおらない。ただ身ばかりは汚れている」と云う日本民族の一部もあつた。而もこれは極めて少数である。この「身乃穢れ」は、火乃穢れに比べると、潔身上では頗る重大であるべき筈であるが、それにも拘らず、却つて前者の様に他からは疎んぜられていなかつた。且つまたこれらの人びとの子孫も、何らこの事について身の責めを感じていなかつたものである。

これは身乃穢れが、人皇の御世以後に起つたものであり、またその出所が、極めて明瞭であつたが為と見られる。か様な「身が穢れた」ものとして、その穢れを負いながらも孤高を守つて来た人びとは、上代の頃に殉死を果し得なかつた者、または殉死を許されなかつた者、或はまた殉死の所作のみで、墓所の横穴から這い出すべく前以て指示されたものの子孫である。またさ様に口誦されている。これは死すべき命数の許されたことを恥じて、生きながらに「身乃穢れ」を徹し了えたことによつて起つたものである。これらの遺風は、共に太古の大和民族祖先が、純血と潔身に対する厳重な態度を端的に顕現しているものである。前者は迦具土前期に黄泉湖畔で伊邪那美命を裁目垣内に守り、その後になると却つて裁目垣《さいめがき》外のものを劣視した(伝承)のであつたが、この保守的な一部大和民族祖先の子孫が、後世にさ程まで萎縮する様になつたのは、仏教の伝来と、その狂信時代に受けた差別待遇からの転落であつたものと看取され、特にこの事を強調したい。

人皇以来でも、これらの人達の地位やその子孫の身に関聯して、尠からぬ伝承がある様である。然しながらこの事については、本書は多くを語らずに、専ら太古時代に火乃穢れを蒙つた迦具土や、その国土についての解説を尽さんとするものである。従つて火乃穢れを負うた人達のその後に関しては、後世の人達の執心に期待して、「火乃穢れ」の解明や、黄泉国時代の推究に待つことにする。ただ火の穢れに徹し了えて来た人びとのうちに遺されていた古習（例へば次男の家系相続、但し伝承）などから、遼古日本の興味ある実態や、当時の家族制度が覗い得られるものと考える。

茲に旧阿波湖畔の阿波岐原で行われた伊邪那岐命の水潜り神事に関する考証を終結するに当つて、僅にこの程度のことを附記するに止めたい。

第四章　迦具土時代後期の全貌

――旧伊勢湖の分裂から太古民族の低地移動まで――

第十七節　旧伊勢湖分裂して隠《なばり》と伊賀の両湖生る並びに太古の襲名考

旧伊勢湖の水量が「迦具土神乃尿《ゆばり》」の流れで減水し、これがため湖は旧小波田郷の丘陵を水分けとして、左右に分裂し、旧伊賀湖と隠《なばり》乃湖を生むことになつた。神代に左右乃御目または左右の御手の白銅鏡《ますかがみ》と云われていたものは、即ちこれである。斯くして旧近江国への落下水路であつた天安《あまのやす》河は停止して、右乃御廻りによる降り路は断絶することになつたのである。

またこの大湖が分裂し初めた頃に、日本での神祖と崇められている大日《おおひ》孁貴《るめ》命は、旧隠乃湖の南岸に生れ給うたものであり、その当時の旧伊勢湖の水は、二百三十五米前後であつたと概算せられ、現在の伊賀盆地の地表七十米以上のところが、水に漂つていた太古時代のことである。

旧伊勢湖は現代からみて、高天原湖または高雨原湖と呼ぶのが妥当である。この神代に見受けられた大湖が、湖の西北隅を破つて天乃盤座《くら》または天乃石位《あまのいわくら》、即ち後世の岩倉から「迦具土神乃尿」を流し始めると、甞ての天狭霧国を被つて、而もその名を左右乃御手に抱く鏡とまで云われた太湖が、減水の一途を辿ることになり、これが更に退水速度を増し来つたことによつて、迦具土神の身くろと呼ばれていた国土には、次の様な地理的変化が見られるようになつたのである。

(1) 減水による旧伊勢湖の分裂

(2) 旧近江国への落下水路であつた天乃安河の断絶

旧伊勢湖の分裂とは、旧伊賀湖と隠乃《なばり》湖の両湖が生れたことを云うのである。このうちの旧伊賀湖の湖底は、現在の伊賀盆地であり、また旧隠乃湖の湖底は、伊賀国名張盆地にあたつている。か様な分裂後の旧伊賀湖は、その頃では右乃御目または右乃御手の白銅鏡《ますかがみ》と呼ばれていたものであり、また小さな隠乃湖《なばり》は、右乃御目または左乃御手の白銅鏡と唱えられていて、「双の御手に抱く鏡」が個々の御手に持つ鏡と化なつたものである。而もこの事は、天津《あまつ》神の御身くろを構成する国土内に分裂した湖が実在していたものであると云うことを意味するもので、これらに就いては、第一考証で解説を尽したと考えている。

さて右乃御廻り路としての神代の天乃安河は、旧伊勢湖からの唯一な排水路として、重要な位置にあつたに拘らず、迦具土時代の後期に入つてから、漸次その落下を停止し始める様になつたのは、専ら迦具土神の尿《ゆばり》が主因となつていたのである。然しながら遂には涸れ果て終えた旧野洲川の水路も、永い間安乃河原として、神代には遺されておつたのである。またこの当時に安の河上に拠つていた神の名は、天尾羽張《あまのおはばり》神とその子孫であつて、この神の威光や神座についても、前章で地理的説明を尽したものであるから、再び解説することを避けたい。

旧伊勢湖分裂の頃は、悠久な日本神代のうちでも、最も天津神らの神威が盛んな時代であつた。その御稜威は、天狭霧国を中心として八隅の低地帯国土や、旧日本国土の隅づみにまで及んでいたのである。従つて千早振る国津神らの威勢も、木の葉に擬《まが》う程の騒ぎか、或は螢火の輝く程のものに過ぎなかつたのである。当時は神武天皇が大和国へ東還せられた頃からみて、如何ばかりの太古であつたかについては、旧伊賀時代からの口誦に依存せずとも、向後の子らは正確な算定を成し就げ得る日があるものと信じたい。

旧伊勢湖が分裁して、太古時代に旧伊賀と隠の両湖が生れ、その時に水分けの地となつた処は、旧小波多郷である。これは現在の美濃波多村の台地に当つている。即ち神代の旧伊勢湖は、美濃波多村と神戸村字比土《ひど》を結ぶその中間の丘陵を境として、湖の水が、東西に向つて急激に退水したのであり、またその頃になつて初めて、上古の阿我山《あがやま》や藤岡山の全貌が、湖上に現われる様になつたのである。人皇の御世に下つてからは、か様な阿我山に伊賀国造《くにづくり》の宅があつた事は、興深いことであろう。

更にまた旧伊勢湖分裂後程なくして、旧迦具土の国土に起つた歴史的重要な事実は、大日孁貴命《おおひるめ》が生れ給うたことである。古事記では天照大神の御名で尊称されているこの女身の天津神《あまつ》は、当時の隠乃湖に臨んでいた伊賀南壁で生れたのである。その頃は今を去ること幾万年以前であつたかに就いては、古事記に現われている旧伊勢湖が、左右乃白銅鏡《ますかがみ》に分裂してから以後の退水速度に依る以外には術がない。またこの退水の結果、現在の伊賀盆地がその湖底に生れ来つたのは、人皇の御世以前幾万年であつたなどに関しては、伝承も二十万年前と云うだけであつて、正確な年数を伝えていないのである。

但し旧伊勢湖の分裂が、湖面の水位を二百三十五米前後とする頃に起つたものであることを前提として、次に「迦具土神乃涎《よだり》」や「尿《ゆばり》」が流れた当初の頃の退水速度は、極めて急激で、このためにこの期間では、壱百八九十米前後まで一気にその水位が下降したものであると云うこと、而も壱百八九十米前後から湖が干上つて、現在の様な名張盆地や伊賀盆地を生むまでに要した期間は、極めて長年月に捗つたものであることを考慮に容れたい。殊に旧伊勢湖が人皇の御世に入るまでの遙か以前に、既に枯渇していたものであり、その事は、第十代垂仁天皇の皇女倭姫命が伊賀盆地内の猪田之里で作られた天乃真名井《あまのまない》の地理的位置や。その標高から見ても明らかである。即ちその頃にまで時代が遷ると、伊賀西壁の裾を流れていた長田川の下流あたりが、葦原の盆地を作つていて、この河流沿岸へは早くから古代の高地部住民が移動し来つて、現在の布置と変らない程の群落を営んでいたのである。またそれより以前の第七代孝霊天皇の時代では、伊賀盆地西北隅の高地部一帯では、現在よりも人家が多かつたものと口伝されている。

然しながらか様な太古の或る時代を算定するに当つて、尠からず誤謬を招かしめているものは、現在の人達もまた過去の先哲も同様であつたが、天津や国津神名の御名一つが、単に一柱《ひとはしら》の神人を指示したものであると考えられて来た事である。即ち日本民族は、太古から祖先の御名を襲名して、これに依て、父祖から御身くろの譲を受け継ぐ証（あかし）としたものであると云う事に就いては、聊の考慮も払われていなかつた点を挙げたい。

日本の太古では、迦具土時代の前期から既に葦原の国ぐにへ国見《くにみ》が行われていたのであり、殊にその後期時代に入ると、急激な移動が天津神らによつて行われ、而も急進的な一部大和民族の移動は、国土の外郭を成していた夜乃食国《よのおすくに》や常夜乃国《とこよのくに》にまで及んだのである。かうした当時に、天狭霧《あまさぎり》国から降《くだ》つた天津神々は、移動定着した国土で地祇と成り、これらがその洲壌で、国土の拡大や、子孫の弥栄えを来す様になると、此処で初めて故国の天狭霧国で用いられていた天津と云う御名を捨てられて、改めて国津神としての名に更えられたのである。

この事に就いてその最も適例となつている為に挙げたいのは、天之香語山《あまのかごやま》命とこの神の子孫高倉下《じ》命のことである。この神人は、その始めには、旧伊勢湖の西北隅沿岸の旧鳥居出の地に居住せられていたので、天狭霧国に座せられた頃の御名には「あま」と云う詞が冠せられてはいたが、一たびこの神は旧鳥居出から下つて、旧木津川添いに山城国棚倉地方へ降り着かれることになると、天《あま》津《つ》神の御名を捨てられて、高倉下《たかくらじ》命と改名されたのである。この高倉の御名は、鳥居出の一区域である高倉から下られたものであると云う事を確認せしめている。即ちこれらの御名によつて、神の出所やその神威の程が明らかにされている次第である。

而もこの国津神高倉下命の御名は、その子孫によつても永く襲名せられて来たのである。か様に一旦天狭霧国から外面の国土に降られてその地の地祇になると、仮令それが天津神の出身であつたにしても、必ずその御名を改められたのである。而もその後その地に土着して、産土《うぶすな》神や国津神になつたとしても、その御子孫は祖先の御名を世襲して、これを千歳に更えることが無かつたのである。この事はまた、祖先の遺徳をその子孫に伝えようとの懸念からでもあり、これが遺習となつて一般化されていたものである。

天之香語山《あまのかごやま》命の子孫は、その後になつて熊野地方へ移動したのであるが、神武天皇が大和国へ入国せられた後代でも、この神の一部子孫は熊野高倉下命の一つ名を世襲していて、己れの祖先が、嘗ての太古時代に天火明《あまのほあかり》命に従つて旧伊賀国鳥居出《とりいで》の高倉から降つた神人であると云うことを知らしめていたのである。

日本神代を通貫して、天津国津《あまつくにつ》の神人らが子孫を呼ぶ際に、単に「子」または御子の詞で表現されているが、これは右の様な事情に由来したものであり、子は父子の関係のみを云つたものではない。幾万年後の子孫に対しても、また同様に子であつたことは、恰も向後の子達も一様に、太古からの大和民族の子であると云い得るのと何ら変りがないのである。更にまた迦具土神の様に、神の分身としての御子の謂に用いられたり、或は黄泉国《よもつ》垣の争いで伊邪那岐命の御為に贄《にえ》となつた蒲乃《えび》子や竹乃子らの様に、天津《あまつ》神らの氏子《うじこ》達も同様に、子の詞で表現されているのである。即ち神代に用いられていた御子の意義は、人皇以後の御子と異なるものであつたと云うことを明確にして、初めて迦具土時代の認識を新にし得るであろうと考える。

近世でも、天孫らの旧日向国での滞留を、僅に数百年を出でない短日月であつたとする世俗の説話があるが、これは実に右に述べた様な、襲名についての理解が疎んぜられていた為であつて、天孫の御子孫が、旧九州の各土へ数次に遷都せられたものであり、且つその度びに御名を改められたものであると云うことが、永く解き得なかつた事も、一半の理由となつているのであろう。

以上の説明がその目的とするものは、大日霎貴《おおひるめ》命が生れ給うた頃になつて、初めて嘗ての左右乃御手に抱く白銅鏡《ますかがみ》と云われた大湖が、大小二つの左右に分裂したものではあるが、その分裂直前の水位や退水速度に加えて、可及的に正確な時代算定に資するためには、特に参考となるものとして附記したのである。

考証94

於是洗左御目時《ここにひだりのおんめをあいますとき》、所成神名天照大神、次洗右御目時、成神名月読《つきよみ》命（古事記）に記されている内容から、その時代を考察し、或はその真実を解明することは、左手持白銅鏡《ひだりのてにますかがみをもち》即有化出之神是大《おお》日孁《ひるめ》貴尊、右手持白銅鏡、即有化出之神是謂月読尊（旧事記）による伝承の記録には遙かに及ばないのである。

然しながら両者は、もとより同一意義のものであつて、共に日本神代の或る時期での地理的説明や、当時生れ給うた天津神二柱の御名を挙げているのである。このうち「左右の御目」と「左右の御手に持つ白銅鏡」と云うのは、迦具土神の左右の御目または左右の御手に抱かれている御鏡の意味であつて、旧伊勢湖を表現しているものであり、また左右の御手は、旧伊賀の東壁と西壁を云つたものであることは、既に解説をし尽したものである。

さて「洗う」または「持つ」と云うのは、片目を洗い、或いはまた片手で持つことを意味するものであつて、旧伊勢湖が分裂退水して、新に旧伊賀と隠《なばり》の両湖が生れ出でたことを云つたのである。

この事は、大日霎貴命《おおひるめ》が生れ給うた時世や、その当時の天狭霧《あまさぎり》国の景観を後世の人びとに伝えると云う目的から、か様な言葉で表現されてきたものであつて、感嘆の限りであろう。その詞は躍動的で、而も荘重であり、また優美であつて、詞のうちには粉黛形容の跡を見せていないのである。また神秘に似て神秘ではなく、言霊（ことたま）の大和民族祖先が、万古を貫く倭《やまと》言葉で、神代の実体を伝えているものであることが知られよう。

右の旧記に掲げられた神の御名やその内容は、旧伊勢湖の分裂後程ない頃に、旧伊賀と隠《なばり》の各湖沿岸に出生せられた月読命と大日霎貴命《おおひるめ》を説明しているのである。このうち大霎貴命の御生地は、現在の伊賀南壁の中腹であつたが、一方の月読命は、伊賀南壁から遠く北方に離れた処で、旧伊賀湖が旧近江国琵琶湖に接触していた高地と見られる。

さて大日霎貴命《おおひるめ》の生れ給うた伊賀南壁の中腹と云うのは、名張川上流の台地を指示するもので、其処は大和、伊賀、伊勢三ヵ国の境を作る国見山を背面として、旧隠乃湖や旧伊賀湖を眼下にしていた国津村（奈垣、神屋、布生、長瀬）か、或は種生村字霧生の何れかであり、その当時は、湖の南岸に位置を占めていたものである。

考証95

神楽歌に現われた隠乃《なばり》国とは、現在の名張盆地の南部高地に始まつて、伊勢国一志郡の西部や、大和国宇陀郡の一部を包括していた周囲十数里の国土に当る。これら各土の背後は、嘗ての迦具土神の御髪と枕に続くもので、この地方一円は、大日孁貴命が生れ給うてからは女神の身くろのうちに入つていて、その北半は、女身の「御胸」と化なつていた地域である。

従つて神代の隠乃《なばり》国は、現在の大和国初瀬から東に続く吉隠《よなばり》一帯を指していたものではなく、この吉隠地方は、単に上代の隠乃泊瀬《はせ》小国《おくに》そのものであり、隠乃国への入口に控える泊瀬小国であつたことを意味している。即ちこの地方の住民は、神代の末葉になつてから隠乃国を離れ、その頃に旧大和国を身くろとしていた保食神《うけもち》の「御臍下」地方へ移動して来て、而もその一部が、大和国の葦原湖岸へ西下を試みた時に、湖の東南隅の入江で、定着した人びとが創めた国である。

従つて隠乃国と呼ばれていた太古の頃の境域は、上代の頃になつて伊勢神宮の神領であると云われた次の六個山《ろつこざん》が正確であろう。

1、伊勢国一志郡多羅生《たろう》（太郎生村）

2、大和国宇陀郡神末村

神代の隠《なばり》乃国（神領六個山）

3、伊賀国名賀郡比奈知（旧比奈知郷）
4、同　同　奈　垣（同　）
5、同　同　滝　原（同　）
6、同　同　布《に》生《ぶ》（同　）

考証96

大日孁《おおひるめ》貴命の御在世のころ、瀬織律姫《せをりつひめ》が御自身の身くろとせられていた国土は、旧隠乃湖の西南隅であり、また「佐久那太理《さくなだり》に落ち多岐《たぎ》つ速川の瀬」と云われた姫の故地は、旧伊賀国滝川地方に当つている。この滝川の流れは、太古の頃は天《あま》乃滝と呼ばれていて、現在の赤目四十八滝を包括していたのである。天乃滝地方は、八葉の青藍で包まれた処と云われていたことから見て、瀬織津姫御自身は、旧滝川村の高地一帯を以て、八段の身くろにせられていたであろう事が推察出来る。また姫の神座は、赤目渓谷の入口に近い瑞津社の辺りであつたと見る。

また当時の瀬織津姫が身くろとせられていた地で、その背面になつている伊賀南壁の一部先端が南方に尽きる境は、老《おい》が坂と呼ばれる処である。この老が坂と云う古地名から見ても、神代ではこの坂を裁目垣として、老《おい》乃国と云われていた黄泉国と国垣を接したものであることが知られる。即ちこの老《おい》が坂を越えると、大和国の曽爾《そに》であり、そこが伊邪那美命の隠れ入られた黄泉国《よもつ》であつたと云う事に就いては、既に解説を終えたものである。

但し現在の赤目地方一帯の国土を所知していた瀬織津姫の御神体も、旧隠乃湖の退水や、旧伊勢湖の湖上湖が崩壊することに依つて起つた洪水難などの結果、旧伊勢湖の中筒となつていた地方、即ち現在の長田川中流の猪田（猪田乃里《いだのさと》）乃至名張川の流域に遷座する様になつたものと見受けられる。

更にまた伊賀国賀羅坤土郷《からこと》（現在の八幡村）の祭神中筒男神の御神体が、天武天皇の御夢によつて大和国再生の川上へ移されたと云うが、同地の祭神が女身なることにみて、中筒男神とは瀬織津姫に従属する神であつたとも考える。なおこの姫神を指して猪の神である（永閑記）と云うが、赤目地方を中心として、猪の群棲地であることを併せ考えると興趣が深い。

考証97

迦具土時代に実在した隠乃湖《なばり》は、人皇の御世以前に早くも干上つていて、神武天皇の御東還の頃になると、現在の名張盆地も「名ばかりの奈婆理《なばり》」となつていたものであり、その頃では宇見《うみ》間人《まびと》が所知していた地域であつたと云われる。神代の隠乃湖の退水は、旧伊賀湖のそれに比較すると、短年月のうちに行われたものであろう。それは赤目溪谷の後退や、自然界からの破壊によるもので、旧奈婆理を被つていた水量が、名張川の水戸を伝い、山城国大河原村方面に向つて落下した為であり、またこの事によつて、深淵な月ケ瀬の溪谷を作つたものであると考察されるからである。

我が背子はいづこ行くらん沖津藻《おきつも》の隠乃山《なばりのやま》を今日越ゆるらん　（当麻直人麻呂の妻）

右の古歌に見られる「沖津藻の名張」と云う詞は、枕言葉ではない。これは太古時代からその実在が伝承されていたところの旧隠乃湖を、連想して作られたものである。第九代崇神天皇の頃には、旧隠乃湖の最底部であつたと見られる現在の名張市街やその附近は、既に湖の形骸さえも消滅していたからである。このことは、名張市守斉宮《いちもりいつのみや》の標高や、或はまた倭姫命がこの盆地内の錦生村字錦に御造営せられた錦之機殿《はたどの》などの旧地について、その地理的考察を究めると明瞭になろう。

神武天皇が大和国へ入国せられた頃の旧隠乃湖の湖底は、その景観から見ても、崇神天皇の頃と大差が無かつたことは勿論であろう。而もその当時この奈婆理や名張盆地周辺の高地に住んでいた住民の殆どは、嘗ての「迦具土神乃御髪」に拠つていて、天皇に反抗した様であつた。これがため名張地方から敢なく逸散した人達が、大和盆地の山間部に逃避したものであり、この歌の作者当麻直人麻呂の妻も、そうした旧隠《なばり》乃国から下つた人の子孫であろう。

然しながら迦具土時代からの父祖の旧地を守るために、人皇の御世に入つてからもなお数百年の長きに捗つて、彼等が拠点としていた処は、名張盆地の西北隅を去ること数里の大和国山辺郡内の高峯神野山一帯であつた。この事については、神野山は髪生の転訛であると云う後説に譲りたい。

現在の伊賀国南半は、名賀郡であるが、これは旧名張と伊賀の両郡が合併せられることによつて生れた郡名である。これらのうち名張郡の境界について、旧記は次の様に記している。

名張郡下之中郡也、東限雄川、西限糸川南限中山、北限角野、神日本磐彦《かんやまといわれひこ》天皇御宇、宇見間人之所知也、当郡初者郷名也、号其名張郷者、宇見間人知之僅三月許不納其年貢、仍而名計者其郷云　（総国風土記）

この宇見間人は、青山峠の西麓にある上津村の比々岐神社で祭られており、社格は延善式伊賀二十五座の一つである。

考証98

旧伊勢湖の水は漸次減量して、湖は分裂し、旧伊賀湖と隠《なばり》乃湖を生みなしたのであるが、その時に両湖の水分けとなつた地方は、現在の美濃波多町の台地であり、名張市から伊賀神戸への道程に当つている。元来この地方は、永い年月に捗つて伊賀津姫の子孫が所領していた旧伊賀郡と、上代に宇見間人が所知していた名張郡との郡界と成つていた処であり、また美濃波田の旧地名は、小波田郷と云われたものであつた。これら「波多」または「波田」の地名起源となつているものは、伊賀盆地周辺部の波敷野、波野田、岡波、波多野などの村落と同様に、この地域も旧伊勢湖の水面下にあつたものではあるが、湖の水位二百三十五米前後の頃になつて、始めてこの地方から東西に分裂したことからできた古地名である。即ち旧伊勢湖が旧迦具土神乃尿《ゆばり》と呼ばれた地変で、一時的に減水した結果、旧小波田郷を境にして左右に退水したことを伝えている郷名である。但し現在の美濃波多村の一部は、旧藩時代に新田開発と水利の結果、古代の地表と異なつている所も多いと見られる。

第十八節　豊岡姫の宮居と旧伊賀の霧生《きりゅう》郷並びに国旧土の位置は、天狭霧国を中心に日月の濃淡で指示表現されていたこと

旧伊勢湖が分裂した頃に生れ給うた大日孁貴命《おおひるめ》は、伊邪那美命の分身迦具土神が嘗て所知していた旧伊勢湖畔の国土を、己が身くろとせられて、豊岡宮に座し給うた。神楽歌に現われる豊岡宮とは、現在の伊賀南壁中の秘境である旧霧生郷字鳥岡に近い気噴《きぶき》であろう。

伊邪那岐命は旧阿波湖畔の小門《おど》で禊ぎを終えられてから、再び天乃安《あまのやす》河へ出られ、程なく男神の身くろであつた旧近江国へ延命して、旧多賀まで帰着せられたのであるが、この男神はその後になつて、旧多賀の地を去られ、旧淡路島へ再び降られることになり、遂にその地で幽宮《ゆうみや》を構えて、永く住み着かれた様である。

か様に伊邪那岐命が神功なつてのち、旧淡路へ降《くだ》つてから神慮も安らかにその地で居住される様になつたと云うことは、旧和泉国の国津邑びとと思われる泉守人《いづみのもりと》の進言に基いて行われた様ではあるが、而しながらこの事は、日本民族が内に家を修め外に功を積むと、全く名利を忘れて、老を俗塵の外に養うと云う所謂隠居なるものの起源を作られたものである。幽宮とは、鎮魂帰神ではない。また隠居と云うことは、古来から逸楽を追う為に日本民族が行つて来たものではなく、その行為は、遠い迦具土時代からの遺風に従つているのである。

さて伊邪那岐並びに那美命が去られてから以後の旧迦具土神の国土は、程なくしてその国土に生れ給うた大日孁貴《おおひるめ》命の御手によつて、統治せられることになつたのである。従つて天照《あまて》る天津《あまつ》国と云われた天狭霧乃国は、それより以後は大日孁貴命の御身くろと化したものであり、またその宮居となつていた個所は、迦具土時代に天乃祖《おや》神が常座されていた地点から見ると、幾らか東寄りに遷座されていた様であつて、その故趾の一つとなつているのは、伊賀国霧生村と種生村に跨る三国嶽の城の塚であり、鳥岡と呼ばれている地区であると考える。この地域は伊賀南壁を負い、国津、比奈知、種生、霧生、矢持などの高地村落を指呼の裡に入れていて、太古のころは分裂後の旧伊賀や隠乃《なばり》湖を眼下にしていた処である。此の塚はまた、旧霧生村を被つていた大池の南岸に奥深く位置を占めていて、最も景勝な霊域であつたと見られる。所謂ひめくら（備前の松浦彦操氏の説によると、ひめくらとは日女坐、日女庫または姫倉）であり、鬼気迫つて敢て二度び訪ねたくない程のうい場所である。

日本神代を通じて天乃遠祖は云う迄でもなく、伊邪那美命御在世時代から更に下つて大日孁貴命《おおひるめ》の頃まで、天津神らが己れの身くろとされていた旧迦具土の国土を見ると、総て神の御頭や御枕は、伊賀南壁を以て当てられていて、神の左右の御足は、北方に延び、旧近江や山城の国ぐにへ及んでいたものである。こうした姿態は、神の憩う形であると見られてきたが為であろう。これが為この国の中心になつていた豊岡の宮居は、或る時代には旧隠《なばり》乃湖岸を離れて、大和国山辺郡の高地や、または磯上郡の高地などへも遷座された様にも見られるが、その定座は、旧霧生郷のうちであり、またその神域は、疑いなく「朝日直刺《ただき》し夕日直刺す処」に位置を占めていて、而もその神館は、北面の形をとつて建てられていた様である。

考証99

仏教渡来後の伊賀国内では、天照大神の御幼名を雨王童子の名で呼びなされて来た（伊賀口誦）と伝えられている。また一方では、大日孁貴命の御名で広く国中に斉《いつ》き祭られている。この御名に現われた雨王とは、女神は高雨原を形成していた旧伊勢湖畔に生れ給うたので、その神威によつて、湖畔の国土を豊饒な食国《すけ》たらしめ得たのであるから、太古の天津邑びとらは、その遺徳を後世に伝える目的から、古代伊賀住民は雨王の御名に代えて尊称し来つたものであると考察される。

従つて次の様な伊勢国多度郡（現在は桑名郡）の多度神社に伝わる「あめの神」の意味は、天津神々を云つたものではなくして、寧ろ雨王としての大日靈貴命《おおひるめ》を指したものとみる。

「我国の人の心直なれは、外また直なり。その心曲れば、外また曲れり。心は体、外は影なり。影の曲れるに恥じて、あめの神の教えを守るべし」　（多度明神の神託）

考証100

大日靈貴命《おおひるめ》が御幼少の頃での御遊びは、湖岸に盥を浮べられ、これに御身を容れ給うての御舟遊びであつた（伊賀口誦）と伝えられている。このことは、神代の旧伊勢湖畔や其他の湖沼国土で、天津国津の神らが行つた舟遊びや、或はまた天津国津の邑びとらが用いていた水路交通具としての盥桶の実在や、その利用価値を伝えているものである。現在でも日本各地の古社神殿の霊前へは、小桶や小盥に杓子を添えて奉納することが、太古からの遺習とされているものであり、またか様な品じなを供えることに依つて、神々が悦び給うものであると云われている。これらの事は、旧伊勢湖畔の国土から天乃安河《あまのやす》を仲介路として、旧近江国や其他国津の国ぐにへ下る交通が、盥舟で行われていたことの証左であり、また当時の水流が、極めて緩慢であつたものとみられる。

考証101

南伊賀には高坐《たかみくら》と呼ばれている個所は三ヵ処ある。名張盆地を俯瞰する錦生村と大和国笠間村境いの高坐山、比奈知村字高坐の高坐山、上津村字勝地《かちぢ》の高坐山である。而しながら神楽歌に現われている豊岡宮は、右三ヵ処の高坐山ではなくして、霧生村に近い鳥岡の一部に当るものであるとみる。

霧生は種生、諸木、腰山、高尾、老川、福川、川合など八ヵ村で構成されていた旧種生郷に属していたもので、この種生郷は、依那具郷、比自岐郷、北山郷（上津六郷）、阿保郷（下津七郷）、小波田郷、古山郷、予野郷を併せて、旧伊賀郡を構成していたのである。更に旧伊賀郡は、旧長田郷や島ケ原郷を併せて、伊賀東西部から西北部に走る高地帯の悉くを、万代に捗つて「伊賀津姫が所領とせられ、その為に伊賀の国名が生れた」（風土記）ものであると伝えられている。なおその後になつて、旧伊勢湖が退水した結果、名張、阿拝、山田の三郡が生れ出で、現在の伊賀全土を作る様になつたものである。

霧生村を中心とする一帯は、伊賀南壁の秘境であり、同地域内の三国嶽には、四鬼を具して拠つたと云う千方《ちぼう》将軍の故趾がある（準后伊賀記）。千方将軍の伝承は、日本最古の説明的怪奇口誦に属しているものであり、これは伊賀南壁を中心として、霧生村から東へ髻嶽や塩見峠を越え、伊勢国へ降りつく城立、家城、八知《やち》、君ケ野、八手俣《やてまた》など、雲出川流域の山間部に広く頒布されている。またこれらの地方には、千方将軍を祀る神祠も少くはない。

但し迦具土の考証者としての私は、千方将軍に関する解明は一応避けたいと思つている。ただ上古の日本国土では、天智天皇の頃すでに銅鐸が伊賀や大和近江などの国ぐにで出土して、人びとを驚かし、而もその時代の伊賀南壁では、検地までも行われていたのであるから、この神人はか様な時代の出生とも思われない。且つ天智天皇に仕えた伊勢宅子姫は、友生村字城に住つていた国守の娘であり、而もその頃の伊賀各土に拶る伝承は、極めて精細であるのに、それと同時代に朝廷に反抗したと云われる千方将軍が、その正体も明かし得ぬままに、却つて前記の各地で根強く尊崇されている事を考慮すると、この千方《ちぼう》伝承の起源は、余程古いものであると知られる。更にまた、千方将軍は身の拠点として、か様な霧生の地を選んだと云うことは、如何なる理由に依るものか、或は千方将軍そのものは、如何なる人物を秘めたものであるかを注視したいのである。固より千方将軍の居趾と云われる鳥岡は、豊岡とその語音が通じており、またこの地域は、日本民族祖先が住居を定める際に必須条件としていた「朝日直刺《たださ》し夕日直刺す」の境地に叶つたものであり、同地域内の気噴《きぶき》は、太古以降の原形の儘であろう。この処はまた、城の原の名で伝えられている。神楽歌に云う。

　此の杖は何処の杖ぞ、天《あま》に坐す豊岡姫の宮の杖なり

また云う

　此の篠は何処の篠ぞ、天に坐す豊岡姫の宮の篠ぞ

考証102

汝命者所知高天原（古事記）の高天原とは、高雨ケ原のことであり、太古時代の旧伊勢湖畔に見られた国土である。これは現在の伊賀全土に加えて、伊勢、近江、山城、大和の各一部づつを包括しているものであつた。なおこの事については、各章の考証に関連するものである為に、茲

では解説を省略したい。

考証103

天祖天譲日天狭霧《あまさぎり》国（旧事記）の詞で伝えられている「天の祖が天譲る日の天狭霧の国」と云うのは、神代に旧伊勢湖畔の天津盤境内で居住していた天津祖神にとつて、その身くろとなつていた国土が、天照る国であり、またこの天狭霧の国が、大八洲島の真中にあるものと信じていたからである。

従つて、旧日本国土の北方に位置していた大陸は、天照る国から遠く離れていて、日の光の薄らぎて届かぬ国であると思われていた為に、それを指して「夜の食《お》す国」と呼ばれていたものであり、また天狭霧国から西へ遠く隔たつていた旧支那大陸を指す時に、これは日月の全く届かぬ常闇の国であると考えられていた為に、それを「常夜《とこよ》の国」と名附け、更にまた、大八洲島から遥か南方に離れて、島々の点綴していた地域を目して、これを「海原の国」と呼んでいたのである。

次に旧日本国土のうちでも、天照る高天原から遠く離れて、国土の東端に位置を占めていた旧常陸地方以東は、日の光が天照る国に先んずるものであるとの考えから、その地域を指して「日《ひ》高見《だかみ》の国」であるとし、また夜乃食《お》す国に対面の位置を執つていた旧山陰地方を目して、これを「夜見《よみ》の国」の名で呼び、このことによつて、天照る国からの位置や、それら各地の方位を明確に指示表現していたのであつた。

迦具土時代の様な旧日本国土の過半が洲壌であつた時代には、日月の光りが、天狭霧国のみを中心にして「直刺《ただきす》すもの」であるとした総ての古代民の考えから、日本の本土に接近していた旧大陸の位置については、悉く日月の濃淡を考慮して、それらの所在を表現していたのである。その故にこそ、太古の住民自身についても、旧伊勢湖畔に居住した神人は、天津日子《あまつひこ》であり、また天津日女《あまつひめ》であつたと云うことは、こうした観念によつて生れたのである。

旧常陸国以東の地方が、日高見乃国と呼び做されていた太古時代では、現在の奥羽地方は、その山嶽地帯を除いて、殆んどは海底にあつたものと見られる。それは大和宇陀郡地方は云うまでもなく、関東以西に見る山嶽の稜角が、奥羽地方のそれに比べて、鋭いものであるによつても察せられる。また常夜乃国《ことよ》とは、現在の支那大陸を云つたものではなく、古代交通が朝鮮半島経由であつたことから見て、旧山東半島から以北の国土であつたとするのが妥当であろう。このことは、人皇の御世に入つてからも同様であつたと考察される為に、次の史実を挙げたい。

以三宅連等之祖名多遅麻毛理《たちまもり》、遣常世国、令求登岐志玖能木実《ときじくのこのみ》、故多遅麻毛理遂到其国

（古事記）

考証104

太古から大和民族の遺風として、就寝の際には子供らを一様に、南枕にして伏せしめる。この所作は、嘗ての迦具土神の姿態や、或はまたその後になつて旧迦具土神の国土を己が身くろとせられた大日孁貴命《おおひるめ》の御姿を写し伝えているのである。なおこの事に関連して、前章の迦具土八段の裁目についての考証でも解説を尽したものと考える。

但し日本人が古来から、北枕での就眠を厭む遺風については、後章で記す保食神《うけもち》の御身くろや、或はまた旧大和国の泥海時代以前に、旧大和国を北枕にして神座を構えられていたこの神が、月夜見命に殺められた当時の御姿を写し取ることによつて解説を詳にしたい。

考証105

倭姫命仍御夢爾高天之原坐而、吾見之国仁吾乎《わがみしくににわれを》坐奉止悟教給岐、従此東向而乞宇気比互詔久、我思刺互往処吉有奈良波未嫁夫童女相止

（倭姫命世記）

右は日本で求め得られる総ての文献や史実のうちで、神代の高天原の位置やその方向を知窺す

る為には、唯一のものであり、またそれを指示表現する地理的説明は、極めて近世風に記録されているのが特徴である。

本文は大和国宇陀秋《うだあき》の宮で、垂仁天皇の第二皇女倭姫命が崇神天皇の御宇六十四年まで四カ年御滞留せられた時に、天照大神の「夢の御告げ」があつて、その時に姫命が見給うた高天原の方向が、大神の御教えによるものであると考えられ、宇陀秋の宮を出で立たれてからは、その御導きの儘に東方を指して御足を向けられ、その途次に当つて、天見通神《あめのみとおし》の遠孫であつた宇陀の大呆《おおう》祢奈《ねな》を伴びとのうちに加へられ、御霊代の神鏡を遷されることになつたのである。いまか様な方向への順路と、斉宮《いつのみや》の地を列記すると、次の様になる。

(1) 伊賀国名張市守《いちもり》斉宮　二カ年御滞留
　(旧隠乃湖の湖底)　崇神天皇六十四年
(2) 同　国神戸穴穂《あのう》斉宮　四カ年御滞留
　(旧伊勢湖の分裂地点)　同　六十六年
(3) 同　国柘植敢都美《つげあえづみ》斉宮　二カ年御滞留
　(旧伊勢湖東北隅の湖底)

倭姫命《やまとひめ》がこれらの地方へ御足を運ばれた頃は、迦具土時代を去ることの数え難い程の後代であつたが為に、哀れ神代の頃はこの国を被つて、白銅鏡《ますかがみ》の姿を見せつつあつた大湖の影すらも消え失せていて、太古の高天原を探り求めるすべもなかつたのである。

従つて右の三処に定められた斉宮の地とても、後世になつてから生れ出た国土の一部であり、またそのうちでも神戸村内にある穴穂宮の地は、大日孁貴命《おおひるめ》の御出生時代に分裂した旧伊勢湖の水分け地方に、極めて近く所在していたのである。倭姫命がこの地方へ入られてから、姫が最初に選ばれた斉処《いつどころ》としては、現在の様な長田川の中流に臨む左様な低地ではなくして、上神戸村の阿我山東麓の地を希望せられたのであつた。押窪と云う処がそれである。この地域が神処として沙汰止みになつたとき、姫は「誠に惜しい窪地である」と仰せられたので、「惜しい窪」が転じて、押窪の名が残されている（阿我山伝承）次第である。

倭姫命が穴穂宮で御滞留せられた四カ年の間、伊賀国造は簗瀬で鮮魚を採り来つて、朝夕の御《み》気《け》に供え奉つた（倭姫命世記）のであり、この事の真実は、神戸地方の伝承によつても明らかである。また穴穂の地を離れて、柘植乃里の敢都美斉宮へ向われる時になると、姫は特に宮処のしるしとして、珍らしい十二節の竹をこの地へ遺されたものであり、これは郷社神戸神社の宝物として、神事の際には必ず神前に立て、天太玉命《あめのふとだま》を祖先とする村びとらの手で、献饌が行われている。神戸神社の祭事は、極めて厳粛な様子であると見え、天児屋根命《あめのこやね》を祖先とする村びとらは、神乃座として神殿の左脇に控え、次で天太玉命《あめのふとだま》を祖先とする氏子らは、幣座として神殿の右側に竝び、神の座と幣座は、対座の位置に就くと、それより以下七座の氏子らは、右に準じて対座し、その儀式は、倭姫命が此の地方へ御巡幸せられた当時その儘の古式で、今に伝えられているものであると云われる。

第十九節　保食神《うけもち》の御身と北枕の死

月読命《つきよみ》は大日靈貴命《おおひるめ》の神勅を受けられて、旧伊勢湖北から左乃御廻り路を伝い、旧山城国の南部、旧大和国の北部、旧河内国の東部へ行き着かれた。当時これらの地方は、保食神《うけもち》の御身くろの一部になつていたものであり、実にこの国津神の「神の口」や、または「神の口乃表《おもて》」に当つていた国土である。

月読命はこの地方へ降つてから、保食神を殺め給うた為に、大日孁貴命《おおひるめ》の御怒りに遇つて、遂に天狭霧国《あまさぎり》から追われることになつたのであるが、其後になつて、この神が常住の地と定められていたのは、旧山城国桂川附近の桂乃里《かつらのさと》であり、これは旧浪速乃海の東北岸に臨んでいた処であると見られる。

月読命《つきよみ》は大日孁貴命の勅を受けられて、高天原を降つて行き着いた外面《そとも》の国土への順路は、左の御廻りの水路であり、取りも直さず「迦具土神の尿《ゆばり》」に添つて下られたのである。これは現在の山城国柵倉、加茂、祝園《ほうぞの》など木津川沿線の国土へ向う水路であつた。この月読命の御降りは、神代に行われた天津神らの国見《くにみ》のうちでも、その第三次の旅路であつたと見られるのであるが、その頃の大和国の高地帯の大部は、河内国や山城国の高地部を併せて、すべて保食神《うけもち》の所知する区域内にあつたのである。この国津神《くにつ》は、これらの国土を己が身くろとせられていて、北枕で座す神の姿態を取りながら、旧大和国葦原中洲湖に南面して、自身の神座を構えていたのである。

而しながらか様な保食神の国土は、月読命か降り着かれた頃からみて遥かな以前では、波邇夜須《はにやす》姫命《ひめ》が御自分の身くろとされて、この国土を所領されていたものであつた。元来木津川は、伊賀を起点として山城大和河内などの国ぐにを結ぶ水流であるが、その起源は、迦具土神の尿《ゆばり》として初めて生れたものであり、またこの事によつて、迦具土神の国土が波邇夜須姫の国土に水路で結び着き得たのである。この事は、旧木津川が生れる直前直後の頃に旧大和国の北部を中心として、旧山城国や河内国にまで拠つていたのが、波邇夜須姫命であつたと云うことである。

月読命の降り着かれた地方は、旧山城国加茂から祝園や河内国の一部など、極めて狭い地域に止まるもので、上代の山背《しろ》川の下流沿線に限られたと見られる。これら加茂、木津、柵倉、井出など旧山背川の右岸高地は、当時の「保食神乃口」であり、またその左岸の山城大和河内などの三ヵ国の裁目に跨る高地は、ゆわゆる「保食神の口裏《くちうら》」を構成していた国土である。

従つて天津神らが迦具土神乃尿を伝つて、葦原中洲国へ降つた場合には、先づ以て保食神の御身くろのうちの「口」と唱えた地域に着かれたものであり、更にまた其処を通過して保食神の神座、即ち「御頭」へまで旅路を進められることになると、必ずこの国津神の「御口乃裏」に当つていた国土へ立ち寄られることが順序であつた。

迦具土時代前期の末葉頃から、天孫が旧南九州へ遷座される様になる迄での永い時代に捗つて、旧山城国南部の加茂地方は、迦具土神乃尿による大洪水難を不断に蒙つていた様である。それは加茂の小盆地が、その西端の鹿肩《かせ》山で塞がれていたので、そこで小湖を生んでいたからである。即ちその小湖は、後世の「みかの原」や泉川が生れる以前の姿であつた。

従つて虚空《そら》見《みつ》大和《やまと》国へ降つた天津神や天津舟びとらにとつては、こうした旧加茂湖の沿岸は、河海を結ぶ好適な水路の足場となつていたものであり、神代の頃は一先づこの地方へ降ると、既に「保食《うけもち》神の御口」に入り着いたものと考えていたのである。

この好適な足場と云うのは、即ち「東の盤船」のことであり、現在の山城国綴喜郡岩舟村の高地に当つている。また東の盤船に対して「西の盤船」と云うのは、現在の山城国と河内国の境に聳えている盤船または高船の高地である。これら東西に対持する盤船は、大和民族祖先が旧伊勢湖畔から天降つた時代には、極めて安全な着船地となつていたものであり、その後になつて天火明り《あまのほあかり》饒速《にぎはや》日《ひ》命が、天津舟びとらを伴つて旧河内国哮ケ峰《いかるが》に降り着かれた時代にも、こうした順路を伝うことによつて、天狭霧国から神の座を遷されたのである。

月読命が降られた頃の保食神の国土は、後世の穂足るの瑞穂《みづほ》乃国を生みなす基礎を作りつつあつたもので、而もこの神が御身くろとせられていた頃の姿態は、波邇夜須《はにやす》姫命が所領せられていた頃に比較すると、地域も広大になつていたのである。即ち姫神の時代には、その身くろである旧大和山城河内など三ヵ国の高地帯ばかりが、旧摂津の海や旧大和葦原中洲湖の水面上に現われていたのであつたが、保食神がこの地域を所知される頃にまで時代が遷ると、神の御身としての国土の全貌が、殆んど水面上に浮び上つていて、神の「御臍や御臍下」に当る部分まで、湖南に現われたのである。従つて旧生駒山脈を「北枕」として座られたこの神の「御頭や御眉」は、愈々高くその姿を水上に見せる様になつたのである。

殊に波邇夜須《はにやす》姫命が御在世の頃のこの地方が、産業上では僅に五穀と養蚕などが行われていたのみであつたに対し、その後に保食神が御身を容れられた頃の時代にまで移り変ると、牧畜も盛に行われ、また産業上の進歩は、後世の農業日本を作る基礎になるまで発展していたのである。従つて稲魂《いなだま》神としてこの国津神への尊崇は、後代でも変ることがなく、今なお深厚なものとなつているのである。

なお保食神がその御在世時代に、この神が拠り処とされていた御身くろ内や、或はまたこれを八段に区分して所知していた頃の姿態については、次の様な詞で表現されていた。

「一段、頭　（旧大和、山城、河内に跨る生駒山脈）

保食神《うけもち》の御身
（旧大和国）

- 御身の内
  - 二段、眉　（旧大和国富雄と矢田を結ぶ連山）
  - 三段、目　（旧大和国生駒連山と矢田連山の中間入江）
  - 四段、口　（旧木津川右岸の高地で、岩舟を中心とする）
  - 五段、口裏（旧木津川左岸高地で、高船を中心とする）
  - 六段、腹　（旧大和国葦原中洲湖の西岸と東岸）
  - 七段、陰土（旧大和国桜井初瀬の高地で、湖の東南隅）
  - 八段、臍下（旧大和国吉野郡四郷村を中心とする）
- 御身の外
  - 河（旧大和国葦原中洲湖からの落下水路の沿線）
  - 海（現今の山城国木津以西の摂津平野）

右の様な八段の御身くろから考察すると、保食神は現在の近畿地方の中枢高地部を所知していたものであり、また「保食神乃御目」や「御眉」などの名称から知ることの出来る地理的事実は、当時の大和国を被つていた大湖は、非常に広大なものであつたが、その湖上湖の一つとして北部大和地方に横わつていた細長い小湖は、生駒山の東南麓にある北倭村布留宮《ふるのみや》の社地附近、即ち天乃川と云う名で伝承されている処を水分けの地としていたと云うことである。換言すると、生駒山脈の東麓添いに実在していた入江は、旧天乃河の地で「左右の御目」に分裂していて、その一つが、旧盤船渓谷を破つて旧摂津海に落下し、他のものは旧龍田川の渓谷を作つて、旧大和大湖に接触していたことである。

か様な天乃川と云つても、現在では川の痕跡すら残つていないのであるが、然しながらその地の標高から見て、保食神が旧大和国を所知していた頃の国土の姿や、或はまた葦原中洲湖の面積が算定し得るであろう。

固より生駒山脈の東麓に天乃河なるものが実在していたと云うことが、旧大和国は新生の国土が拓けつつあつたと云うことを明らかにしており、また新生の国土の一つである「保食神乃御腹」、即ちその湖岸では、農牧の業が既に盛んであつたと云うことに就いても、何らの異存を狭み得ないのである。

大日靈貴命《おおひるめ》は月読命を天狭霧国から天降《あまくだ》らしめて、か様な旧大和国内での農耕進歩の跡を国見《くにみ》せしめられたことは、これまた極めて時宜を得た処置であつた、然るにこの国へ降り着かれた月読命は、保食神の奉つた百机《ももづくえ》の土産物を一見せられて、これらの品々は、僅にこの国津神が所知していた国土のうちの「口や口乃裏」に産したばかりの獻饌物に過ぎないものであると誤解せられ、左様な所作は保食神の心が卑しい為であると怒つて、遂にこの国津神を殺められたのである。従つてこの時まで旧大和国を北枕にして、御身くろを容れられていた保食神の国土は、遂に「北枕で死し臥し給う神」の姿態と変つたのである。

当時の大和国葦原湖は、壱百米前後の水位であつたと概算するのが妥当である。この事はまた、保食神が死し給うた時代が、現在の大和平野の最底部を抜くこと五六十米の太古であつたと云う事を知らしめている。なおこの神の死後になつて、湖は更に減水し、湖岸には多くの水穂《みづほ》の地が現われ出て、また水穂と水穂の中間高地部は、所謂「岬」となつて現われて来たのである。而しながらか様な太古の岬も、神武天皇が大和国へ入国せられた後代になると、ただ名ばかりの岬であつたものと見られる。即ち天皇に供奉し来つた九州からの伴人《ともびと》らにとつては、迦具土時代に実在していた事のある旧大和湖や岬などの伝承について無緑のものであり、またさ様なことを知覚し難い程に大和国自体が変貌していたからでもある。従つてその頃に迄時代が下ると、嘗て旧湖畔に定着していた住民の祖先がその子孫へ伝えていた口誦も、東遷し来つた大和民族の一部のために、煙滅を余儀なくされたものであると信ぜられる。

なお旧大和国のうちでもその東部を占める磯上郡や山辺郡の山嶽地帯には、二三の小湖が実在していたものである。その一つは、都介野《つげの》を中心としていたもので、最高の標位にあり、この湖がその後に破壊されたことによつて生れたのは、現在の下之郷村から初瀬への溪谷である。更にか様な旧都介湖の一部水流が、旧宇陀川の流域へも落下したのであるが、これが旧榛原や松山などの宇陀盆地を被つていた旧宇陀湖へ流入するに当つて、その水戸口となつていた処は、大和富士と呼ばれる額井嶽とその西側に立つ鳥見山との中間である。即ち榛原町と都介野村を結ぶ香酔峠《こうずい》はそれであつて、香酔からの宇気比《うけび》は、その頃長峰や山辺三地方を洗つていたのである。

考証106

保食神乃廻頭嚮国《くににひしけば》、即自口出飯、復嚮海則鰭広鰭狭《はたのひろもの》、亦自口……品物、悉貯之百机而饗、是時月夜見命忿然作色曰、穢哉鄙矣寧可以口吐之物敢養我乎、乃抜劔撃殺（旧事記）が伝えているものは、旧大和国と河内国との境に立つ生駒連山を我が身の御頭とし、その前面左右の高地帯を所知していた保食神 の姿態と、当時の地理的説明に加えて、国土内の産物までを明らかにしている。次いで月夜見命が怒つて、保食神を殺める様になつた神慮や、その所業の程を精細に伝えているのである。

即ち保食神が「頭を廻らす」と云うのは、旧大和国の生駒連山を己が頭としていた国津《くにつ》神の座から、国土内の国津邑びとらに向うて布告を行われたことを伝え、また「自口出飯」、「毛柔亦《けのにこも》自口出」、「以口吐之物《くちよりたぐる》」などの言葉で現わされている。「口」とは、保食神の口唇そのものを指すものではなくして、この神が「御身を容れていた国土のうちでもその入口に当つていた地方」についての純地理的説明である。こうした事は、迦具土神や大日孁《おおひるめ》貴命などがその身くろとされていた国土についての呼称と、全く同様であつた。

即ち右の史実で明確にされていることは、神勅を受けて旧近畿地方の中部へ降つた月夜見命に対する保食神の処遇は、この国津神が所知していた国土内の僅な一部、即ちその御口に当る地方に生れた河海や山地の産物のみを奉つたと云うことであり、その他の「御腹や御臍下」などに及ぶ地方での産物は、少しも百《もも》机の上には盛られていなかつたことを説明する。更にこうした所業を悪んだ月夜見命は、国津神の穢らわしい態度であるとの思惟から、保食神を殺められるに至つたことが記されているのである。

次に「嚮海則鰭広鰭狭」などの詞で伝えられている真実は、当時の保食神の御口に当つた地方は、海に臨んでいて、河海の産物が豊富であつたことを知らしめている。且つまたその頃の生駒山脈西麓一帯では、潮水が寄せていた時代であることも考察される。それは次の伝承からでも推

処に当る」　　　　　　　　　　　　　　　　　　　　（額田伝承）

究に難くない。

「河内国の石切、額田《ぬかた》、枚岡など生駒山西麓の低地部は、太古のころは額田浦と呼ばれていた処に当る」

考証107

天照大神在天上詔曰、聞葦原中国有保食神《うけもち》、宜尓月夜見命《つきよみ》就見、月夜見命奉勅、降到于保食神許（旧事記）によつて伝えていることは、月夜見命が大日孁貴命《おおひるめ》の神勅を奉じて、保食神の所知していた国土へ降られたことと、その地理的位置の説明である。即ち「天上にある」とは、天狭霧国の豊岡乃宮に座せられていた大神のことであり、また「葦原乃中国に保食神ありと聞く」とは、葦原の中洲を擁していた大和国には、保食神と云う国津神が座を構えている由を伝え聞いているぞとの意味である。

旧伊勢湖畔の国土に対して保食神の国土は、約五六十キロ、即ち一日を要する行程で隔てられていたであろう。而しながら当時の交通は、旧木津川の水路によるかその沿線の陸路に依存していたものであつたから、旧山城大和河国の高地部に拠つていた保食神についての風聞が、天狭霧国まで伝え上げられる迄には、偶たまの機会からであつたとみられる。

さて月夜見命が保食神を撃ち殺されたことを聞かれた大神は、それ以後は月夜見命と「一日一夜を隔てて住み給うた」と伝えられている。この事はまた、旧霧生郷の豊岡乃宮の位置と、月夜見命がその後になつて天狭霧乃国から降《くだ》られて居住の地とされていた旧山城国の北部高地との距離が、一昼夜を要する行路であつたことを伝えたものである。これは旧木津川の緩慢な水流や、或は古代人の歩行速度から見ると、この両者間の地理的距離の表現は、極めて正確であり、またこれらの事についての伝承は、次の様な文字で残されているのである。

迺抜劔撃殺、然後復命具言其事、時天照大神怒甚之曰、汝悪神不須相見、乃与月夜見命一日一夜隔離《かけはなれて》而住《すむ》　（旧事記）

考証108

此神於頭化桑蚕、於目牛馬、於胸生悉粟、於腹生稲種、於臍尻生麦豆、於陰下生小豆麦（旧事記）の伝えていることは、旧大和国を己が身くろとしてこれを所知していた保食神が、その身の四肢五体であつた各土に於ける全般的な産業を列挙したものである。

先づ「頭に桑蚕化生《かな》り」と云うのは、上代の草鹿山を中心とした生駒連山を以て、御身くろうちの「御頭」としていた保食神の国土には、養蚕が行われていたことを説き、またこの養蚕が、嘗て迦具土時代の前期にこの地方を所領していた波邇夜須姫《はにやすひめ》命の時代と同様に、当時も盛んであつたことを伝えているのである。

次に「目に牛馬化生り」とは、生駒山脈の東麓とその対岸の矢田、富雄の連山を狭む中間には、二つの小湖が実在していて、これが北倭村の天乃川と呼ばれた地域で裁目《さいめ》づけられ、そこで左右乃目に分裂していたものであり、而もか様な、「保食神乃目」と呼ばれていた湖畔の国土には、牛馬の牧畜が行われ、これらは国津神の御身くろ内での産物となつていたことを云つたものである。これが為生駒山の地名起源は、太古の時代に淵源しているのである。

近世でも迦具土時代の研究に興味を寄せられなかつた人びとが、正確な資料を探し得ない儘に、「日本での牛馬は、朝鮮から転入したものであり、これを最初に放牧したのは、生駒山である」と説いたのである。反証を挙げ得ないために、一応か様な浮説も看過されて来たものであろうが、太古時代の牛馬については、考証118でも解説を新にしたい。

さて保食神の御胸、御腹、御臍下などの国土や、それらの地域にわたる産物についての旧事記の記録は、旧大和国の北方、即ち北倭村地方から始められていて、これが吉野郡の四郷村方面に尽きる迄の全般を、地理的に順序よく伝えており、また大和国葦原湖畔には、そのころ五穀が生成しつつあつた事をも伝えているのである。

而もさ様に記録されている旧大和国時代の伝承を考察すると、保食神が所知していた頃の旧大和国は、波邇夜須姫命が所領されていた太古時代に比較して、湖の退水による洲壌国土の拡大が、驚異的な程であり、而も産業上の発達は、一段と顕著であつたことを知らしめているのである。

考証109

月夜見命を祭神とする古社は、伊勢国や、近江国の土山または羽前国などを除くと、山城国の木津川下流の沿線に見られるばかりであり、伊賀を初め北伊勢や大和紀伊などの国には見当らない。但し伊勢や羽前の国に所在するものは、人皇の御世に入つてからの奉斎である。これらの事実からみると、月夜見命が降り着いた「保食神乃口」と云うのは、この神人を祭神とした古社が現存する山城国相楽郡祝園《ほうぞの》地方の高地部か、或はまたこの地方住民の祖先が原住していた地と目せられる木津川左岸の高地部であろう。

この祝園村の西へ続く地方は、山城国山田荘村であり、この山田荘は、北倭の高船から山田川に添つて木津平野へ出る途中にある。同地の柘榴村は、日本最古の柘榴市《ざくろいち》のあつた処と前説したが、これは大和国三輪の市《いち》と併称された程に古い市場であつた。

さて当時の保食神が所知していた地方は、旧大和国北倭村を中心として、遠く山城や河内国の大部にまで及んでいたのである。従つてこの保食神の死後になつて、天狭霧国から追放せられて天降りを余儀なくされた月夜見命が、自身の居住地と定められていた処は、現在の京都市西郊を流れる桂川の右岸に当るのである。この事実は、この地域に住んでいた古代住民からも伝承されていたと見え、次の様な山城国桂乃里《かつらのさと》の地名起源が記録されている。

即ち月夜見命は天狭霧国から降つて、旧山城国の桂乃里で、桂樹に寄り立たれ、この里で住み給うたと云うのである。

或云月読命、受天照大神之勅降、豊葦原中国到平保食神許、時有湯津桂樹、月読命乃倚其樹立之《そのきによりたたし》、其樹所有今号桂乃里　（山城名勝誌）

考証110

旧大和国の東南隅である吉野郡四郷村の麦谷や大豆生地方は、保食神が旧大和国を所知していた頃は、この神の「御臍下」を構成していた国土である。

この四郷村は、地理的にみても旧大和国と伊勢国の裁目《さいめ》になつた船戸越えの西方に続いていて、而も上代の伊佐見原《いさみはら》や台高山脈から落ちる水流を集めていた吉野川の上流にある。こうした地域が、保食神の御臍下と云われていたことは、太古時代に一部の大和民族祖先が、旧迦具土神の御衣装から低地移動を行つて、旧大和葦原湖の沿岸へ出ようと試みた時に、その最初の足がかりになつた処であることを知らしめているのである。元来旧大和国を被つていた大湖の東南岸からその奥地部は、保食神の「陰土」や「陰土下《ほとした》」と呼ばれていて、保食神の一局部を構成していたのである。而もこの地方では、既に豆麦などが作られていたことは、次の記録からも考察し得られるのである。

考証111

「於臍尻生麦豆、於陰下生小豆麦」（旧事記）

日本では古代から一般に「北枕による就寝は不吉であり、これは死したる人の姿態である」と云い継がれている。現在でも北枕で横臥すると、古老らは厭うて子らに古習を守らしめようとする。か様な一見して奇異な所作は、神農と仰がれていた保食神の死態を、延年月に捗つて大和民族の子孫に見せているものに他ならない。

即ち保食神の死を痛惜されたのは、独り大日孁貴《おおひるめ》命のみに止まらず、一般の国津邑びとらの末に至るまでも同様であつたことを偶意しているのである。更にまた北枕を忌み嫌うことによつて、月夜見命《つきよみ》に殺められた保食神の姿や、或はまたその時代の大和国の形態が、如何様なものであつたかを明確に表現しているのである。

旧大和国の相貌を見ると、波邇夜須姫命が所領していた時代から保食神が所知するまでの永い年月に捗つて、何れもこの国土を己れの身くろにして座を構えていた国津神らは、その「御頭」としていた地域は、常に旧生駒山を中心とする北倭村一帯であつた。この事については、迦具土神乃尿《ゆばり》で解説を尽したのであるが、この高地帯の起源と云うものは、迦具土神乃尿の果てに浮んでいた「迦具土神乃屎《くそまる》」そのものであつたことから、旧伊勢湖畔から旧木津川添いに降《くだ》り着いた天津神や天津舟人《あまつふなびと》乃至天津梶取らに取つては、先づ最初に降り着き得た国津神の国土のうちでも、か様な北倭村の生駒山東腹の台地を目して、「国津神乃頭」と呼んでいたのは当然のことであろう。

生駒山を包括する北倭地方は、奈良方面から見ると、その西方に位置を占めているのであるが、これを旧大和国全土の相貌から覗うと、北部大和地方に当つていたのである。この事はまた、北倭と云う古地名からでも肯定し得られるのである。従つてか様な北倭の高地を御頭としていた保食神の死姿を目指して「北枕に死し臥し給う神の座」であると口誦されて来たことも、また妥当である。

第二十節　旧伊賀、阿波、平田、隠《なばり》の各湖岸へ水稲の移植

月夜見命が旧大和国から天狭霧《あまさぎり》国へ立ち帰られてから程ないころに、大《おお》日霎貴《ひるめ》命は天乃熊人《あまのくまびと》に命じて、保食神が御身とせられていた旧大和湖畔の国土へ遣わされ、この国津神亡き跡の国土を隈なく国見せしめられたのである。

この天熊人は、保食《うけもち》神の嘗ての御腹であつた湖畔の国土から、水稲の種子を持ち帰つて、これを大日霎貴に奉つた為に、大神は殊のほか喜ばれて、これを天狭霧国の旧伊賀湖、旧阿波、旧平田、旧隠《なばり》乃湖の各湖岸へ移植せしめられ、更にまた天津神の御田を御制定し給うて、邑長《むらささ》を置かれたのである。これは日本の古社が、圭田を所有する様になつた始まりである。

大日霎貴命の仰を蒙つて、旧大和湖畔に降つた天乃熊人とと云う天津邑《あまつむら》びとは、神代以降永い間「迦具土神乃御髪」であつた旧伊勢国飯高を中心に居住していた千熊君《ちくまきみ》の祖先であり、且つまた旧紀伊国熊野の神邑《かみむら》に栄えた人びとの祖先でもあつた。かの神武天皇が大和国への入国を謀られた時に、嘗ての「迦具土神乃御髪」の地に拠つて、天皇に抗した「熊」と云うのは、か様な天乃熊人の遥かなる子孫である。

旧伊勢湖畔から一日一夜の行程で隔てられた山城国桂乃里《さと》へ、月夜見命を追い遣られてからの大日霎貴命《おおひるめ》は、直ちに天乃熊人を保食神の国土に遣されて、既に亡き国津神の御身くろ内の国土を隈なく国見せしめられることになつたのである。仰を受けた天乃熊人は、月夜見命と同様に嘗ての「保食神乃御口」に着いたのであるが、この天津邑びとは更に行程を進めて、旧大和湖岸に入り、湖周を廻つて、その奥地に至る迄を隈なく巡視したのである。彼の行き着き得た地域は、亡き保食神のあらゆる御身くろに及んでいて、その国土内の農業、牧畜、養蚕の発達を調べ、或はそれら各土の産物を悉く持ち帰つて、大日霎貴命《おおひるめ》の御前へ奉つたのである。

この時に当つて大神は、それら各種の土産物のうち粟稗麦豆などの何れにも比べて、水稲の種子ばかりを喜ばれたのである。即ち「この品こそ後世の大和民族子孫を養うに足るものである」として、早速これを旧伊勢湖畔の各土へ移植せしめられることになつた。即ち日本に於ける水稲の種子が、初めて旧伊勢湖畔に移植されたのは、旧大和国葦原中洲湖畔から天乃熊人が持ち帰つたことがその最初になつているのである。この当時の旧伊勢湖は、既に左右乃御目に分裂していたものであり、その事実はまた、次の様な圭田の位置や名称からも判然としている。

大日孁《おおひるめ》貴命の御田

1、天乃《あま》併田《あわだ》（旧阿波湖の沿岸）旧伊賀国阿波盆地の周辺
2、天乃平田（旧平田湖の沿岸）旧伊賀国平田盆地の周辺
3、天乃長田（旧伊賀湖の西岸）旧伊賀国花垣村から長田村まで
4、天乃狭田《さだ》（旧隠乃湖の沿岸）旧伊賀国名賀郡狭田村（蔵持村の一区）
5、天乃安田（旧野洲川の沿岸）旧近江国油日村から柘植村まで

次に速須佐男《すさのを》命の御田の所在していた地方は、高樋の作られていた旧伊賀北壁内の小湖沿岸であつたと見られる。この地方は、迦具土前期のころでは「劔の血手上に集る」と呼ばれていた地方で、波敷野や湯舟村などを併せ、旧玉滝村の宇都賀を中心としていた処である。当時この湖畔に

は、耕地は極めて少く、加うるに四辺の高地から落下する激流に遇つて、水利の処置が難渋であつたと見られる。従つてこの地方では、近古の頃まで世にも稀れな高樋であると云われたものが遺されていたのである。

次に旧大和湖畔から持ち帰つた水稲を移植すると同時に、旧迦具土の国土内に神の御田を制定されたことは、大日孁貴命の神業によるものであつて、昭和の初期まで日本各地の神社が、おのおの圭田を持つていて、氏子らが協力して耕作し、それより収穫し得た神饌としての初穂は、必ず神がみに供えて、特に保食神の神徳に奉謝し、この事が万古からの遺習となつていたのである。これはまた、旧大和湖岸から旧伊勢湖畔へ初めて水稲を移植し得た喜びを、後日の天津神や天津邑びとらの子孫に伝えているものである。

考証112

不須相見乃与月夜見尊、一日一夜隔離、而是後天照大神復遣天熊人（旧事記）のうちの「一日一夜を隔て離れる」とは、一日一夜の御舟旅を要したと云う両者間の距離を表現しているのである。即ち月夜見命をして、天津盤境から一昼夜の旅日を要する国狭霧国へ移住せしめられたと云うことであり、その方向や位置については、前章で述べた筈である。

次に保食神の死後になつて、旧大和国葦原中洲湖畔の実体を国見せしめるために天狭霧国から降し遣された天乃熊人《あまのくまびと》とは、天津邑びとの一人であり、またその子孫が後世になつて定着していた地方は、旧迦具土神乃御衣装のうちでも「迦具土神乃御髪」と呼ばれた処である。その境域は、伊賀南壁に近い旧伊勢国一志と飯南の郡界高地であり、後世になつて神武天皇が大和国への入国を企てられた時に、彼等の子孫が相寄つて、嘗ての「髪」の拠点からみてその前線となつていた紀伊国の熊野沿岸一帯で、天皇の上陸を防ぎ、飽くまでも遠祖の旧地を死守せんものと試みたのであつた。

か様な人皇の初期に「熊」と呼ばれていた国津邑びとらは、天乃熊人の遙かな子孫に当つていたものであり、従つて当時の伝承は、太古からの熊野神邑やその奥地の地理的説明に加えて、大和民族祖先らの本然の姿を窺わしめているのである。即ち云う

従其地廻、到熊野村之時、大熊髪出入《おおくまかみよりでいりつ》、即失爾神倭伊波礼毘古《いわれひこ》命、修忽為遠延《にわかにおえまし》、及
御軍皆遠延伏《おえてふす》　（古事記）

また天乃熊人の遙な子孫の一部は、後世になつて伊勢国飯南郡に栄えた千熊君である。この千熊君の子孫らが幡居していたのは、南伊勢の乳熊《ちくま》地方から、紀伊国熊野地方までの一帯に及んだ

ものであり、彼等の祖先は、悠久の神代に捗つて、久しく旧南伊勢の深山帯に拠つていたのであつた。従つてこれらの人びとは、駿足の所持者であつたと考えられ、また景行天皇の頃に九州で反乱した熊襲も、天乃熊人らの子孫であつたとみられる。

考証113

亦御田有三処、号曰天安田、天平田、天併田、竝皆良田処（旧事記）によつて伝えられている三田は、次の様な当時の伊勢湖畔に生れた良田である。

(1) 天乃安田

これは旧伊勢湖の東北隅から旧伊賀国の油日地方（現在は近江国甲賀郡内）にまで続いていたもので、嘗ての天乃安河《あまのやす》の流域である。而しながら現在の柘植地方が、その中心になつていたものであろう。この域内の西柘植村字柏野の地は、上代の頃は柏野市《かしわのいち》が立つた処で、このことは柏野の市女の古歌からも知り得られる。この柏野村地方は、また太古からの数多い伝承を秘めている処であり、旧伊賀国を所領していた吾娥津姫命《あがつひめ》が、金鈴を斎《いつ》き祭られたのも、この地方であつたと云われている。即ち、

猿田彦神女《むすめ》吾娥津姫命四神、自天上投降給え三種之宝器之内、金鈴知之守給其知守

之斎処、謂加志之和都賀野、今時云柏野者此其言謬也　（天平風土記）

右の史実に記されている吾娥津姫命の金鈴については、或は迦具土時代の様な太古の旧伊賀国での採金や製作が、不可能であり且つ相像さえ及び難いものと考えるであろうが、次の諸項目を列挙して、その反対考証に資したい。

(一)金鈴は当時の砂金から製作されたものであり、旧伊賀国内で採取したものであつたと見る。

(二)盤室《いわむろ》生活時代に天津神の座へ参進し、または天津神の座を訪づれる天津邑びとらは、土鈴や金鈴を鳴らして、その訪づれの戸前に立つたと云うことを知らしめたものである。鈴は拍手を打つ事と共に、岩室や土室居住の頃は欠くことの出来ぬ訪づれのしるしであつた。現在でも神殿に近づくと、鈴を鳴らし、拍手を打つ。こうした遺習からでもよく証明されているのである。物乞いが鈴を振り、門戸に佇んで聞き耳を立てた所作も、同様の由来や理由からである。

伊賀南壁直下の種生村には、鈴屋と呼ぶ一地区が残されている。嘗てこの鈴屋が、旧霧生郷の豊岡乃宮の戸前《とまえ》に関聯した位置にあつたと見られるために、旧鈴屋の地理的位置を改めて考察すべきであろう。

(三)当時の砂金採集地は、迦具土神の「左乃御臂」と呼んだ処であつて、これは現在の長田村背後にある比自山の一角に当つている。

「砂金は艮《うしとら》の方向に尾根を曳く山裾から出土するものである」（伊賀口誦）

これは最も興味ある伝承と云いたい。

㈣徳川時代に藤堂氏は伊予国大洲から転封されて、伊賀全土と伊勢大和山城の一部づつを加えての藩主となつたが、この藤堂氏は、比自山の尾根が東北へ裾を曳く所に当つていた嘗ての採金伝承地を、己れの墓所に制定して、その区域内へは、一般の里びとらを近づけしめなかつた（伊賀秘話）ものであると云われている。次に旧伊賀時代の鉄器製作は、大和国山辺郡神野山附近か、または伊賀国佐那具地方に出土した砂鉄からであつたとみられる。

なお柏野については、

柏野内膳職領、市日中至暮立（準後伊賀記）

とあり、また柘植地方の産米は、良質で、皇室へも毎年納入されたことがあつたと云われる。

(2)天乃併田《あわだ》

旧伊勢湖にとつてその湖上湖の一つであつた旧阿波湖畔に生れ出た良田を云つたものである。即ち現在の阿波盆地の周辺に散在する次の様な村落が、阿波湖実在の頃に聚落を営んでいた地方のことである。

阿波字汁附《しるげ》（旧阿波湖の東岸）上代は汁解
同　子延《ねのび》（　　北岸）上代は子日
同　富永（　　北岸）上代は止《と》美《み》
同　猿野（　　南岸）上代は小山田乃里《さと》

右のうち阿波村字猿野については、第五代孝照天皇の御世にこの地方から六足の猿を献上したので、猿野の地名に変更されたものと云う。従つて小山田乃里などの地名が、史実に現われたのが上古の頃であつたとしても、近江国野洲川上流の油日乃里《あぶらひのさと》や、或はまた伊賀国自比山の背後にあつたと云う早雄乃里《はやをのさと》や高志乃里《こしのさと》などと同様に、人皇の御世に入る以前からの古い盤邑《いわむら》であつたことは云うまでもあるまい。

(3) 天乃平田

旧平田湖畔の圭田である。旧阿波湖と旧伊賀湖の中間にあつたもので、現在の平田盆地の四辺に綴点する真泥《みどろ》、千戸、炊《かしい》、平田、甲野、鳳凰寺、出後《いづご》などの住民が、旧湖畔での原住地である。

これらの村落のうちでも炊村《かしい》は、その地名からでも知られる様に、上代の頃はこの地域に淅《かしき》井戸なるものが存在していて、そこで大神宮へ供える献米を炊ぐことが遺習されていた為であり、そのことが炊村の地名起源になつたもの（炊伝承）と云われる。この事実はまた、大日孁《おおひるめ》貴命が旧大和国からこの平田湖畔へ、迦具土時代の後期に始めて、保食神の御身くろから水稲を移植せしめられたことにも遠因しているものであると考察される。

なお後世の平田盆地では、寿永のころ平田四郎貞純が平田城に拠つていた。

考証114

以其稲種、殖于天狭田《あまのさだ》及長田、其秋垂頴八握莫然甚快也（旧事記）に記された天乃狭田と天乃長田は、旧隠《なばり》乃湖の東岸と旧伊賀湖の西岸二ヵ所に生れた圭田のことであつて、次の様な地理的位置を占めていたのである。

(1) 天乃狭田《あまのさだ》

現在の名張盆地の東辺にあたる名賀郡蔵持の一地域である。狭田村と云うのは明治二十三年七月に蔵持村に合併せられたのであるが、この地方での夙村は、後世の畔広狭田乃国（倭姫命世記）であつたかは不明であるとしても、上代までの狭田は夙村あたりであつた（名張伝承）

ことから考察して、天乃狭田と云う処は、名張盆地の東南隅に位置を占めていて、而も隠《なばり》乃国の一部であつたと見られる。

(2) 天乃長田

旧長田郷（長田、朝屋、木興、大野木、法花、大内下の庄）が旧伊賀湖畔に臨んでいた頃の圭田地である。長田村は現在では阿山郡内であり、嘗ては阿拝山田郡に属していたのであるが、それより上代では伊賀郡に入つていた。この伊賀郡であつた頃の各村の布置は、特異な高地帯ばかりを占めており、それが伊賀南壁の種生村を起点として、その中間には伊賀盆地内の高地である古山村を容れ、島ケ原村にまで及んでいたのである。即ち国の東南隅からその西北隅までの高地部を結んでいた。

旧長田郷は所謂「迦具土神乃左臂」でその背面を支えられて、旧伊賀湖に臨んでいた地方であるが、現在では比自山の麓に竝ぶ村落である。而しながら太古の頃ではこの比自山の両腹が、天乃長田となつていて、これが大乃木村や花の木村を包括したのであろう。このうちの木乃木村の大辺宮は、神世五代の頃に大苫辺《おおとまべ》命が垂跡していた処であろうかと先考は疑問を残したが、この事についても深く考察したいものである。

なお丘陵の上野市街の西南端には、木興村があるが、これは旧長田郷に属したところの大野木村の一部になつていたもので、木興と云う名称が、大野木村からの分村であつたことを指示している。この村が長田川下流の右岸へ移動して来たのは、八九百年前の近古のことであり、そのご大洪水に遇つて現在の地へ再移動する様になつたのは、約一百年前のことである。また木興の沖台と云うのは、木興六十丁歩の田畑のあるあたりが、太古の頃は波の裡にあつたことを伝えている呼び名である。

旧長田郷の背面を形成している比自山連山は、太古の迦具土の左臂であつたことは既に述べたが、この山腹から山頂一帯にかけて遺されている盤室《いわむろ》の巨石などは、旧伊勢湖実在当時の遺構を知らしめており、このことについては、後章でも、考証を加えたい。

なお太古時代の主食は、焼米であり、これは玄米を一夜塩水に漬けて置いたものである。苗代田《なわしろだ》の四隅に花を立て、こうした焼米を田の神に棒げる古習は、太古の採食を知らしめているのである。また祭紀の場合は神殿の前面に稲束を掲げ、血に穢れない山野河海の幸を神饌として供える。この事にみても湖沼時代の太古日本では、狩猟時代などと云う大陸的な原始生活が有り得なかつた事を教えている。

第二十一節　看督神《かどがみ》の移動配置と、旧大和国髪生山《こうのう》上の耀歌（かがひ）

速須佐男命《はやすさのお》は旧伊賀北壁内の座を離れて、天乃安河《あまのやす》を渡つてからのちは、天津邑びとの一人であつた天門玉命《あまのあかるだま》を案内者として、伊賀東壁の布引山頂を伝つて、青山へ進み、更に旧霧生郷の豊岡の宮へ参進することを企てられたのであつた。

この時になつて大日孁貴命《おおひるめ》は、弟命が天狭霧国への参入が、必ず逆心あつてのことであると思惟せられて、御身くろうちの国土を堅めんがために、伊賀南壁を中心として、旧伊勢湖畔から遠く離れた南伊勢の高地部にまで屯していた看督神や、神兵らの移動を急ぎ強行せられたのである。

速須佐男命が御身くろにされていたものは、伊賀北壁内でも迦具土前期から実在する小湖の周辺で構成されていた国土である。これは「天尾羽張神の手上に血漏る」と唱えられていた地方で、この地帯は、伊邪那岐命が居住されていた旧近江国に隣接しており、また旧伊勢湖に向つては、迦具土神の右乃御足と呼ばれた高地ばかりで隔てられていて、而も南方遥かに狭霧立つ豊岡の宮と隔絶されていた区域である。この当時の迦具土神の右乃御足は、既に大日孁《おおひるめ》貴命の右乃御足と呼ばれる様になつていたほどに、時代が遷り変つていたことは勿論であるが、爾来旧伊勢湖がその退水速度を淺めなかつた為に、この地帯の対南に「大孁貴命の右乃御股《また》」と呼ばれる国土が生れ出ていて、その結果嘗ての天《あま》の安《やす》河などは、完全に河原と化し失せていたのである。

旧近江国の湖東に臨む多賀に座を構えていた伊邪那岐命は、左様な地異の時代に遇つて意図されたことは、妹神とは既に旧伊勢国飯南の珍らし峠で絶妻《ことづま》乃誓を立て互の御身くろを隔てていたのであるから、御自身に代つて、勇武な速須佐男命をして根《ね》の国と呼ばれていた大八洲島の「島の根」にある中国山脈の先端地方へ罷り降るよう希望せられていたのである。

その頃大八洲島の島の根と云われていた地方は現在の出雲、石見、安芸などの高地帯であり、これらは遠く天疎《あまかけ》る国ぐにであつたので、速須佐男命はか様な国へ罷り降るべき旨の神勅を喜ばずに、根乃堅洲国と呼ばれていた旧紀伊国へ降ることを望まれたのである。さてこの母乃国とも呼ばれた根の堅洲国は、黄泉国の垣外から南方へ延びる「天乃羽車《あまのはぐるま》」と呼ばれていた陸路を伝うと、容易に天狭霧国から行き着き得た国である。またその途中の路は、旧迦具土神乃御衣装を構成していた地方に当つていたので、その要所には岐神らが居住し、陸路の交通や道程の安全を支配していたからである。

即ち天乃羽車と云うのは、旧紀伊へ向う路のうちでも、旧伊勢湖畔の国土から旧紀伊国有馬邑、即ち現在の三重県南牟婁郡有井村へ降るため台高山脈の嶺を伝うものであつた。

然るに伊邪那岐命は速須佐男命の希望を容れられず、飽くまでも島根の国へ降るようにとの神慮があつたので、泣くなく己が苦悩を大日孁貴命に訴えんものと、旧伊賀北壁の座を離れて、天乃安河を渡り、煙霧立つ花立乃衢《ちまた》へ出で着かれてからは、そこの岐神《ちまた》であつた天乃明玉命《あまのあかるだま》を案内者として、旧阿波湖を脚下に見つつ「迦具土神の右乃御手」を渡られ、その一途の執心から、旧伊賀南壁の豊岡乃宮へ参進せんものと企てられたのであつた。

太古の伊賀東壁は、迦具土の右乃御手であり、またその頃の大道であつたことは、既に解説したのであるが、速須佐男命もこうした雲霧上の大道を渡つて、天《あま》参進せられたのである。この事実は、この神が進発せられたことを聞かれるや否や大日孁貴命が行われた看督《かど》神の移動配置や、或はまたそれら兵杖の増強に見ても明らかである。か様な大神の国堅めの意図や待機の姿勢は、性格の勇猛な速須佐男命が平素から荒々しい所業が少くなかつた為であり、また神速な看督神らの布置は、天鈿売命《あめのうづめ》が逸速くことの仔細を注進したので行つたものである。而しながら当時の湖畔居住民を震駭せしめる程の気勢で天狭霧国へ上つて来たと云うことは、この神が遠く離れた国土へ降つて洲壌の国を柘き、而もそれらの国で国津神になり去せる身を厭われての余勢であつた。

さてこの時代になると、旧迦具土神の御身くろや御衣装は、大日靈貴命《おおひるめ》の御身くろやまたその御身を纏う御衣装としての国土に化なつていたのであることは、再言を要さないが、速須佐男命が天参進の直前になつて、大日靈貴命が直に整備した看督神《かどがみ》の移動状況や、または旧伊賀南壁内の天乃座を堅めるために、その手兵を増強せられた有様は、次の様な経過で完了されたものである。

(1) 大日靈貴命《おおひるめ》は御身中《みくろ》のうちの「御髪」に当る国土、即ち旧伊勢国の飯南と一志の郡界高地に屯していた神兵を解いて、これを大神の「御美豆良《おんみづら》」、即ち現在の伊賀南壁と東壁の裁目《さいめ》垣に立つ髻《もとどり》嶽を中心とした要所へ移動せしめられた。

大日靈貴命《おおひるめ》はか様な看督神の布置を変更することによつて、豊岡宮の前面右翼を守護する態勢に執かしめたのである。こうした拠点は、現在の伊賀国矢持村に当る地方であり、ここは旧霧生の前面に控える屈強な砦であつた。

(2)　次に大神の「御髪」に屯していた神兵の一部を割いて、これを大神の「御鬘《かづら》」、即ち大神の御髪となつていた国土から僅ばかり後退した地方へ移動増強せしめられた。この地方は、狭霧《さぎり》宮の背面であり、現在の伊勢国一志郡の高地と大和国宇陀郡御杖村の高地に当つている。

(3)　大日《おおひ》孁《る》貴《め》命の「御裳」、即ち旧迦具土神の御衣装のうちでも最も地理的に離れていた旧伊勢国多気と渡会郡界を堅めていた神兵を引き揚げしめて、これらをして大神の「御袴」、即ち旧伊勢国飯南と多気の郡界にまで後退せしめられた。更にまたその一部を割いて、大神の「御帯」と呼ばれていた旧伊勢国の宮川左岸へ移動せしめられた。

(4)　次に旧伊勢湖畔のうちその最も天狭霧乃宮居に接近していた地域の国堅めとして、その頃大神の御珠《たま》にも比せられる天津神々をして、その「左右乃御手と御腕」、即ち旧伊賀の東西両壁がその南壁近くに相寄る高地部や、それら地方の中腹地帯の国堅めに就かしめられたのである。なお大神御自身もまた、それら双壁に屯していた神兵の指揮を執り給うた。

(5)　更に大神の国土のうちで最も大切な「御肩」、即ち旧伊賀南壁の頂上一帯へは、千数百余の神兵をして靫《ゆき》を負わしめ、宮居の背面を堅く守護せしめられたのである。

(6) 最後に旧伊勢湖岸のうちその北半の堅めとして、大神の高鞆と云われていた旧伊賀国鞆の尾を中心として、湖の東岸を守つていた手兵の悉くを放ち、これらを神の「御臂」に的る国土、即ち旧伊賀国比自岐一帯へ移動せしめ、か様に整備することによつて、天参入を企てた速須佐男命を最後の一線で防がんものと試みられたのである。

なお当時の看督神《かど》や岐神《ちまた》の座については、現在でもその痕跡は絶無とは云い得ない。殊に岐神は、伊邪那岐命が存命の頃から生み定められたものであり、旧迦具土の「御衣装」を作つていた国土内での水陸交通を司どつていたものであるから、それらのうち水辺に臨んでいた処では、女身の岐神も見受けられたのである。

また岐神は道祖神とも云われていて、その職責は極めて重く、殊に太古の陸路交通は、水辺やまたは高山低山の尾根を渡ることによつて専ら行われたものであるから、彼らはその職責上、展望の利く処に座を占めていたのである。従つて古代住民が道祖神への尊崇は、極めて深く且つ厚いものであつた。現今でも住居に接近する道路の辻へは、この神を祭り、盆執行には水荻や斉《とき》を棒げて、これに奉謝する遺習が行われている。俳人芭蕉も、道祖神の招きによりて旅立つと奥の細路に記している。また岐神の座には、男根や女陰の標証が現われるが、この事は、その地の岐神が、男神か女神の何れであつたかを子孫に伝え教えているに止まるのである。或る者は、古代日本では性器を崇拝していたので、か様なものが御神体として遺されたものであるなどと、飛躍した説を吐いたり、或は時に妙な蒐集を誇示しているのを見受けたが、こうしたことは、旧日本の湖沼時代の交通については全くの阿呆であつた結果であると認められる。

考証115

僕者《あは》罷妣国《ははのくに》根堅洲国、故哭《なく》（古事記）の「母の国」とは、根之堅洲国《ねのかたす》そのものを云つたものであることを伝えている。これは「欲罷妣国根之堅洲国、故泣矣」（旧事記）と同様で、既にその一部は解説したのであるが、旧紀伊国のうちで有馬邑《むら》と云われた現在の三重県南牟妻郡有井村地方を中心としていた地方の総称である。即ち黄泉国《よもつくに》と呼ばれた旧大和国曽爾《そに》から更に天乃羽車《あまのはぐるま》の路を伝つて、伊邪那美命が遷り住み着かれていた国土であつた。またこの地は、女神の死去された処でもある。

従つて速須佐男命が希つていたことは、天狭霧《あまさぎり》国から遠く離れた大和島根の山陰地方へ降るよりは、か様な母の隠れ住み着かれていた熊野神邑《かみむら》へ降《くだ》りたいと云うことであつた。而しながら男神伊邪那岐命が、強いてこの速須佐男命をして旧島根の国へ降《くだ》し遣さんとせられたものであり、その御意図は、女神那美命とは絶妻《ことづま》乃誓を立てて互の身くろを分つていたのであつたから、国狭《くにさ》霧《ぎり》の遠い国土での洲壌成生の願も叶わぬため、勇武な速須佐男命を降《くだ》らしめて、国ぐにを切り柘き、その子孫が国津神として、島根の地で繁栄することを願われたのに他ならない。

但し旧近江国から伊賀東壁を渡つて、旧大和国御杖《みつえ》村から波瀬の舟戸村を廻り、それより旧熊野の有馬邑へ行き着く道は、嘗ての迦具土神が身の御衣装にせられた国土内を通過するものであつたが、これは正しく、熊野海岸に突出している尾鷲の矢の川峠を目標にされたものであろうと考察する。

考証116

即解御髪《おんかみをとき》、纒御美豆羅《みづら》而、亦於左右御美豆良亦御鬘、亦於左右御手纒持八尺勾玉《やさかにのまがたま》之五百津之美《み》須麻流之珠《すまるのたま》、而会毘羅邇《そびらには》者負千人之靫、亦取佩伊都之竹鞆《いづのたけとも》而、弓腹振立而、堅庭者於向股《むこうまたに》踏那豆《ふみなづ》美《み》(古事記)に記されている詞は、極めて正確な伝承からでもあると見られる。これは速須佐男命が天狭霧国へ参入して来た由を、天鈿売命《あめのうづめ》から聞かれた大日孁《おおひるめ》貴命が、直に国垣を守り堅めるために、看督《かど》神や神兵の悉くを、旧伊勢湖畔の各土に分散せしめられたり、或はまた、大神が御衣装とされていた国土に屯する手兵を、天狭霧国の身近な地方へ移動せしめられたり、或は増強されたことについての精細な地理的説明である。

而もそれら神兵の移動や増強配備についての記述は、専ら大日孁貴命《おおひるめ》の「御身振り」や、或はまたその「御手振り」を写し取ることによつて表現されているのである。而もその写実美は、古代大和民族祖先の口誦伝承に併せて、如何程に正確なものであるか、或はまた言霊（ことたま）の大和民族のうちでも、殊更に対神の位置を占めていた語り部達が、飽くまで敬虔な態度と、その神秘的な暗誦力で、万代後の子孫へ当時の真実を伝えて来たものであるかを、深く理解せしめているのである。

即ち古事記が伝えているものは、次に列挙する様に、地理的にも順序が正しく、それが恰も当時の地図を覗うのと異ならないほど整然としている。

(1) 即解御髪《おんかみをとく》

こうした最初の大日孁貴命《おおひるめ》の「御身振り」は、黄泉国《よもつ》に接していた大神の「御髪」の国土、即ち旧南伊勢の高地帯に屯していた神兵を解かれたことを伝えている。

(2) 纒御美豆良《おんみづらにまとい》

第二段の大神の「御手振り」は、御髪の国土を守つていた神兵を、大神の御身に近い御美豆良の地方へ移動せしめられたことを云う。御美豆良とは髻《もとどり》のことであつて、旧伊賀南壁とその東壁が合体する国土である。即ち現在の伊賀と伊勢の両国に袴がる髻嶽を中心とした地域に当つており、その麓は、伊賀国矢持村へ拡がる台地である。こうした矢持村の高地部は、旧迦具土神の右乃御手を渡つてから旧霧生《きりゅ》郷へ入る為には、必ず通過すべき旧伊勢湖東岸の要地であり、中世まではこれら地方に、多数の砦が分布されていたのである。

(3)亦於左右御手各纒持《まといもち》

第三段の大神の「御手振り」は、大日孁貴命《おおひるめ》御自身には美須麻流《みすまる》の珠として信頼していた五百津の天津神らをして、御身くろの「左右乃御手」となつていた旧伊賀の東西両壁の盤境へ移動せしめ、彼等をして、天狭霧国の神座に近い両翼を守護せしめられたことを伝えている。

(4)会毘良邇者《そびらには》負千人之靫

第四段の大神の「御身振り」は、天狭霧《あまさぎり》国の背面に当る旧伊賀南壁の神垣を堅める為に、天津兵杖を増強せしめられた有様を伝える。

(5)亦所取佩伊都之竹鞆《いづのたかとも》弓張立

第五段の大神の「御身振り」は、旧伊勢湖の東岸に臨んでいた国土について、その国堅めを終えられた事を伝えているのである。

竹鞆は高鞆であり、これは現在の伊賀国喰代《いじろ》（旧喰代郷三カ村）から友生《ともの》（旧友生郷四カ村）にまで及ぶ山田山《やまだやま》の南麓を指している。現在の友生村一帯の丘陵部は、上代の鞆之尾であつて、か様な鞆之尾から伊賀東壁に続いていた高地は、迦具土時代後期の高鞆に当つたものであると考察される。

但し友生村の地域内に見られる貝塚は、迦具土時代のものではなく、それより遥か後代のものであろうかと考えたい。なお中世の頃に天智天皇に仕えた宅子姫は、この友生村字城に住んでいた郡司の娘であつた。

(6)
於向股踏那豆美《むこうまたにふみなづみ》

大神の御身振りのうちでもその最後に表現されているものは、豊岡乃宮へ参入せんとした速須佐男命の国土に対面して、その「向う股」の位置にあつた大日孁貴命《おおひるめ》の一部国土についての国堅めを伝えたものである。向股と云う詞は、旧迦具土神の右乃御足を構成していた旧伊賀北壁に真向つて、而も旧伊勢湖の東北隅入江（天乃尾羽張劔と呼ばれていた）によつて隔てられていた対岸の国土を云つたものである。この向股に当る地域を被つていた旧伊勢湖が、後代になつて更に減水し、新生の国土がその地方に現われるようになつたのであり、それが現在の壬《み》生野《ぶの》や甲野《こおの》の高原に他ならない。

以上の様な六段に及ぶ大神の「御手振りや御手振り」は、一見しても理解し得られる様に、当時の国堅めについては、伊賀南壁の宮居に近い御美豆良《おんみづら》の国土から初められ、それが遠く離れていた大神乃御股へ達するまでの看督《かど》神や天津兵杖の配備が、順を追つて表現されているのである。この事は当時の地理から見ても整然としており、且つまた速須佐男命の天参進は、天《あま》乃安《やす》河を渡ることによつて進められ、天津邑びとの天乃明玉《あかるだま》が道案内に立つて、笠取山上の花立乃衢《ちまた》へ出られたものであることが考察される。

考証117

速須佐男命御自身も、妣《はな》乃国と呼んでいた根之堅洲国《ねのかたすのくに》へ嘗ては降《くだ》られた経験があるものと見られる。根之堅洲国とは、旧熊野の有馬邑のことであり、これは現在の三重県南牟婁郡内の熊野灘に面している有井村のことであることは前章でも述べたが、そのころこの神が熊野への降りに当つて、隣接の尾鷲地方を通過されたものであることは、次の様な同地での口誦伝承からでも推究することが出来る。

「太古のころ速須佐男命は旧尾鷲の邑へ降つて、里《さと》びとらのためこの地で大鷲を退治せられ、その難渋を救つた。これがためこの里が、大鷲と名付けられたものであり、現在の尾鷲《おわせ》は、大鷲からの転訛である。（尾鷲伝承）

郷社尾鷲神社の祭神は、速須佐男命であり、毎年二月の祭礼は珍らしい程の盛儀である。天狭霧国から逃れて、旧曽爾《そに》へ降つた女神伊邪那美命が、その後になると旧有馬邑、即ち有井村で終焉せられたのであるが、こうした旧曽爾から旧熊野への道は、神代の「天乃羽車《あまのはぐるま》」に当る。なお南伊勢や伊賀地方には、熊野への旅路の童歌《わらべ》「けんべの蒲生太郎《がもたろ》」と云うのが伝えられている。

考証118

逆剥天班馬《あめのぶちうま》而、所墮入（古事記）に伝え記された天乃班馬は、旧伊勢湖畔の国土で産出した馬である事と、その出所を明示したものである。迦具土時代にこの地域での産馬は、伊賀東壁のうちでも現在の青山峠から布引村へ続く旧馬野郷（奥馬野、中馬野）及び坂下（これは旧名を酒解《さかげ》）に当る。馬野地方は古来から駿馬の産地として伝承され、鎌倉時代の様な後世になつても、馬野の住人であつた伊賀次郎が、名馬生喰《いけづき》を源頼朝に献じたと伝えられている処である。旧記にも次の如く云う。

山田郡馬野郷、公穀六百八十二束、仮粟五百七十二瓦三毛田………有牧馬駿馬之牧也

（惣国風土記）

伊賀東壁下の馬野地方が、迦具土時代から既に良馬の産地であつたと見られるのは、かの「保《う》食《け》神《もち》の目に馬生れ」（旧事記）によつて伝えられている大和河内の国境にある生駒山一帯などと同様に、その古地名となつている馬野郷そのものからでも、か様な推察が出来よう。

更にまたこの旧馬野郷に続いて北に隣しているのは、旧阿波郷であるが、この阿波盆地は嘗ての「迦具土神の右乃御手の掌中《たなごころなか》」と呼ばれていた旧阿波湖畔であり、この事については再三精述し尽したのであるが、か様な阿波周辺の高地部からは、偶たまに馬の脳が化石となつて出土したこともあり（旧記）と伝え、この事実からみても、太古の産馬についての考察を新にし得るであろう。

伊賀東壁の布引山脈上腹では、笠取山頂から延々数里に及ぶ青山峠のあたりまで、古来からの遺習に従つて、晩秋の頃になると野火を挙げ、春が来ると美しい草肌に被われることになる。この野火こそ、良馬の産地であつた馬野地方の太古時代を物語つているものである。

考証119

著於右臂化生《かなる》之神、号活津彦根命《いくつひこね》（旧事記）によつて示されている大日孁貴命《おおひるめ》の「右乃御臂」とは、伊賀東壁からその中央部で分派した高地部が、伊賀盆地へ向つて直角に突出している地方がそれに当る。即ち旧比自岐《ひじき》四ヶ郷が、神代のころに見せていた姿態である。日本の古代では、臂を「比自岐」の語音で表現していたもので、現在でもなお南伊勢の古老らが、さ様な「ひじき」と云う詞を用いていることからでも察せられる。

従つて旧伊賀国比自岐乃里《さと》は、迦具土神の右乃御手から旧伊勢湖内へ突き出た国土であつたが、旧伊勢湖が分裂してからのちは、旧比自岐を被つていた水が退水したので、その結果大日孁《おおひる》貴《め》命の御在世時代になつて比自岐乃里の全貌が、湖岸へ現われ出でたのである。この為にこの地方を目して、大神の「御臂」と呼ぶ様になつた次第である。

なお古代比自岐《ひじき》乃里の住民については、同地の大森村を中心とする地域に遺されている貝塚や、穴居遺構などを考究することが一助となろう。但しこの比自岐村に鎮座する比自岐天王宮の祭神については、それは天乃高市《あまのたかいち》で大物主命《おおものぬし》の妻になられた高産霊《たかむすび》命の女、三穂津姫《みほつひめ》であると云われているが、主神として口伝されて来た大森明神そのものは、旧事記が伝えている様に、天津日子根命であると見るのが正確に近い。なお参考として延喜式伊賀二十五座の一つである比自岐天王社について、次の史実を附記して置きたい。

比自岐里《ひじきのさと》中肥也、有神号天王、所祭三保津姫《みほつひめ》也　（延長風土記）

比自岐神社今在比自岐森村、称大森明神、比自岐四郷民供祭、蓋祀伊賀比自岐和気《ひじきめけ》之祖　（大日本神祇史）

考証120

次天石戸別亦名櫛石窓《くしいわまど》神、亦曰神石窓《いわまど》神、此者御門之神（旧事記）に記されている「御門之神」とは、看督神《かどがみ》を云つたものである。この神の職責は、所謂左右衛門《えいもの》の矢大臣であり、これは日本の古社神殿の正門前に控える兵杖に他ならない。またか様な看督神《かどみか》が、現在置かれている神域内の位置から考察すると、神代に彼等が天狭霧国の宮域前面で、弓矢を持つて守護していた地方は、伊賀南壁の右翼に近い矢持村から上津村一帯に捗る高地部であつたことを語つている。即ち上津村の高地は、青山や矢持村を通過することによつて、初めて霧生や種生地方の前面へ踏み入ることの出来る要地である。この上津村は「こうづ」であり、これが看督の語音に通じるとも云われているが、これは誤りであつて、上津地方と云うのは、旧伊賀時代に、旧伊勢湖畔の着船場のうちでも、その最も奥地に位置を占めていた処で、太古の舟運は上津、中津（現在の阿保盆地）を下つて、下津（阿保盆地の西部）へ着き、そこから東乃浦と呼ばれていた現在の沖村方面へ進んだものである。この東乃浦に生れ出た洲壌は、現在の岡波村や沖村であり、これらの地名は、よくその事実を伝えている。

追　記

旧迦具土神の「髪」と、大和国山辺郡の神野山《こうのう》についての考察

迦具土前期時代の陵墓の一つとして、現在でも確認し得られるものは、大和国山辺郡豊原村の神野山頂に遺されている甕速《みかはや》毘売《ひめ》命の荒陵である。この女神の陵墓を除くと、伊賀国千戸《せんど》村と千《せん》歳《ざい》村に跨がる南宮山頂の金山姫《かなやまひめ》命の「ひよどり塚」もさ様であるが、更にまた近江伊勢伊賀の三ケ国に跨がる油日嶽の山頂近くに、天乃尾羽張《あまのおわばり》神の荒陵が所在するものと考えられる。また奈良市三笠山頂の「うぐいす塚」も、恐らくは迦具土期のものであつて、その後幾たびか加工されたのであろう。

神野山は円錐形で、その底辺は五千米に及んでいて、秀麗な山容であり、古来から「神野山に

雲が懸かると伊賀盆地に雨が来る」と云われている。その山麓には伏拝村《ふしょがみ》があり、またその山腹に近い急坂には、戸数十七八軒の助命村《ぜめい》が点在する。

山頂からの景観が比類なく、伊賀の西壁を脚下に踏みながら遠く生駒や葛城の連山までを眼界に容れ、異形な山容を持つ伊賀南壁の旧天狭霧《あまさぎり》の霧生郷と対座の形を取つている。山の東腹は豊原村で、そこから波多野村の西波多の方へ続いているのであるが、この波多と云う古地名からみても、左右乃御手に抱く白銅鏡《ますかがみ》と云われていた初期の旧伊勢湖実在時代には、神野山の麓まで大湖の水が浸つていたものであることが知られる。

神野山《こうのう》は別名を髪生山と云う。髪生こそは正しい古地名であつて、神野は髪生の語音に通じた為に、後世になつてから神野の当字をしたものであろう。髪生の「髪」は、迦具土神乃髪を構成した国土の一部であつた事の旧態を知らしめる。因より正確な迦具土神の髪は、旧伊勢国一志と飯南の両郡界であつたとしても、髪生山そのものは、髪の一部が投げ棄てられたによつて生れ出た国土と云われたことに起因する。所謂飛び地である。従つてその山頂は「投棄て給う御冠」(旧事記)であり、そこには嘗て飽咋宇斯神《あきぐいうし》も座を構えていたものであるとみられる。

神野山を指して「迦具土神乃髪」の一部であつたと考えられることについては、この山を中心とする地方が、「熊髪より出つ入りつ」（古事記）の詞によつて知らされている様に、神武天皇が大和国への入国を企てられた時、これを阻止せんとして熊野の錦浦で皇軍を悩ました国津邑《くにつむら》びと「熊」、即ち天乃《あめ》熊人の遠孫らが、本拠の地としていたに他ならなかつたのである。従つてこの考証は、単に「神野は髪生」からの転訛であると云うことだけに依存するのではない。

元来神武天皇が近畿地方へ東還せられたころに大和国を所領していたのは、天火明り《あまのほあかり》櫛玉饒速《くすだまにきはや》日《ひ》命の遠孫であつて、その直系に当つていた饒速日命が、天皇に天津神宝《あまつかんだから》を奉つて、それ以後は物乃部《もののべ》の祖となつたのであるが、而もなお太古から天火明り饒速日命を奉じ来つた大和民族の一部は、東部大和の一区域に拠つて、飽くまでも歴代の天皇に反抗し続けたものであつた。この事は人皇の御世に入つて以後六百年の久しきに及んだものであり、また彼等がさ様な永い年月に捗つて本拠の地としていたのは、この神野山であつた。

従つて山麓から豊原村一帯の高地に散在する伏神《ふしよがみ》、助命《ぜめい》、勝原、岩屋などの村落の位置や地名などは、武内氏の為に亡ぼされることになつた後世の或る日を物語つているのである。尚ここで附記したいことは、物部氏は太古の祖先である天乃火明命以来その直孫は、か様な大和の高地部に居住していたのであるから、その物部氏の歴史である旧事記を以て、私は偽書であるとは考え得ないのである。殊に旧事記も伊賀口誦も、天照大神を指して「おおひるめ」の御名で伝えている。

更に神野山について追記したいことは、山頂にある甕速毘売命《みかはやひめ》の荒陵である。この陵墓は躑躅で被われていて、毎年五月十二日になると、耀歌会《かがひ》の遺習が荒陵のまわりで行われる。この「かがひ」は、日本の上古まで、関東の筑波山で行われたものであると伝えられるのであるが、その他の地方では耀歌《かがひ》を聞かない。この神野山頂での遺習は、山裾に近い山城、伊賀、大和から老若男女が集つて来て、互に和楽し、また荒陵の周囲で競馬などを行う。また太古に神野山の神と伊賀南宮《なんぐう》山の神が互に身丈けを比べあつたとの口誦がある。これは大湖を隔てて互の神座の位置を比較し合つた事を云つたものであろう。

またこの山の裾近い処に、鍋岩と云われる三乃至五米立方の岩石が累積しており、一奇観をなしている。これらの岩石の悉くは、旧伊勢湖の一部が神野山下まで浸していた頃に、盤室構築の目的で、他地方から湖上運搬によつて移されて来たものであろう。中腹にある一本の天狗松は、肌が滑らかに摺り磨かれた珍しいものである。

第二十二節　天真名井《まめのまない》の「口濯ぎ」と「口唇の穢れ」

速須佐男命は旧霧生郷の大日霎貴《おおひるめ》命の宮居へ参進するに当つて、先づ天《あま》之真名井《のまない》で「口濯ぎ身濯ぎ」を終えられ、清明の心を示されたのちに、初めて宮域に近づかれたのである。

天乃真名井とは、日本の古社神域の布置から見て、その域内の御手洗川または御手洗石に当るものであり、迦具土時代での地理的位置は、伊賀南壁に懸る床並《とこなめ》川の上流であつて、而もその河床の一部が、甌穴を穿つている「雌雄の血首井戸《ちくびのいど》」の名で伝承されて来た場所である。

旧伊賀北壁内の旧北五ケ郷や河合郷を浸していた小湖、即ち「劔の手上に血集まる」の沿岸に座を構えていた速須佐男命が、迦具土神の右手の掌中や大日霎貴命の向う股と呼ばれた国土へ進む為には、当時の天安河《あまのやす》を渡つての陸路以外には求め得なかつたのである。

従つて「向う股」の国土を守つていた大神の兵杖らとの最初の対立は、双方の兵杖が互に最前線へ押し出されていた天安河の河原で行われたのは当然である。この頃ではこの河の流れも、油日乃里では停止していて、一面に広びろとした石河原であり、また現在の近江国の野洲川上流が、その形骸になつている事については、既に考証を尽したものである。

速須佐男命の天参進《あま》は、旧伊賀北壁から出で立つて、旧霧生《きりう》へ入り、それより旧熊野の伊邪那美命の許へ降りたいとの御所望からで、その為には先づ御姉である大日孁貴命《おおひるめ》に御対面せられて、御望みの程を告白しようと試みられる為であつた。従つてこの神の胸中には、何らの悪心が無かつたのであるから、直に天乃安河で宇気比《うけひ》を行われたのである。宇気比と云うのは、上段と下段になつて、互の心が通じ合うことを意味する。

さて速須佐男命が天乃安河で大神の許可を得られると、初めて対岸に渡り、次で伊賀東壁の尾根づたいに、煙霧を分けて南壁へ進み入られたのである。かくして命は旧霧生の宮域に近づくと、先づその途中にあつた天乃真名井へ降り立つて、そこで御身の濯ぎと口濯ぎを了えられたのである。この事はまた、特記すべき神事であつて、その時の身濯ぎは、種生村字高尾の下方に懸る床滑川の上流で行われたものであり、その河床の一部が、甌穴を作つている個所を云う。即ち現在の斗盞淵《とさんがぶち》または血首淵《ちくび》の何れかがその故地に該当している。

この場所は比奈知村《ひなち》や国津村を西に控えしめていて、種生村の鈴又や高尾を東に隔てた床並村の背面高地にある。なお比奈知一帯は、国津村の奈垣、布生《にぶう》、神屋など高地部の下方に続くが、これは退水しつつあつた旧隠《なばり》乃湖の南部入江に生れ出た村である。

神代の天乃真名井《あまのまない》は、現在の日本に見られる井戸を云つたものではない。これは溪流の一部が広く且つ浅く掘られていて、甌穴となつている「若い井戸」のことであり、国土の極めて若かつた時代に、旧伊賀南壁の岩盤帯で生れた水穂の一部が、井戸の「芽」を作つていた個処である。天乃真名井の真名《まな》は、魚の住む所を云つたものであると想像されたこともあつたが、さ様な誤謬は、真名井の起源や、神代から行われてきた「口濯ぎ身濯ぎ」についての考察が疎外されていたからで、大和民族祖先が佐賀美邇加美而《さがみにかみて》と呼んでいた所作は、この様な天乃真名井での口濯ぎの際に、人びとが霧吹きを立てることである。この「さがみにかむ」と云う詞は、宇気比などの古語と同様に、古来からその片鱗さえも明らかにし得なかつた様であるが、これは日本人の子孫らが、天津国津の社に参拝した場合に、誰しも先づ社頭の御手洗石や御手洗川に臨んで、口濯ぎを行い、この時人びとが音を立てて、口に含んだ水を霧吹《きぶ》きするそのことである。この様な一見して奇異な古代からの遺習は、不知不識の裡に、太古の佐賀美爾加美而の姿態を現代にまで伝えているのである。

即ち上古までの日本では、古社の神前に額づく以前に、一先づ裸形になつて垢離を取るのが、古代からの作法であるとして慣習化されていたものであり、また彼等は、口濯ぎを行つて、口唇の穢れを払つたものである。この所作は、迦具土前期に伊邪那岐美命が黄泉国《よもつくに》からの帰途に当つて、旧阿波湖畔の阿波岐《あわき》ケ原で行つた御禊ぎの古事に則つているものではあるが、それにも増して彼等自身は、言霊（ことたま）の日本民族子孫として言葉乃穢れさえ厭うたものであつたから、口濯ぎによる潔身は、必ず負うべき責めとなつていたのである。この事は、また天乃真名井で行つた速須佐男命の佐賀美爾加美而《きがみにかみて》が、現在にまで伝えられている事からでも肯定される。

さて神代の天乃真名井の実体乃至その頃の位置を知る為には、日本の各地にある古社の神域前面の御手洗石や御手洗川の位置、構造、形式などを見て、これらは総て天狭霧国の宮居に接近していた真名井の縮図であることから推究すると、これは正しく伊賀南壁下に懸かる床滑川の雌雄乃血首井に当つていたことが了解せられる。

次に当時行われた最も重要な歴史的事実は、天乃安河での宇気比の際に取り交された御誓約についてである。即ち大日孁《おおひるめ》貴命の尖兵と速須佐男命が、旧野洲川の上流で川を隔てて対峙した時に、互に心の清明を示す為の手段として、二神は相互の国土から「嫁取り婿取り」の誓約を交されたことである。即ちこの約を果すために、互の国土から嫁となるべき毘売《ひめ》神らや、婿となるべき毘古《ひこ》神らを選び出されて、それら男女をして、縁組みをせしめ、御子達を生ましめんと願われたことである。而もか様な宇気比は、その始め天乃安河で約束されたのであるが、嫁取り婿取りの儀式が行われたのは、天乃真名井の口濯ぎの後であり、またその場所は、伊賀南壁の霧生郷字鳥岡の気噴であつたと知られる。

古来から大日靈貴命《おおひるめ》の「御子生み」について、何らその真実を解くに至らず、また正確な考察を成し就げ得なかつたと云うことは、日本神代史については一部有能な海外の研究者よりも一入無頓着であつた日本民族子孫の過去を語つているものであろう。而しながらこの事は、迦具土神の実体や、その構成を明らかにし得なかつたと云う基本的な考察が欠如していたことに誘因するものであり、また太古日本に於ける神の御名は、神の御名そのものに加えて、その四肢五体としていた国土にも併用されていたものであると云うこと、更にまた御子生みと云うのは、自身が御子を生むことではなく、御子を生み定めて国土内の弥栄えを願うたことを、さ様な詞で伝えたものであることが、これまでに知られなかつたが為である。

この姉弟二神が、互の国土内から御物種《ものだね》として、適当な毘古《ひこ》神と毘売《びめ》神を選び出され、それら神人の仲介人として、嫁取り婿取りを行われたのであるが、その所作は、互の国土から「乞い取り乞い渡す」儀礼的な形式を採られたのである。この事は、現在の日本に行われている作法そのものであつて、太古の儘の遺習が、今日でも生きているのである。従つて極めて一部であるが近世風の野合などは、その頃では何びとも犯す者がなかつたであろう。

当時の御物種として選ばれた天《あま》津《つ》神やその血縁については、旧記も口誦も何ら伝えてはいない。而しながらそれらの神たちが居住していた地理的位置については、極めて明確に示されているのである。またそのことによつて、旧伊勢湖の沿岸に蟠居していた太古日本の民族的分布や、その盤《いわ》室《むろ》の位置が分明にされているのである。

さて大《おお》日《ひ》孁《るめ》貴命と速須佐男命が相互に毘古《ひこ》神や毘売《ひめ》神を「乞い取り乞い渡し」た後になつて、相互の国土に生れ出て「珠」にも比せられていた御子達の名は、次の様に挙げられている。

大《おお》日《ひ》孁《るめ》貴命
- 多《た》紀《ぎ》理《り》毘売命 — 御物種、即ち父は、速須佐男命の十拳乃劔と呼ばれていた処、即ち旧伊勢湖北岸の一部入江に近い旧伊賀北壁に座した男神である。
- 奥津毘売命 —（同上）
- 多《た》岐《ち》津《つ》毘売《ひめ》命 —（同上）

これら三柱の姫神の御母は、大日孁貴命の国土内から選んだものであつたが、御物種としての父は、速須佐男命の国土内からの出身であつたが為に、これら三柱の姫神は、悉く速須佐男命の御子と定められたのである。

速須佐男命

1、天之忍穂耳命《あめのおしほみ》
御物種、即ち御母は、大日孁《おおひるめ》貴命の左之御美豆良《みづら》、即ち伊賀南壁とその西壁が交わる高地に居住していた姫神である。

2、天之菩卑能《ほひの》命
御物種（母）は大日孁《おおひるめ》貴命の御美豆良、即ち伊賀南壁とその東壁が交れる旧髻嶽の附近に居住していた姫神である。

3、天津日子根《あまつひこね》命
御物種（母）は大日孁《おおひるめ》貴命の御鬘《かづら》、即ち旧伊勢国一志郡の高地に居住していた姫神である。

4、活津《いくつ》日子根命
御物種（母）は大日孁《おおひるめ》貴命の左乃御手、即ち旧大和国の吐山《はやま》を中心とする山辺郡の高地に居住していた姫神で、奥疎神《おくさかる》の子孫である。

5、能野久須毘《くすひ》命
御物種（母）は大日孁《おおひるめ》貴命の右乃御手、即ち旧伊賀東壁に居住の姫神で、辺疎神《へきかる》の子孫である。

これら五柱の男神は、その父が速須佐男命の国土内からの出身ではあつたが、選ばれた御物種としての母は、悉く大日孁《おおひるめ》貴命の国土内からの出身であつたが為に、大神はこれら五柱の男神を、己が御子であると定められたのである。

即ち大日孁《おおひるめ》貴命は、旧霧生郷の気噴《きぶき》で生れたこれら八柱《やはしら》の御子のうちでも、男の御子らは大神の国土内に居住していた姫神らを御物種として生れたものであるから、御自分の御子と定められたものであつたが、他の三柱の姫神らは、御自身の身くろ内の国土に生れたものであつたとしても、選ばれた御物種その者は、弟命の国土に出身した昆古神であつたが為に、それら三柱の姫神は、速須佐男命の御子であると定められたのである。

考証121

然者汝心之清明何以知《こころのあかきこといかにしらんや》、於是速須佐男命答曰、各宇気比《うけひ》而《で》生子《こをうまん》（古事記）のうちに記されている宇気比とは、宇而比（伊賀古語）のことで、「うてび」と呼び、この宇而比《うてび》と云うのは、池または湖の水尾が段階を作つていて、第二の池または湖へ落下する個所を云う。即ち高い水位の個所から、石畳の階段を仲介路として、低い水位に連絡し、上段から下段へ落ちる水が、極めて浄化されている処である。か様な段階で、水流が落下する様を、古来から「宇而比《うてび》が鳴る」と云う詞で表現されている。

この宇気比と云うものの実体は、天之安河を狭んで姉弟二神が互に御心を通じ合つて、倶に和らげ、心の清明を表示せられたと同様な姿態を作つているのである。人皇の御世に入つてから上古の頃までも用いられていた宇気比も、太古時代の儘に同意義で用いられていたのである。即ち次の史実はそのことを理解せしめる。

宇気比落《おち》、宇気比枯《かる》　（古事記）

—垂仁天皇の頃で曙立王の一節—

末節の「宇気比で子を生む」と云うのは、互の御身くろを構成していた国土内から、天津毘古《あまつひこ》神や姫神を「嫁取り婿取り」せられて、それらの神人を御物種とすることによつて、天津御子達を生ましめようとの大神の神慮を伝えたものである。

従つて御子を生むことは、姉弟二柱の神には何ら直接に係わるところがなかつたのである。このことについての解明は、迦具土の考証によつて明かし得られたであろう。

考証122

奴那登母由良爾《ぬなともゆらに》、振滌《ふりそそぎ》天之真名井（古事記）または振濯於天真名井亦去来真名井《いざのまない》（旧事記）の天乃真名井または「いざの真名井」は、現在の日本各地に見られる様な井戸を云つたものではない。国土の極めて若かつた頃に、溪流の一部個所が颾穴を作つていて、それが清水を溢らしていた処である。真名《まな》は「若い芽」であり、真名井は「若狭井」のことである。

迦具土時代の旧伊賀国の実態は、日本に実在する古社神域内の布置景観そのものによつて、極めて正確に再現されているものであるから、太古の天乃《あま》真名井は、現在の御手洗石や御手洗に当るものであり、またその当時の位置が、判定し得られるのである。

大和民族の子孫が氏社などに参進すると、先づ口濯ぎをするが、この事が天乃真名井の起源を語つているものに他ならない。且つ神域内の御手洗石や御手洗川の布置からみて、天狭霧《あまさぎり》国の宮居に近かつた筈の天乃真名井の旧位置は、伊賀南壁の北腹に懸かる床滑《とこなめ》川の一部河床に当つていて、その正確な個所は、床滑川上流の女井と男井であると云うことが知られる。

この床滑川の血首井《ちくびのいど》は、神代の頃に幾らか人工を加えられたものと見え、河床に露出する岩石の中央部は、口径六尺、深さ十二尺ばかりであり、その低辺に近い処が段階になつている。

旧事記に去来真名井《いざのまない》とあるが、「いざ」は我が身と云う意味であるなれば、唯我に通じ生我または伊賀は語音が通じる。このとはまた、考証三十九で述べた。なお「いがなせる押機」（古事記）の「いが」は、汝自身と云うことであり、従つていざと云う詞は、旧伊賀を指したものと思われる。また堀天之真名井三処（旧事記）とあるが、これらは矢張り床滑川の上流にある女井男井などが、種生村字鈴又の方向を指して東方へ屈折している個所であつたことを教えている。

考証123

佐賀美爾加美而《さがみにかみて》（古事記）は、齰然咀嚼而《さがみにかみて》（旧事記）の詞で伝えられていることによつても、その有りの儘の所作を明らかにしている。即ち速須佐男神が姉神の宮居へ参入する為に、先づ天乃真名井へ入つて口濯ぎを終え、口唇の穢れを払うてのち、初めて気噴《きぶき》の宮へ入つた事を伝えているのである。

　こうした所作は、太古からの遺風として、日本民族の子孫が今なお行つているものであり、氏子らが氏神の神殿近くに臨むと、其処に設けられてある御手洗井や御手洗川に立ち寄つて、先づ吐く息を清めることである。即ち「佐賀美《さがみ》に噛む」と云うのは、こうした神事の際に行う「霧吹き」のことである。即ち御手洗井の水を口に含んで、勢よく霧吹きする姿に他ならない。この事は単に氏社へ参進する人びとが、口唇の穢れを払う為のものばかりではなく、言《こと》たまの唯神《いしん》の道を踏み来つた大和民族の子孫は、天津国津の神に倣つて、常日頃から「言葉の穢れを払うことによつて初めて神の座に対座し得る」と云うことの実態を伝えているのである。

　東海道の呼称は、伊賀伊勢志摩から初まつて、安房上総下総常陸の順序で終る。これら十三カ国の中間に位置を占めている駿河国と相模国は、古代の頃は相模と云う一つ名であつたと云う。この事はまた、それら両国が双方ともに霧吹きする姿態で、駿河湾と相模灘の潮を真顔《まがお》に受けていたので、か様な国土の相貌自体は、恰も神代に行われた「佐賀美」の姿を見せていたものであつたから、それを「さがみ」と云う詞で呼んでいたものであり、それが人皇の御世になつてから、相模と駿河の二ヵ国に区分されたものであると考察される。

考証124

乞度《こいわたして》天照大神所纒左御美豆良八尺勾珠五百津之美須麻珠《やさかにまがたまいほづのみすまろのたま》……亦乞度所纒右御美豆良之珠……亦乞度所纒御鬘之纒……亦乞度所纒左御手之珠……亦乞度所纒右手之珠、放吹棄気吹之狭霧《ふきすつるきぶきのさぎり》所成神熊野久須毘命（古事記）に記されている「御纒い給うた㈠左之御美豆良㈡右之御美豆良㈢御鬘㈣左之御手や㈤右之御手などの珠《たま》」とは、珠そのものを云つたものではない。これは大日孁貴命《おおひるめ》の五体を構成していた旧伊賀とその周辺の国土内に座を占めていた「珠にも比せられるべき姫神」らを指して、大神の珠と云う詞で呼んでいたことを伝えたものである。日本では近世の頃まで、未婚の女人を珠の名で呼ぶ風習が、地方の山間部に残つていたことは衆知の事実である。

さてこれら大神の御身くろ内に住んでいた姫神らは、速須佐男命が旧霧生《きりゅ》へ入られたときに大神に乞い求め給うた御珠であり、これが大神の御許しになつて御渡しになると、これらの姫神は、速須佐男命の御身くろ内から選ばれた毘古《ひこ》神らと結縁せられて、各組は御子一柱《ひとはしら》づつを生み給うたのである。こうした姫神らの生地については、既に本文で表記したものであるから、この考証では省略する。

御物種《おんものざね》または珠を「乞い取り乞い渡す」と云うのは、太古の「嫁取り婿取り」などに当つて、その「取り持つ姿」を伝えているのである。また日本民族の婚儀は、天津神の御媒酌によつて起つたもので有ることをも伝えている。旧事記に依るならば、嫁取り婿取りの神事を御誓約されたのが、大日孁《おおひるめ》貴命と速須佐男神であつたが、御子を生み給うたのは二尊ではなく、姉弟二柱の神は、単に双方国土から好個な配偶となるべき天津毘古《あまつひこ》神や毘売《ひめ》神を、選定せられたに止まると云うことを一層明瞭にしている。

考証125

於吹棄気吹之《ふきすつるきぶきの》狭霧《さぎり》、所成神名正勝吾勝勝速《まさかあがつかい》日天之忍穂耳《あめのおしほみ》命………方吹棄気吹之狭霧、所成神名（古事記）で伝えられている気吹之《きぶきの》狭霧《さぎり》は、気噴《きぶき》の地を云つたものである。これは伊賀南壁の旧霧生郷の一部にあるものであり、日本では最古の怪奇口誦伝承の一つとして伝えられてきた千方将軍の城趾と云われる地域に当ると考察される。

当時それら御子達の生れた「狭霧《さぎり》なす処」と云われたのは、旧伊勢湖が伊賀東南隅で小さな湖上湖を持つていた区域で、これは現在の霧生《きりゅ》村を水面下に容れていた頃の種生村の一部を指して呼んだものである。この詞はその後になると、天狭霧《あまさぎり》乃国としての旧伊賀を総称する様になつた始まりであり、この事については、既に考証を尽したものである。

考証126

垂仁天皇の皇女倭姫命が、大日孁貴《おおひるめ》命の御杖代《みつえしろ》になられて、御夢にみた高天原を目指して大神の御導きの儘に伊賀国へ巡り入られて後は、伊賀南壁前面下方の阿我乃里《あがのさと》を流れていた黒崎川の近くに、穴穂の斎宮《いつのみや》を造営せられたのであるが、この時に姫は更に穴穂宮から一里ばかり北方の猪田乃里で、天乃真名井を新しく作られたのであつた。

猪田は井田であつて、天乃真名井が作られたことによつて、その郷名が起つたものである。この井戸は忍穂《おしほ》井通う所（準后伊賀記）であると伝承されているが、井戸と云つても僅に四尺四方のものであり、而も水深が極めて浅く、井戸と呼ぶべき程のものではない。而しながら大旱でも水が涸れないと云われている程の湧泉である事と、且つまたその水深が浅いと云う事自体が、却つて神代の天真名井の実相を伝えたものと見られるのである。

なお猪田乃里で倭姫命が真名井を作られたと云うことは、太古の頃の天乃真名井の実相が、伊賀盆地の底地部へ移動して来た猪田地方の住民の間に、その時代にまで永く伝承されていたが為であり、恐らくは郷人の献策によるものであろう。

倭姫命の作られた天乃真名井の所在は、長田川の中流に臨んでいるのであるが、この地方は、現在の伊賀盆地最底部を抜くこと僅ばかりの標高に過ぎない。この事実から見ても日本の上古時代には、旧伊勢湖の 片鱗 さえもこの 白鳥《しらとり》の伊賀国では 窺い得なかつたことを 教えているのである。

第二十三節　旧近江国油日《あぶらひ》乃《の》里《さと》の螢火《ほたるひ》神の神威

大日孁《おおひるめ》貴命は粗暴な速須佐男命を避けられるために、天乃岩戸に隠れ住み給うた。これが為そのころ伊賀近江の三ケ国に跨がる油日嶽の麓に座を構え、天乃安河《あまのやす》を 脚下にしながら 旧油日乃里に 拠つていた 天乃尾羽張《あまのおわばり》神は、旧伊勢湖の東北隅から伊賀南壁の天狭霧《あまさぎり》乃宮へ向つて、微かながらも螢火の輝く様に、その神威を振い始めたのである。

迦具土時代の後期に入ると、盤室と合体した千木高敷《ちぎたかし》い神館が構築せられる様になつたが、この事実は、日本の古社神殿が岩座の上に建造されていることを見ても、当時の天津《あまつ》神の座が考察し得られるのである。か様な新しい形式の住居に変化して来たのは、旧伊賀や近江地方ばかりではなく、旧大和、丹波、美作、信濃、甲斐、飛弾や其他の湖沼国でも同様のことで、これらの国ぐにへ移動して、湖畔の国土を己れの身くろとしていた国津《くにつ》神らは、天狭霧国の天津神らに倣つて、盤室を兼ねた神館に居住していたものであると考えられる。

元来日本での原始群落の由来は、旧大和国宇陀郡を発祥の地としているのである。これが迦具土大火を転機として、太古時代の建築や住居の形式に飛躍的な変化や進歩を与えた様である。即ち先づ神館の位置を選定する場合には、必ず太古からの口誦に従つて「朝日直刺《ただき》し夕日直刺す」場所を求めたものであり、従つて旧伊賀南壁にあつた天乃祖神の座も、この教えに添う処に位置を占めていた様である。

これは展望、採光、通風、乾湿などからみても、当然の帰着点であり、また水利の便が極めて好かつたが為である。而も迦具土大火を経験してから以後は、これら神館に更に変化が加えられたものであり、この事は当時の盤室の広大さや、使用されていた巨石からでも知り得られる。伊賀西壁では嘗ての迦具土神の左乃御足や左乃御臂と呼ばれていた地域であるが、これらの地方には、巨石で構築された盤室が少からず遺されている。而もこの様な場所に使用されている多くの巨石は、古代人の驚くばかりの剛力によつて、低地から山頂の近くにまで曳き上げられたものでは決してない。

元来日本での盤室起源は、宏遠な黄泉《よもつ》国の初期時代に始まつたものである。換言すると、旧黄泉湖畔から旧伊勢湖畔へ向つて日本の古代民族が移動する以前のことであつた。それが盤室群落の形式を採る様になつたのは、旧大和国宇陀郡室生《むろお》村一帯に初められたものであり、旧隠《なばり》乃湖の一部が、この辺りまでを水に浸して、室生地方に八海九穴を作つていた頃からのことである。

大日靈貴命《おおひるめ》は粗暴な速須佐男命を避けられるために豊岡宮《とよおかのみや》を出られて、天乃岩戸へ籠られたことは、神館の裡の岩室住いに御生活を移されたと云うことである。且つこの岩戸隠れの期間が、短時日に終つたものでないことは、外面の国土に居住する国津神らが立ち騒ぎ初めたことからでも察せられる。殊に奇異なことは、旧伊賀と近江の国境にある油日嶽に座を構えていた天乃尾羽張神が、大神の岩戸入りの直後から、旧伊勢湖を擁する天狭霧国へ向つて螢火《ほたるび》が輝く様に、微ながらもその神威を放つ様になつたことである。即ちこの螢火神の威光は、湖の東北隅から湖面を伝うて、伊賀南壁にある天津神の座を照らす程になつたのである。

天乃《あまの》尾羽張《おわばり》神の威光がか程までに輝いたと云うことは、この神の座は旧迦具土神の右乃御足やその尾を扼する要所に当つていたからである。即ち太古の水路交通が、旧油日乃里《あぶらひのさと》の中央を流れていた天安河《あまのやす》を通過することによつて、初めて可能であつたが為である。既に前説で尽したのであるが、この神は神代の天乃安河を脚下に踏みしめていて、彼がその地理的優位から、旧伊勢湖と旧淡海を結ぶ水路交通を制御していた為である。

なお当時の盤室のうちでも、旧伊勢湖畔に遺されていると考えられるものは、次の各所である。

大和国　豊原村（太古では投棄て給う御冠）
同　　波多野村（同　左乃御足）
同　　室生《むろお》村（同　室生八海九穴）
伊賀国比自岐村（同　右乃御臂）
同　　比自山（同　左乃御臂）

旧伊勢湖畔の盤室推定地

- 同　阿波村（同　右手の掌中）
- 同　甲野《こおの》村（同　血は激《たばし》り越ゆ）
- 同　千戸《せんど》千歳《せんざい》村（同　御涎《よだ》れ）
- 同　波敷野《はじの》土穴（血手俣より漏れる）
- 同　霧生《きりゅ》村一帯（御首、御頭）
- 近江国油日村（天安河の右岸）
- 山城国今山村（天盤座《あまのいわくら》の下流）

これら旧湖畔の沿辺で大和民族祖先の営んでいた盤室や、或は土穴などの地点を探る為には、当時の地理的景観を基にして、先づ最初に「朝日夕日の直刺《たださ》す」個所を求め、次いで貝塚の分布や盤室を集計すると、その正確な場所が解るであろう。またそれと同時に、当時の着船地であつた国津村、上津村、中津村や下津村（阿保盆地）、波野田村（岩倉町と改名）、島ケ原村、波多野村などの高地部に隠されていた太古の出土物に待つべきである。

元来伊賀四壁の高地部には、人皇の御世以後に作られた盤室や古墳などは、殆んど存在してはおらない。このことはまた、大和や近江などの国ぐにと同様であつて、稀れに例外があるとしても、人皇の御世以後に構築された歴代の天皇やその他の陵墓は、殆んど盆地内かまたは盆地に近接した低地部に限られているのである。即ちその大部は、嘗ての大湖や小湖の湖底に作られたものに過ぎない。この事実からみると、旧大和国の磯辺高地に見られる貝塚群や盤室《いわむろ》遺構は、日本神代が遼古を貫くばかりの長期間に捗つていたものであることを物語つている。

考証127

於底津岩根宮柱布刀斯理《ふとしりて》、於高天原氷椽多迦斯理而《ひぎたかしりて》、居是奴也（古事記）の「底津岩根に宮柱太しり」に伝えられていることは、旧霧生郷気噴《きぶき》の地で大日孁《おおひるめ》貴命が宮居として造営された当時の建築は、岩盤上の木造物であつたことを云つているのである。またこの事によつて、湖畔に点在していた天津《あまつ》神らの座も、盤室を兼ね備えていた神館《かみやかた》であつたことが知られる。固より日本各地の古社奥宮の形式は、太古の有姿を今に伝えているのであるから、この点に関しては何らの疑義もあり得ない。然しながら人皇の御世に入つてからの社殿は、平坦な地域に石垣などを囲つて、それに盛土を施して作られたのが普通である。この新しい形式は、高地部から肥沃な低地部盆地へ移動分村してきた大和民族の子孫が、祖先の神霊を分霊奉祀する様になつた頃から、さ様な型に変化して来たものである。伊賀南壁内の古社のうちには、瑪瑙の岩盤上に構築されているものもあるが、これなどは太古の建築様式を正確に近いほど遺しているものと云いたい。

日本民族の子孫は、遠い時代からの遺習に従つて、氏社などに参拝する場合には、必ず社前で拍手《かしわで》を打つ。また社頭の鈴を鳴らすことによつて、初めて鎮座の主神と対座の位置に就き得るものと云われ、現今でもこの作法に従つている。このうちの拍手を打つと云うことは、神代の大和民族祖先が、盤室住いの生活を永く営んでいたものであつたが為に、訪れ来つた客は、必ず盤室の前面で手を鳴らしたことがその起源になつたものであり、この所作が現代にまで伝えられているのである。なおこのことについては、考証113第一項の(2)でも説明した。

考証128

天尾羽張神者《あまのおわばり》、逆塞上天之安河之水而《さかさにふさぎあげ》、塞道故他神不得行《みちをふさぐゆえ》（古事記）については、天乃安河《あまのやす》に関する考証で、その一部の解説を終えた筈である。この天之尾羽張神の神座は、旧伊勢湖が近江国への落下水路を作つていた天乃安河の沿線のうちでも、最も要所になつていた油日乃里《あぶらひのさと》に構築されていて、其処でこの神が水陸両路を制御していたのである。換言すると、天狭霧国から天安河を仲介の水路として外面の国土へ降つた天津神や天津邑びとに取つては、この神はその行手に立ち塞がる位置に拠つていたと云うことである。このため大日孁貴命《おおひるめ》が天乃岩戸に隠れ入られて、盤室住いを始められる様になると、天之尾羽張神の神威は油火《あぶらひ》の様に、或はまた螢火の様に輝いて、微かながらも伊賀南壁にある天乃祖神の座へ向うて、己が光りを放ち始めたのである。

次に「天之尾羽張《あまのおわばり》神は天乃安《あまのやす》河の水を塞き上げ」によつて伝えられているものは、この神自身の剛力で、旧伊賀から旧近江国へ落下していた天乃安河の水を停止せしめ得たと云うことではない。これは油日嶽を中心とした油日乃里《あぶらひのさと》を、己れの身くろにしていたこの神の御在世時代になつて、迦具土神の「尿《ゆばり》」と呼ばれる初期の木津川の水路が生れ出ることになつたが為に、旧伊勢湖の減水や水位の低下が招来して、その結果嘗ての天乃安河の水路が停止する様になつた事を云つたものである。即ち現在の近江国野洲川の上流が、神代の頃にあつての形態と、当時の天之尾羽張神の神座が占めいた地理的位置を解説しているのである。

考証129

緊常世長鳴《とこよのながなき》之鳥《どり》、遍使長鳴（旧事記）または他の書に鳥鳴声高聞弓、昼夜不止、囂此異止宜弓とあるのは、大日孁貴《おおひるめ》命が神館から盤室住いへ居を遷されてから後は、天津《あまつ》神らはその戸前に集つて、日に夜に次いでの鶏鳴を揚げ、それによつて神館への出座を乞うた事である。現在でも夜中に不時の鶏鳴を聞くと、必ず異変の起る兆しである（伊賀口誦）と云われているが、これは太古の岩戸隠れが永く伝えられていたが為である。
人皇の御世に入る以前の伊賀国名張盆地を中心とした四囲の地方が、隠乃国《なばり》と呼ばれていた事も、か様な大日霎貴命《おおひるめ》が岩戸隠れをされたことに関聯した国土であつたからである。後世になつて南北朝の頃に兼好法師が、伊賀南壁下の国見田井乃庄に隠棲したのも、何らかに遠由するものがあつたからであると見られる。

考証130

大和国宇陀郡室生村《むろお》一帯の宇陀川支流に臨む高地部は、大和民族の祖先が旧伊勢湖畔へ移動する迄の長年月間に捗つて、盤室居住を創めていた地方である。元来迦具土時代前期の頃には、旧大和国の曽爾《そに》を被つていた黄泉《よもつ》湖畔から旧伊勢湖畔への直接の移動は、全く不可能なことであつた。それは旧曽爾がその四壁の直下で擁していた台地は、屏風岩、住塚《すみづか》（三国嶽）、具留尊《くろそ》、亀山、古光などの麓であつて、而もその台地の尽きる縁辺は、殆んど垂直となつて黄泉《よもつ》湖へ臨んでいたのである。従つて温熱汚濁の湖内での舟運は、不可能の事であつたが為に、現在の排水路である香落渓《こうちだに》を伝つての旧伊賀への移動などは、到底望み得なかつた次第である。即ち旧曽爾からの初期の民族移動は、旧曽爾の西域に当る住塚《すみづか》前面の宮城（みやしろ）地方から黒岩方面に向い、それが更に旧室生《むろお》地方へ移り住んだものである。

こうした室生村の高地部には、室生九穴があり、鬼岩屋、仙人窟、護摩岩屋、天之岩屋、三龍穴、妙吉龍穴、沙羅維吉祥龍穴、世度岩屋、九軍茶利岩屋がそれである。これらの盤室は、後世になつて仏徒の名付けたものであろうが、その総ては、旧室生一帯の地が室生八海と唱えられていた湖沼時代に、その入江に近く臨んでいたものであると考察される。

現在の大和国室生村が、淀川上流としての宇陀川やその支流の室生川沿線に点在していると云うことは、旧大和国の榛原《はいばら》地方を被つていた小湖と、旧隠乃《なばり》湖の中間に位置していたところの室生八海に臨んでいたものであることを教えている。この地方では古来から「室生の糞流し」と云つて、家屋の内外を清潔に保つために、家屋に接近して厠を設けず、また用便は不浄のものとして、悉く室生川へ流した（室生遺習）ものであつた。この事はまた、この地方の太古住民が、盤室群落を旧日本の国土内に始めて作つたことの証左であると見る。

また一般に「大和国宇陀の室生地方は、日本に於て村作りの始まりとなつた処である」（宇陀伝承）と云われている。これは室生一帯の岩室遺構やその布置が、湯津《ゆづ》盤村《ゆわむら》の初期の形態を伝えているものであり、且つまた太古日本の群落が、この地方で創められたものである事を確証づけるものに他ならない。即ち現在の「村」と云う詞は、「室《むろ》」から転訛したものである。
この室生村を中心として、大和伊賀伊勢の山間部では、秋の収穫期になると、「今日は胸毛《むなげ》を刈り明日は尻毛を耕し、次の日は小枕《こまくら》に麦を蒔く」と云い、また己が田畑を指して総て己が四肢五体で呼び做している。このことは古事記が伝えている迦具土の記録と、聊も異るところが無いのである。

なお室生《むろお》村に室生寺が所在する。この寺の正体は、白鳳九年に役小角《えんのしょうかく》が興したものと云われているが、それが事実であるとしても、何故に彼れがこの様な奥宇陀の秘境を求めることになつたかを推究したい。そのことはこの地方が、古事記で伝えられている天《あま》乃詔琴《のりごと》に関聯する土地であつたによるものとみる。即ち天乃詔琴に現われる速須佐男命の娘須世理姫《すせりひめ》命が、この地方の大室《おおむろ》屋《や》に居住されていたが為であつて、その旧地は、現在の室生寺の域内に当つていたからであると知られる。即ちこの地域が、須世理姫命の嘗ての神座そのものであつたが為に、役小角の開いた室生寺が、後世になつて女人高野として尊崇せられて来たものであろう。

さてこれら一括の考察に資するために、次の例証を挙げたいのである。

(1) 室生村字室の暗《くらが》り谷にある龍穴神社の起源について、

「夫れ神代往時を尋ねるに、速須佐男命は天《あま》より降《くだ》り来る。然る処大国主命は嫡后須世理姫命《すせりひめ》と宇陀の大室《おおむろ》の岩窟に入り給い、五百引石を以て岩戸の口を塞ぎ、赤埴《あかばに》を以て窟を壁す。これ赤埴の初めて是より発す。また岩窟は、今の室生の龍穴神社是なり」

（室生赤埴白岩神社の記録）

(2) 室生村の起源について、

「白鳳九年に役小角が創めたものを、宝亀延暦の頃になつて奈良の興福寺の僧賢憬がこの山寺を経営し、須世理姫の神霊を白岩に遷して、その旧地に雨神を祈り、室生龍穴神社と称して祈雨の神祠とした」

（室生寺縁起）

(3) 「大国主命の嫡后須世理姫命は教えて、盤屋を蜂比礼《はちひれ》で払い、現在の室生村鬼ヶ城に矢を放つ、その矢は大野に落ちた」

（室生伝承）

「五百石で室生の山の室を塞いた場所は、現在の室生村字暗《くらが》り谷である」

（室生伝承）

これらの伝承は、大国主命の直孫であると伝えられていて、大和国宇陀郡内牧村字赤埴《あかばね》の赤埴城主であつた赤埴氏の記録にもあると云われる。

赤埴《あかばね》氏は非常な旧家であり、上記の様に、赤埴の名は日本の神代史にも現われているのであるが、同家は現在では宇陀川左岸の三本松村に移住して、農を営んでいる。また右の伝承に現われた大野とは、室生村の対岸高地に位置を占めている古大野の地を指示したものである。

以上列記した伝承や記録は、また次の史実に合致するであろう。

於是其妻須世理毘売《すせりひめ》者……追至黄泉平阪、遙望呼謂大牟穴遅《おおなち》神曰、其汝所佩之大刀生弓矢以而、汝庶兄弟者追伏坂之御尾、亦追撥而意礼為大国主命、亦為宇都志国主命而、其我之女須世理毘売為嫡妻而、於宇迦山《うかのやま》之山本於底津根宮柱布刀斯理而、居是奴也　（古事記）

この様に記録されている古伝承からみても、旧室生村での盤室居住時代には、神館としての木造と盤屋との合体作りが、構築されていたものであることが知られる。但し須世理姫命の夫であつた大国主命《おおくにぬし》が、速須佐男命のために大室生《おおむろお》の盤室で蛇攻めの辛い目に遇わされた（古事記）のであるが、その旧地は、室生九穴のうちの何れに当つているかに就ては、伝承もそれを明らかにしてはいないのである。

この室生村は深山帯で、そこから曽爾《そに》地方へ続く嶺々の殆んどは、古来から足跡を入れた者が絶無と云われている（宇陀郡誌）。またこの地方だけに見られると云う怪異な槌の子と名付ける蛇や、飛び沙魚などが山椒魚と共に生息している。

旧室生村の地理的乃至史的考察を、一応この程度で終結するに当つて、特に附記して置きたいことは、日本では仏教伝来以降、僧侶がその勢力の保持と民心把握の手段として、各地に仏寺を建てるようになつたのであるが、さてか様な場合に彼等は、日本民族祖先が太古から天津神や国津神らの神座であつたとして追憶し、且つ崇め来つた土地を選んだものであると云う事実についてである。

女人高野としての室生寺の起源も、僧徒が神代の遺趾を破壊して、神仏混合を強行したものであろう。その好適な例証として、同じく宇陀郡内の神戸村天益寺を挙げたい。この寺は正和二年に賢俊が創めたものであるが、彼はこの地を選んだ由来について、次の様な宗教的縁起伝承を自作している。即ち、

「我れ往古より大和国宇多郡の天之香久山《あまかぐやま》に隠れ鎮まる神であると告げて、白弊となりて南方へ消え失せた白髪の翁からの霊夢を受け、それによつてこの寺を創建したものである」と。

こうした縁起伝承が、僧俊賢によつて残されていると云う事は、嘗てこの地方に住んでいた国

津神の残してあつた神座の旧地を襲うて、これを仏座に更えるために仏徒が美化した縁起であり、またか様な手段によつて、神仏全体以後になつて各地の人心を収攬せんものと企てたと解せらる。従つて日本の高地帯に現存するものの大部や、或はまた旧河海の沿岸に散在する古寺の殆んどは、か様な目的で創建せられたものである。河内国玉手山の東福寺を始め、僧行基が開基した各地の寺坊や、或は大和国山辺郡神野山の中腹にある髪生山神野寺などはそれである。また伊賀国名賀郡霧生《きりう》村の天照寺、同種生《たなお》村字国見の草藁蒿寺、同中瀬村南宮山中腹の大岡寺、同長田村の西蓮寺、同阿波村の新大仏寺などは、旧迦具土神の御身くろであつた伊賀国内で挙げられる。これら寺坊の域内には、仏教伝来以前の盤室や、石棺其他太古日本民族の遺品が夥しく埋蔵されてあるものと見る。従つて女人高野として名ある室生村の域内も、これらと轍を一にするものであろう事には疑を容れない。

第二十四節　旧伊賀国千座乃里《せんざのさと》の千座乃祓《せんざのはらい》

速須佐男命は旧伊勢湖と旧平田湖の中間水路である中津瀬の沿線居住民

にとつて、環視の的となつていた千座置戸《ちくらのおきくら》の高地で、千座の祓いを負い給うた。
迦具土時代後期の千座置戸《ちくらのおきくら》と云うのは、旧伊勢湖の退水消滅後になつて、南宮山の両翼から東西の低地へ向つて移動した千戸《せんど》村や、或はまた千《せん》歳《ざい》村の祖先らが、迦具土時代に都邑を営んでいた処である。千歳とは、上代の千座乃里《せんざのさと》の名残りである。

神代に千座置戸《ちくらのおきくら》の高地で、速須佐男命の罪過を責め、またこれに科《とが》を負わす為に天津神らが合議する事になつていた天安河の上流地帯は、流れもなく、一面の石河原となつていたのである。それでもその頃から見ての現在の様相は、遼遠な時代経過の結果として、旧河原の右岸では、天尾羽張神が油日嶽を中心として神座を構えていた頃の姿態が一変せられているのである。即ちこの山の麓から近江国磯辺地方へ向つて流れていた天乃安河の流域は、延年の間に自然界から蒙つた破壊が甚しいものであつたが為に、神代の天乃安河そのものは、現在の近江国野洲川上流で埋歿し去つているのである。

この事実は「石渡る近江国」の謎を解くものでもあり、天津神らが神集いせられた故地については、全く明瞭を欠いている。ただ大体のところは、伊賀国柘植野《つげの》から近江国油日《あぶらひ》村へ通ずる中間の与野が正確に近いものであることは前説した。

元来この与野の旧位置は、旧伊勢湖畔や旧淡海乃至旧伊勢の知和岐乃里《ちわきのさと》などに居住していた天津神や国津神らが神集《つど》う為には、地理的に格好の場所であり、殊に天乃安河は、神代では旧伊勢湖の「宇而比《うけひ》の切れ」であつたから、この河原から千座置戸《ちくらのおきくら》の高地を望み見た場合には、天乃尾羽張神乃劔と呼ばれていた旧伊勢湖の水尾によつて隔てられていたものの、両者は互に指呼の裡に容れていたからである。然しながら安乃河原が化して生れた現在の与野も、明治初年になつて更に人為的に平坦地化され、それが高原の姿に変貌されているのである。従つて太古の形態などは、全くこの地方には残されていない。

千座置戸《ちくらおきくら》と云うのは、現在の伊賀国千歳《せんざい》村と千戸《せんど》村を指したものである。但しその旧地は、千戸山南宮山を中心としたものであつた、旧南宮山一帯の国土は、迦具土時代の前期に金山姫《かなやまひめ》命が座を構えていた処であり、それが迦具土神の多具理《たぐり》を吐くことによつて生れ出た中之瀬川の為に、旧伊勢湖と旧平田湖の中間に浮び上つて、島の様な形態を見せていたのである。

千座《ちくら》とは、現在の伊賀国千歳《せんざい》村のことであり、これは太古の都邑である。また千座乃祓の座でもある。但し千座の旧地は、現在の千歳村そのものではなくて、千座の盤村《いわむら》が作られていた迦具土期の原住地を指しているのである。即ち旧伊勢湖や平田湖の退水に順応して、後代になつて南宮山の西麓からその北麓の低地へ移動したのがそれである。従つて千座の故地は、現在の千歳村の民家附近には求める由もない。

また上代までの千歳村は、千座乃里《せんざのさと》と呼ばれていた処であるが、その千座乃里と云うものも、千歳村の住民が伊賀盆地へ移動を行つて以降に、初めて生れた名称である。これがため地理的にみても、南宮山の西北に面した丘陵が神代の千座に当つている。

次に置戸《おきくら》と云うのは、現在の千戸《せんど》村である。但しこれとても千歳村と同様であつて、神代の天乃平田を被つていた旧平田湖が干上ると、現在の様な平田盆地が生れ出て来て、南宮山の東隣りに当る千戸山一帯に原住していた古代千戸住民が、低地へ移動を行うことになり、それが彼等の子孫をして、平田盆地の西北隅に千戸村を作らしめたのである。

か様な千戸や千歳住民の祖先は、千戸山と南宮山を中心とする景勝な国土に居住していたのであるが、さてこの地域の南西北の三面は、旧伊勢湖に臨んだものであり、またその東面は、旧平田湖を眼下にしていたものであつた故に、迦具土時代の都邑としては、旧阿波湖を擁していた天乃阿波《あまのあわ》に劣らぬ程の清浄な盤邑が作られていたものであろう。

さて速須佐男命が祓いを受けられるための「責め」は、か様な両湖畔の居住民から環視の的になつていた千座置戸の高地で行われ、而もその責めは、薄暮から夜にかけて執行された様である。

考証131

於是八百万神《やをよろずのかみ》共議而、於速須佐男命負千位置戸《ちくらのおきくら》（古事記）とは、「これを科するに千座置戸《ちくらのおきくら》を以てし」（旧事記）によつて伝えられている千座置戸と同様のもので、その頃の位置は、現在の伊賀国千戸山と南宮山の高地に当つていた事を伝えるものである。

現今では千戸山と南宮山を狭んで、その両翼に分布しているのが即ち千戸《せんど》村と千歳《せんざい》村の民家であるが、迦具土時代のそれら村落の祖先住民は、旧伊勢湖と旧平田湖の中間障壁となつていた南宮山一帯に居住していたのである。即ち其処は奥千戸と呼ばれている高地に他ならない。またその名を奥千戸と云うのは、太古には大群落のあつたことを教えているのである。

さて現在の千歳村は、一宮村の一区に過ぎないが、日本の上代以前では、千座乃里《さと》と呼ばれていたものであり、この事は次の史実からも明確にされている。

千座《せんざ》乃里《のさと》中肥也、敢国明神之摂社多此里　（伊賀風土記）

考証132

千戸《せんど》村や千歳《せんざい》村をその麓に擁した南宮山を指呼して「伊賀国南宮山の高地で、太古の頃に千座の祓いが行われ、そこで神代の祓い物を千座に置いたものであり、このことはまた、千座と云う名の起源になつたもの」（伊賀伝承）と云われている。

これぞ正しく、千歳村に所属する南宮山の頂上で、速須佐男命が千座乃祓を受けられたことに遠由しているものと考察される。か様な南宮山の東麓を流れていた神代の中ッ瀬、即ち中之瀬川がこの国土に生れて程ない頃に、男神伊邪那岐命は黄泉《よもつ》国からの帰途にこの瀬に立ち寄られて、御身の滌ぎを行われた処でもある。それは旧阿波湖畔の阿波岐原《あわきばら》から粟之門《と》を下つて、旧平田湖岸に入られ、更に中ッ瀬の浅瀬へ廻つて御身を清められたことである。嘗ては迦具土神の御涎《よだ》れと呼ばれていた神代の中ッ瀬川は、渓流も緩漫であり、且つまた旧平田湖からの落下水路が清浄であつたので、身を洗い清める為には好適な個所であつたものと考察される。

なお伊邪那岐命が旧中ッ瀬地方の所知を執らしめる為に、神直日《かんなおひ》神を生み定められたのであつたが、この間の事情は、初期の中之瀬川の流れは禍《まが》つ日、即ち曲りくぬけた形であつたので、これを直流の水路に正さんものとの希望から、直日命《なおひ》に治水の職責を与えられたのであろう。

即ちこうした過去の時代にあつても、国土の禍つ事を直した処であつたので、この中之瀬川の流れに臨んでいた南宮山や千戸山《せんど》は、神代の千座置戸の清純な地として、御祓を執行する場合には、常に不可欠の場所になつていたものであると考察される。

例えば次の様に記されていることを注視したい。

於是詔之上瀬、瀬速、下瀬弱而、初於中瀬随迦豆伎而滌………次為直其禍而、所成神名直毘神《なをひ》（古事記）

この伝承のうちに挙げられている直日神《なおひ》は、八十禍日神《やそまがつひ》や天津禍日神《あまつまがつひ》に次いで、千戸山や南宮山の麓を流れていた初期時代の中之瀬川及びその沿岸を所知していたのであり、而もこれら一連の神々は、伊邪那岐命に従つて黄泉国《よもつのくに》との裁目垣《さいめがき》争いに参加して神功のあつた人びとであることが知られる。また禍津日《まがつひ》神の神座は、旧伊勢湖の減水に順応して民族の移動が行われた頃になると、中之瀬の河岸を下つて、その西方に続いた丘陵の上野市東部郊外の野畠へ移されたものであると見られ、同地にある並日明神の社地は、神直神を奉祭した処であろう。この地は南宮山を去ること十数丁で、次の様な史実を挙げ得られる。

山田郡阿野郷土地豊饒、而民用多在郷之西有神、曰並日明神、大足彦忍代別《おおたらしひこおしろわけ》御宇奉崇也　（風土記）

亦切髪乃手足爪令抜而、神夜良比岐《やらひき》（古事記）並に而科之以千座置戸、其祓具即抜髪殺爪以贖其罪（旧事記）が伝えている様に、速須佐男命が千座置戸《ちくらのおきくら》で受けられた祓は、御髪や爪を切られ、それを千座に置いての贖罪であつた。髪を抜く（旧事記）と云うことは、髪を切る（古事記）と同意義のもので、所謂坊主頭にすることである。この遺習は明治初期まで続いていた。

考証133

なおまた神代の「責め」は、夕刻から夜中にまで及んだものであると見られ、その事は、薄暮から夕刻に至る刻限に爪を切り或はまた髪や鬚を剃ることが、不吉なものであるとして忌み嫌われてきた古代からの遺習によつても理解されよう。明治時代の頃には薄暮からの散髪は、日本の何処にも見当らなかつたと云われている。

次に神代の責めは、諸衆環視の裡に行われたものであると云うことが、特に留意すべき点であろう。日本では明治時代の初頭まで、処刑は総て公衆の面前で執行されたものであり、また厳重な作法や順序に従つて行われていた。火炙《ひあぶ》りの刑にしても、また同様の諚であつた。

元来速須佐男命の責めは、天児屋根命《あまのこやね》の解除の辞詞によつて始められたものであるが、この事自体が、旧幕時代に刑場へ曳かれ行く罪人の前面に立つて、その罪過を読み上げながら街路を巡行した触れ役の所作その尽である。恥を知ることの強かつた日本民族性は、神代でも同様であつたと知られるのであり、面体を行路の人に晒されての刑罰は、死に優る苦しみであつたことが理解されよう。近世になつて法令愈いよ革まり、而も罪業の徒は益々繁しい。これにつけても神代の責めは、如何に厳重に行われたものであるかが覗われる。

考証134

迦具土時代の初期に、金山姫命《かなやまひめ》が居住していた旧伊賀国千戸南宮山やその縁辺を包括する高地は、日本の神代に見られた都邑のうちでも、最大のものであり、これは現在の南宮山頂の「ひよどり塚」の石郭を中心として、周囲二里に及ぶものであつた。

この丘陵地帯には白色翡翠、瑪瑙曲玉、碧玉、管玉、鏃片、鏡、其他刀剣や、弥生式土器、祝部土器が、近世まで埋め尽されていたのである。然るにこの附近の人達は、良質の荒木石を採掘する為に太古時代の盤室や当時の遺品の悉くを破壊し去り、或いは奪い尽したのである。従つて旧伊勢湖実在時にあつた千座置戸《ちくらのおきくら》の規模は、南宮山下を取り巻く神代以降の古墳群や、この地方の景観に頼ることのみに依つて、僅にその当時の有様が推究し得るに過ぎない現状である。往古は神官二十人を擁したと云われる南宮山神光院も、今は求めるに由もない。

第二十五節　旧近伊国境の御斉《おとき》峠と大気津姫《おおけつひめ》の神座、並びに姫の死

速須佐男命は旧千戸《せんど》千歳《せんざい》の高地で千座の祓を終えられてからのち、一度《ひとた》びは命《みこと》の故地であつた旧伊賀北壁内に帰られたのであるが、その後になつて、伊賀北壁の尾根を渡り、西方を指して降《くだ》られた。この時の旅路は、旧伊勢湖の西岸に添つて左乃御廻りの水路を伝われたものではなく、陸路から旧三田郷を通過せられたのである。この旧三田郷は、上代以前の粜田であり、命が風雨に悩まされた処でもある。

またこの命《みこと》は天狭霧《あまさぎり》国を離れる直前になつて、大気津姫《おおけつひめ》を殺められたのであつた。その場所は、伊賀盆地から近江国多羅尾《たろ》村へ越す峻路となつてい

る御斎《おとき》峠の直下であり、旧地は、峠の中腹に鎮座する女人木之生《きのえ》明神の社地である。またこの座の大気津姫は、旧伊勢湖の分裂当時には御斎峠南腹一帯の国土を御胸とせられていて、旧木津川以北の旧山城や近江国の一部を併せて、己れの身とろとし、これを所知せられていたのである。

速須佐男命が大日靈貴《おおひるめ》命の御身くろと成つていた天狭霧国《あまさぎりのくに》から追われて、根《ね》乃国と呼ばれていた中国山脈の西部地方へ降《くだ》られたに就いては、その行程の全貌が明らかでない。但し旧伊賀国内でのことは、正確に近い迄に伝承や史実から知ることが出来る。即ちその順路は、旧伊勢湖の北岸に迫る伊賀北壁を伝つて、旧木津川の右岸からその対岸に渡り、陸路から降られたのである。換言すると、旧迦具土神の右乃御足と云われた地方を伝つたと見られ、其の道筋を順次列挙すると、

(1)旧伊賀国南宮山から追われて、伊賀北壁内の己が国土へ一時御身を容れられた。

(2)この当時思兼《おもいがね》命の御子であつた手力雄《てぢからを》命が、この北壁内の小湖東岸に座を構えていて、佐那之《さなの》県《あがた》の神として勢力があつたので、これを避けるため伊賀北壁を西へ伝つて旧山城国への川越えを望まれた。

(3)速須佐男命が天降《あまくだ》りの途中で、最も悩まされた地方は、旧三田郷六ヵ村の村外れであり、長雨に遇われた為に、青草で蓑笠を作つての難渋な旅路であつた。

(4)而も北壁の主峰高旗山の肩に当る御斉《おとき》峠へ辿り着かれた頃は、空腹の為に尾根を伝つて進む気力も失せ果て、余儀なく御斉《おとき》峠八十八曲りの峻路を下られて、旧伊勢湖の落下水流が作る琴ヶ浦の北岸へ出られたものであり、その個所が「大気津姫《おおけつひめ》の御腹」と呼ばれていた地方であつた。即ちその中心は現在の西山村字広出である。

(5)その頃旧伊勢湖の水路落下を前面に俯瞰して、御斉《おとき》峠の中腹に神座を構えていたのが大気津姫神であつたので、その座へ立ち寄られて、この女身に食物を乞い求められたのである。

而しながらこの女神は食を惜まれ、且つまた命《みこと》へ奉るべき調膳が暇取つたので、火急の御斉に間に合わず、この事に苛立つた速須佐男命は、姫神の御心が卑しいが為であると邪推されて、これを悪み、御斎峠から西山村字上屋敷へ降る途中にある血垂滝《ちだらがたき》、またの名を首堕滝《くびおち》と呼ぶ溪流に近い姫の座で、姫の御腹を割き、更にまたその夫の毘古《ひこ》神をも、峠の麓で殺められた。

(6)須佐男命が大気津姫の座を離れてのち、西方遥かな旧安芸や出雲国へ降られた道筋については、旧木津川の左岸高地にその足跡が残されているものと見られ、大和国山辺郡波多野村の天王社や、大和山城河内三ヵ国の境にある天王の地が挙げられよう。

考証135

延喜式伊賀二十五座の一つである河合村字馬場の陽夫田《やぶた》神社は、伊賀北壁内に所在していて、宣化天皇元年に国造多賀連《くにのみやつこたがむらじ》が祭祀を始めたものであると伝承する。而しながらその祭祀の由来は、寧ろ陽夫田神社の氏子である河合、千貝、田中、馬場などの各村を包括する地域が、速須佐男命が本地とせられていた国土であつたからであろう。その理由として、古来からこの社の祭神須佐男命は、伊賀北部住民の尊崇を聚めていたものであり、また毎年六月十四日に行われる高松祇園会になると、その神輿が、渡御の行われる前夜になつて、仮殿で西方を向けて安置されるのであるが、古来からのこうした遺習を考察したい。

即ちこの西方へ向くと云う事は、祭神が神代で取つた足跡の方向とその天降《あまくだ》りが、予定された行動であつた故事を伝えているものであるとみられる。また毎年一月十六日に氏子らの子弟十五六才から二十五才迄の若者が、未明から厳寒に斉戒沐浴し、社前に参集して裸押祭りの神事を行つている。この事とても祭神が天降りの路での苦難を体現しているものであり、またこれによつて祭神の神慮を慰めんとした太古民の遺風であろう。

さてこの祭神が大気津姫《おおけつひめ》神の座へ降《くだ》る迄の伝承は、次の様に記されている。

乞宿於衆神、云汝是躬行濁悪、而見逐謫者、如何乞宿於我、遂同距之、是以風雨難甚、不得止休而而辛苦降《くだる》矣　(旧事記)

考証136

素戔鳥尊《すさのを》結青草、以為笠蓑《あおくさをむすんでかさみのとなす》(旧事記)によって伝えられる須佐男命が、その御降りの路で霖《ながあめ》に遇つて悩み給うた地方は、伊賀国の旧三田郷六ヶ村の村はずれである。所謂三田郷とは三田、丸柱、大谷、音羽、比曽、河内の過去の総称であり、そのうちの丸柱《まるはしら》地方は、天乃中柱《あまのなかばしら》の東辺に生れた村落である。またこれらの地方は、陽夫田神社所在の旧河合郷の西に続く山間部であるが、迦具土時代前期では、高龗《たかおがみ》神が迦具土の右乃御足に当る地方として、これを所知していた処である。

次に「三田郷とは、蓑田と呼ばれていた上代以前の名称が、転訛したことによつて始まつた」(三田伝承)と云われている。この蓑田の蓑は速須佐男命が天降りの途中に、青草で蓑を作つた事に遠因しているものであることには疑を容れない。現在の三田村は、嘗ての三田郷の一部であり、この地は伊賀盆地に南面している。その村落の背面は伊賀北壁であり、麓には田府天王社があつて、祭神は同じく速須佐男命であり、貞治年間に陽夫田社より勧請したものであると云う。か様な分霊勧請も、旧三田村が祭神の天降《あまくだ》りに有縁の地であつたが為であると見られる。

なお旧記は「素盞鳥尊も田三処あり、名を天乃《あまの》織田、天乃川依田、天乃口鋭田《くちとだ》と云う、皆磽地《やせどころ》にして、雨降れば則ち流れ、旱れば則ち焦る」（旧事記）とある。これらの天乃三田は。嘗ての三田郷の起源になつているものであろうが、而しながら現在の三田村ではなく、旧河合郷を指して呼んでいたものとみられる。この地方には古来有名な高樋があつたと伝えられ、伊賀温故に云う。

「田地の用水に取る高樋あり、全国無双なり、大の寛なるぞ」と。

考証137

又食物乞大気津毘売《おおけつひめ》爾、大気津毘売自鼻口及尻種々味物取出而、種々作具而進時、速須佐男命立伺、其態為穢汚而《そのわざきたなきため》、奉進乃殺其大気津毘売神（古事記）で伝えている内容は、大気津姫の神威と、当時この姫神が所知していた国土の容姿を覗わしめているものである。

即ちこの女神が御身を容れていた国土は、旧伊勢湖の落下水路に添つた伊賀北壁の小部分に加えて、旧山城国や近江国の各一部であつた。これは現在の御斉峠《おとき》の前面から、山城国相楽郡大河原村字今山までを結ぶ高地帯であり、その背面の山城国野殿から近江国多羅《たろ》尾村までは、女身の「御頭」となつていて、其処では養蚕も行われていたのである。現今でもこのあたりは、玉繭の主産地に変りはない。例へば、

近江路より玉繭買いに来し人も、交りておどる盆踊りかな（与謝野昌子）

なおまた御斉峠直下の前面では、現在の湯蓋《ぶた》村を被つていた小湖と、更にその西方に当る島ケ原村の大部を包んでいた小湖の二つが、女身の「双の御目」を成していたものであり、而もそれらの沿岸国土では、稲作が早やくも行われていたのである。即ち「この神の身になるものは、頭に蚕生り、目に稲生り」（古事記）とある。

次に大気津姫神が速須佐男命の為に殺められた処は、伊賀盆地の西北隅を北壁に登つて、近江山城の両国へ越す御斉峠の中腹であり、其の故地に当つているのは、首堕滝または血垂滝と呼ばれている処で、その頃の姫の座は、この滝に近い木之生《きのえ》明神の旧社地である。

さてか様な解説が、極めて正確なものであることに就ては、御斉峠の麓にある伊賀国新居西山村字広出の住民らが、太古から慣行してきた次の様な神事、遺習、口誦を挙げたいのである。

(一)伊賀国御斉《おとき》峠中腹の神明谷《しんめいだに》に鎮座していた木之生《きのえ》明神の御身について、その麓の西山村住民が伝えている口誦に依ると、

(1)祭神である木之生《きのえ》明神は女身であり、この女神は御斉峠の中腹で御腹を割かれて座す。

(2)木之生女神の夫である毘古《ひこ》神も、同じく殺められたのであるが、その場所は御斉峠ではなく、峠から西山村字広出へ降るその麓であつた。

(3)祭神木之生明神は女人であるが、その神威は遙かにその毘古神を凌ぐ程のものであつた。

(5)男子は女子の立ち働く台所を覗いて、食物に手をつけてはならない。

(4)祭神木之生明神の社域は、速須佐男命の垂跡地である。

(二)木之生《きのえ》明神を祭る神事は、氏子である西山村字広出の住民によつて、太古の儘に遺習されていたもので、その順序は、明治の後期まで厳格に執り行われつつあつたのである。而もその神事に当つて、次の様な奇怪な配膳の振舞いを見せ、この事によつて祭神の神慮を慰めものであるとせられていたのは、旧記で伝えられている大気津姫《おおけつひめ》神の姿や、或はまたこの姫神が、流浪の途中にあつた速須佐男命から食物を乞い求められた時に、この女神の執つた態度を極めて正確に伝えているものである。またこれらのことに依つて、当時の始終が、旧記に劣らぬ程に鮮明

に写されている。即ち、

(1)深夜に近いころ、氏子《うじこ》らは麓の当屋《とうや》に集り来つて、何故か刻限を謀り、人待ち顔の姿態を作る。これが或る一定の時が迫つてきたとなると、突如として神膳を作り始めるのであるが、この時になると、氏子らは木之生《きのえ》明神の神慮を恐れ畏《かしこ》んで、火急の所作をする。即ち「時刻は今頃であろう」との当屋頭《とうやがしら》の声に応じて、釜戸に火が入れられると、氏子ら一同は無言の裡に立ち働いて、神膳が一刻も早く出来上るよう焦慮に堪えぬ様子を見せる。

(2)やがて神膳が出来上るであろう頃を見計うと、早目《はやめ》に釜から移し取つて、人目を避け、素早くこれを前庭の隅に作られた白布の幕内に持ち込む。するとその裡で氏子らは、人目に立たぬように立ち振舞い、暗夜のうちに箕を振つて、狂気の姿で湯気立つ御斉《おんとき》を冷さんものと計つている。

(3)調膳は極めて味気ない品々であり、また調味料は用いない。

(4)神膳は七荷半に限定し、その品種も二品に限られている。

(5)御斉《おとき》峠の麓で殺されて座す毘古《ひこ》神に対して、祭神木之生《きのえ》明神は女人に拘らず、御自身のものより更に貧しい配膳を行うことを悦ばれる。

(6)神膳が出来上ると、氏子らは松明を点じて、一散に伊賀北壁の急坂である御斉峠を駆け上り、木之生明神に御斉《とき》を捧げて、姫の神慮を慰めんものと計る。

㈢御斉《おとき》峠の起源に関する口誦に云う。

「往古髪を抜かれた怪異な坊主唯独りが、御斉峠の急坂を餓に喘ぎながら下つて来たのであるが、それが中腹の木之生明神の座へ立ち寄つて、姫神に食物を乞われたのである。この時に姫の作つた調膳が刻限に遅れ、またその食物が貧しいものであつたとして、ことの始終を立ち覗つていたその坊主が、怒つて姫神の御腹を割き、その腹中のものまでも悉《ことごと》く喰い尽した。またその時に姫の御首を洗つた処は、現在の首墮《くびおち》滝または血垂滝《ちだらのたき》に当つている。」（御斉伝承）

この頸落《くびおち》滝について、近古の文書に見えるものは、

「柘植《つげ》の里、倉部山《くらべのやま》、風の森を打ち過ぎて、当国の一の宮南宮大菩薩をば心ばかりに再拝して、暫新居河原《にいがわら》（上代の新居駅亭）に控えたり。西に平岡あり、九郎義経里《さと》びとを招きて、是より宇治に向わんには何地か道は好きやと問い給へば、西に見え候山をば青田山と申す、それより前に頸落滝と云う処を通るは近く候と申す」（源平盛衰記）

御斉峠の名については、「聖一国師が京都からこの国の三田へ下る道すがらを擁して、里びと

はこの山の頂上に迎え、法師に斉《とき》を棒げたがため」とも云う。而しながら御斉（おとき）の名は、左様な新しい時代に生れたものではあり得ない。

なお茲に附記して置きたい事は、近世になつてある者達の指図《さしず》から、氏社が無差別に合祀されたことである。郷民らはこの暴挙にあつて、神慮や祖先の遺志を伺うことを忘れ、これが為太古から住民らの祖先によつて千歳に絶やさなかつた神事や、または神明の社地も亡び去つた処が少くないのである。近世は左様な時代であつたのであろう。為に一村の魂を奪われて、氏社の同祀後二十年を出でないうちに、逸散し尽した村落も少くないのである。女身木之《きのえ》生明神も、またこの厄災に遇われたのである。

さてか様な大気津姫《おおけつひめ》神の姿態を伝えている西山村の起源について、「太古のころ南方遙かな国《くに》津《つ》の方面から渡つて来た二三人の人が作つた村である」（口誦）と云う。この国津は、伊賀南壁下の国津村を指すものであり、また渡ると云うことは、湖上から移動したものであることを伝える。国津地方から伊賀西北隅の西山地方へ直接に渡捗し得たことは、また一方では当時の伊勢湖が分裂する以前のことであつたと云う事が証明される。また同村地方が第六代考霊天皇時代には、人口も非常に稠密であつたとも伝承されている。

第二十六節　旧大和国泥海時代以前の葦原中洲湖

　迦具土時代の後期に入ると、現在の大和盆地を被つていた旧大和国葦原中洲湖の退水が顕著となり、湖畔には岬や島々が現われ出で、国土は農本国の形態を整える様になつた。かくて旧磯上郡や宇陀郡の高地部に居住していた人びとは、これら嘗ての保食《うけもち》神の「御腹」となつていた湖畔の美田に殺到して、遂に国津《くにつ》神や国津邑人《むらごと》らの紛乱時代を現出する様になつた。千早振る神代である。この時に当つて速須佐男命の御子大己貴《おうなむち》命が、旧出雲国から旧大和国に移り住むことになり、大和以西に続く外面《そとも》の国土を鎮撫平定して、地祇となり、その子孫らは、旧磯上旧葛城旧高市などの湖畔に栄えたのであつた。

　葦原之瑞穂《みずほ》の国とは、旧大和国葦原中洲湖に流入していた水路の沿線に生れ出でた国土を云い、また穂足《ほたる》之国とは、斯様な大湖の落下水路に添つて生れた国土を呼んだものである。即ち現在の大和国を被つていた大湖が、退水期に見せていた産土（うぶすな）の姿態に外ならない。

現在の大和国は、迦具土前期には殖安姫神《はにやす》の身くろとなつていたのであるが、その後期に入つてからは、保食神《うけもち》の身くろと化し、次いで迦具土後期の末葉になると、国土の姿態が変貌して来て、この国の盆地を被つていた葦原中洲湖の退水は激化され、産土期の様相を見せる様になつたのである。而もこの大湖は、旧伊賀や旧近江国を被つていた大湖と異つて、その水深が極めて浅かつた為に、湖の減水量に比べると、国土の拡大は一層顕著であつた。而も水穂《みずほ》之国や穂足《ほたる》之国が、四面の青山の裾に生れ出ることに依つて、旧山辺、磯上、高市、葛城郡などの各地には、豊饒な美田がその姿を現わす様になつたのである。国引歌や鍵引歌などは。この時代に起源しているものである。

即ち大湖に流入する水路に当つていた地方は、所謂「水穂之国」であり、又湖からの落下水路に添つた両岸が「穂足之国」と呼ばれていたのである。迦具土時代の後期に豊葦原之国と云う一つ名であつた現在の大和国は、葦原中国《なかつくに》そのものであり、又当時の国土の構成は、次の様な水穂の国と穂足の国を併せていた。

葦原中国《あしはらのなかつくに》
（旧大和国）

1、大和国葦原中洲湖（現在の大和盆地）

旧大和湖に流入の諸川沿線に生れた新生の国土で旧磯上、葛城山辺、高市郡である。

2、水穂《みづほ》之国

3 穂足之国

1、旧大和湖が奈良附近から旧山城国木津地方へ退水した地域で、旧奈良山を中心とした国土。

2、旧大和湖が大和国富雄《とみお》、高山地方から山城国山田荘や田辺へ落下水路を求めた地方で高船を中心とする。

3、旧大和湖が北倭から河内国へ退水した地方沿線で、北倭《きたやまと》と河内国磐船を中心とする。

4、旧大和湖が旧大和川で落下水路を求めた頃に、その左岸の二上山と右岸の信貴《しぎ》、高安《たかやす》を中心とした国土。

水穂や穂足の名で国土の一部が呼ばれる様になつたことは、旧大和湖の減水が殆んどその最後の過程に入つていた為である。また右の表に現われた穂足之国のうちでも、最初の三ッの水尾は、保食神が旧大和国を所知していた頃から既に生れていた国土であり、また河内国磐船地方への水路は、大和国北倭村字岩井阪を水分けの地として、旧大和湖の一部が南北に退水しつゝあつた頃に、その北部へ向つて落下していた水尾であつた。こうした水分けの岩井坂は、布留《ふる》の里《さと》と呼ばれていた所で、天《あま》の河とも云われた布留の里の落下は、旧大和国時代では最も高水位を占めていた川であり、磐船川の起源になつたものに外ならない。

次に旧天之河から逆に西方へ向つていた水尾は、後世の生駒川や滝田川であり、神武天皇が河内国額田から生駒越えに大和国への入国を企てられた頃は、湖の遺影すらもなくなつていたが、このあたり一面は、往古からの美田地帯とされていた竜田であつたので、天皇は先づこの地域へ侵入せんものと企てられたのであつた。

さて迦具土時代に、旧日本国土のうちでは大湖の一つであつた旧大和湖が、その後期以後になると殆んど退水して、それが水深の浅い葦原の湖と化し去り、遂には現在の様な大和盆地を作る事になつたのは、専ら旧大和川の水路に依る退水が、極めて急速に行われた結果である。然るにこの旧大和川の排水路を狭む信貴《しぎ》、高安《たかやす》、二上地方では、迦具土後期になると国津《くにつ》神の紛乱時代が出現することになり、その後天孫邇々芸命《ににぎのみこと》が旧日向国へ移動せられた以後になつても、これら竜田川の背面高地帯では、千早振る国津神や国津邑人らの争いが一段と激化した様である。なお斯様な旧大和川沿岸国土を所知していた国津神らの祖先は、旧伊勢湖の水尾近くに居住していたことのある大気津姫神や、その毘古神の子孫であろう。

次に大和三山の香久や畝火《うねご》は、耳成《みみなし》と共に迦具土前期の頃から、それらの姿態を旧大和湖上に現わしていたものであろう。それが後期になると、殆んどその全貌が現れ出て、四囲の裾が絶えず水穂で洗われていたものと見られる。所謂「大和国の泥海」とはこの時代の事を云つたものである。而し乍ら湖畔の各土には、次ぎつぎと美田が生れつゝあつて、五穀も豊饒に実り、完全な農本国の形態を現わして来たのである。殊に生駒山から信貴山へ続く尾根の東腹にある鳴川、福貴畑、鳴石、七倉などの高地に見る巨石構築の田畑は、人皇の御世以前からのもので、旧大和国の湖畔国土のうち最も豊饒な国土の一つと見られ、そこは一言主命《ひとことぬし》の子孫が拠つていた地方である。

か様な時代に際会して、大日孁貴《おおひるめ》貴は幾度びとなく天狭霧国から旧大和国へ天津神《あまつ》らを遣わされて、国土の姿態を探らしめたものである。而し乍ら最初にこの国を訪れた月夜見命《つきよみ》は、僅に保食神《うけもち》の「御口や口裏」に当る地方を探つたに止まるものであり、ただその直後になつて、天之熊人《あまのくまびと》が降つた事によつて、始めて保食神亡き後の旧大和国の全土が調査される様になつたのである。かくして当時の大和国の実態が分明になると、更に天津神や天津邑びとらをして、国見《くにみ》のために旧大和国へ降し遣わされたものであり、且つまたこうした事が、絶えず繰り返し行われていたのである。これは時代の経過に従つて、旧大和湖畔に新しい国土が生れ、穂足《ほたる》之国が出現していたことに誘因したものである。またか様な過度期になつて、旧磯上郡や添上郡の高地部から湖畔の低地へ移動し来つた住民が、原住民との間に不断の紛争が招いた事にも由因するのであつた。

即ち殖安《はにやす》姫神が旧大和国を我が身くろとして所領せられていた頃から、既に農牧蚕業で生活していた住民の遠孫らは、保食《うけもち》神の死後になるといや増す高地帯からの住民が湖畔へ殺到して来たので、彼等との間に起る争いが、国津神《くにつがみ》らによつて収捨し得ぬ程の状態と化していたのである。而もか様な実状が、天狭霧国《あまさぎりのくに》へ伝え上げられて来た結果、これが天之祖神の悩みとなつたものである。

元来旧大和国が迦具土時代を通貫して、農耕の業が最も進歩していたのは、保食神が旧大和、河内、山城国を所知する時代であつた。その頃から見て、現在の様な大和盆地を生むに至る迄には、次の様な各時代を経過しているのである。

(1) 殖安姫神《はにやすひめ》の御身くろ時代（旧大和葦原中洲湖実在）

(2) 保食神《うけもちがみ》の御身くろ時代（旧大和葦原中洲湖実在）

(3) 国津神の紛乱時代（旧大和湖の退水が激化して、大和国の泥海（伝承）を現出した

(4) 大己貴命《おおなむち》及びその子孫の地祇時代（磯上郡の麓に近い湖上に、岬が出現し、また丹波市の

三島地方が生れた）

(5) 天火明《あめのほあか》り饒速日《にぎはやひ》命の遠孫（襲名）らの所領時代（旧大和湖退水し尽す）

(6) この期間の旧近畿地方を中心とする歴史は空断している(旧九州へ遷都以降神武東還まで)

(7) 人皇の御代（現在の景観と異らない）

旧大和国がその太古時代に国津神の紛争を招いて、それが国津邑びとらの間にまで及ぶと、「葦原乃中国に道速《ちはや》振る荒振る国の神あり、また磐の根や木の株、葉の垣葉も猶能く言語《ことゆ》い、夜は螢火の如く喧《さや》げり、昼は五月蠅《さばえ》なして沸騰るなり」（旧事記）と伝えられている様に、砂礫や木の根または草の葉（これらの綽名《あだな》については、第百五十五頁で考証する）など、取るに足らぬ国津邑《くにつむら》びとらも、日夜の紛争を続けていたのである。このことたるや、

(1) 神農と仰がれた保食神《うけもち》の死

(2) 旧大和葦原中洲湖の退水が激化した。

(3) 旧大和湖畔に生まれつつあつた美田が拡大された。

(4) 旧磯上、山辺、葛城、高市郡などの高地帯から住民の低地移動が行われてきた。

(5) 旧大和国の時代にあつて既に農本国の形態を整えていた。

などが挙げられるのである。またそれらの理由のうちでも、旧大和国を所知していた保食神《うけもち》の死が、紛乱の主因をなしていたのである。

而し乍ら斯様な混乱時代に現われて、旧大和国から遠く旧出雲国までの各土、即ち当時にあつての外面の国土を悉く平定して、その地域の地祇となつた大己貴命《おおなむち》の偉業というものは、迦具土時代後期のうちでも特記すべき事柄である。

但しこうした大己貴命の偉業も、その淵源を探ると、父祖速須佐男命の遺徳によつたものである。天狭霧国《あまさぎり》から離れるに際して、大日靈貴命《おおひるめ》に「清心を以て復上《また》るのみ」との辞で別離して、彼方此方を迷い降《くだ》られての行先は、速須佐男命にとつては中国山脈の果に近い旧出雲であつたが、その当時の出雲国を八段の身くろとして幡居していた国津神である八岐大蛇《やたのおろち》を平定して、その禍根を絶ち、或はその地で穫た宝劔を遠い天狭霧国《あまさぎり》の豊岡乃宮まで奉献せられる程の清心であつた為である。この時の神劔は、所謂草薙劔《くさなぎのつるぎ》であるが、その使いの者となつて天津国まで上つてきたのは、天《あま》之葺根命《のふきね》であり、この祭神の社地は、山城国相楽郡和伎の天乃夫支神社であると伝えられている。即ちこの神の生れは、旧迦具土であつたことによつて、旧出雲からの行路を心得ていたのであろう。

速須佐男命が其の子五十猛《いそたける》命やその妹大屋姫命並びに振津姫命をして、樹木の種を旧紀伊国を初め大和国や遠く旧九州にまで植樹せられ、更に旧韓土へ渡つて、その地で命が己れの「御髪、御胸、御眉、御尻」とせられていた地域へも、杉、桧、樟、柀《まき》など各種の樹種を植えられたと旧記は伝えている。而し乍らこれら旧韓土の地理的位置については、私に取つては未開のものである。只一応指摘したいことは、旧伊賀、大和、出雲などに関する限りは、天津神やそれら地方の国津神らは、それら各々の国土を八段の身くろとせられていたに拘らず、旧韓土の形体についての伝承は、上記の様に四段のみの身くろに止まつていて、御頭や御手御足に相当する国土が見当らない点が注視すべき事であろうと考える。或はまたこの事自体が、当時の韓土の有姿であつたかの様に思われる。

こうした速須佐男命の御子としての大己貴《おうなむち》命、またの名大国主《おおくにぬし》命は、天津磐境《あまついわさか》から見て低地帯であつた総ての外面《そとも》の国土で地祇となり、農耕医業にもその神業を遺されているのである。従つてその神徳を慕つた古代の日本人の姿は、現在でもなお生きつつある。殊にこの神が旧大和国から旧出雲への隠退を決定せられた時になると、旧大和国高市で行われた神集《つど》いの庭で、天津宮居に倣つた宮柱を建てることを大日孁《おおひるめ》貴命から許され、またその妻定めに当つて、天津毘売《あまつひめ》であつた高皇産霊《たかむすび》神の女三穂津姫《みほつ》命を娶るようにと定められたことから見ても、その業蹟の程が覗い知られるのである。

この天乃高市《あまのたかいち》は、現在の大和国高市郡よりはむしろ十市《といち》郡内であつたと考えるのが妥当であろう。元来十市地方は、嘗ての「迦具土神の御枕辺」であつて、迦具土大火の頃には、同地に泣沢女《なきさわめ》神が居住していた処であり、この事については、既に解説したのであるが、旧大和国の十市郡に「天《あま》」と云う詞を冠して天乃高市と称えられていた事実から見ても、旧迦具土の御身は、現在の大和国の東部山間部の大部分を包括していたものであつて、その地域は、嘗て旧幕時代に藤堂氏が所領していた次の様な村落の一部分に迄及んでいたものであると見られる。

(1) 大和国添上郡内古市村ほか二十八ヶ村
(2) 大和国山辺郡内磯上村ほか四十三ヶ村
(3) 大和国十市郡内味間村ほか二十五ヶ村
(4) 大和国式上郡内大豆越村ほか十ヶ村

これらのうちで山辺郡内の笠間《かさま》地方は、中世の頃まで明らかに伊賀国の一部となつていたのである。

勿論か様な大和国の東部高地帯は、旧伊勢湖の西岸から旧大和葦原中洲湖の東岸へ行き着くその中間に位置していた台地ではあるが、その全域が旧迦具土神の御身くろを構成していた国土であつたとは考えられ難い。

大和国の大和盆地が、大古の頃に大湖であつた事は、口誦や伝承からでも伝えられているのであり、万葉集の作者らが生存した時代にも、嘗ての大湖の実在が口伝されていたものである。そのことは、大和国を読んだ古歌のうちに「敷島の大和国の石の上布留《ふる》の里《さと》に紐解かず円寝すれば」とあり、この敷島と云う言葉からでも、旧大和湖が実在していた頃には、大和三山以外に旧三島などを加えて、更に矢田の連山や下田の丘陵地帯が、湖上に点在していた事を伝えているのである。現在の桜井市街の東方に城島（しきしま）があり、忍坂《おさか》や女坂《めさか》を包括して鳥見山を中心地とする。これは古代に磯城島と呼ばれたと云う。敷島の大和の名は、これから生れたとみる。なお郡山市からその南方に続く筒井村あたりは、筒井浦と呼ばれた所で、郡山市は峯山の丘陵を背として、平坦な筒井地方に接しているが、この筒井は、近古の頃に筒井順慶が居住した所である。また旧大和湖の東岸では、長柄《ながら》丘岬《みさき》や波多丘岬《はたのみさき》などが旧磯上郡から突き出ていて、それらの陰土《ほと》には、猪祝《いはふり》や巨勢《こせ》祝《はふり》、新城戸畔の遠祖らが定着していたものであると見られる。高市郡の飛鳥《かすか》は、文字に現わされたその名の様に、島々であり、島の庄の石舞台《いしぶだい》などは、当時の波打際に作られたものと見られる。このあたり一帯は、豊浦と呼ばれたもので、従つて高市村の酒船石や益田の岩船などは、太古の頃に碇綱をつないだものであると考察されよう。往古は夢の如しとはこの事である。なお最近石舞台《いしぶだい》の周囲に壕を掘り、恰も上代墳墓の形式に作り変えた者がある。これでは所在地としての島の庄の名も、石舞台構築についての正確な研究をするに当つても、次代の人びとにとつて非常に迷惑なものになるであろう。

第二十七節　地《ち》祇《ぎ》

旧伊勢湖の急激な退水に順応して、湖畔居住の天津《あまつ》神らは陸続として天《あま》津《つ》磐境《いわさか》を出で立ち、大己貴命《おおなむち》の所知していた外面《そとも》の国土へ降《くだ》り着いたのである。かくして一度びこの国津神の国土へ移り住んだ天津神や天津邑びとらは、再び旧迦具土の天狭霧《あまさぎり》国へ立ち還り来ることがなく、その地に留つて国《くに》津《つ》神《がみ》と成り、或はまた国津邑びとになり終えたものである。

大己貴命《おおなむち》は外面《そとも》の国土の主であつて、その神威は、旧大和国から根《ね》乃国の中国地方にまで及んだものである。この神はこれら各土の低地帯に生れ来つた葦原の洲壊に国土を拓いて、葦原中国《あしはらのなかつくに》と同様に、それらの国を穂足の豊饒な美し国に実現せしめんものと努力せられたのである。迦具土後期時代に、この神による農耕の発展や住民の福祉増進は、異常な過程を見せたもので、従つて当時の低地帯国土に住んでいた国津邑びとらがこの神に対する尊崇は、現在に至つてもなお日本民族の心に温存されているのである。この事は後代になつて、日本民族が新生の国土へ移動発展や分村の場合にも、この大己貴命の神霊を、それらの国土へ必ず分祀奉斉した古代日本人祖先の足跡を見れば明らかである。

天狭霧《あまさぎり》国から太古の日本民族祖先が急激に低地移動を行つてきたことは、神代の大洪水「迦具土神の尿《ゆばり》」の為に、旧伊勢湖が減水した事が主因であるが、またそれと同時に、この「尿」なる水路が、古代人の低地移動のための要路として利用される様になつたからでもある。この水路の発端地は現在の伊賀国鳥居出《とりいで》であるが、天狭霧国時代の旧鳥居出の地理的位置は、現在の氏社の景観や布置から見て、その神域入口の「華表《とりい》」の個所に当つている。この事については、既に一部の解説を行つたものであり、後章でも実質的な説明を加えたい。

さて斯様な太古に大和民族の移動が始まり、またこれに一段の拍車を掛ける様な事態を招いた事は、旧大和国の迦具土後期に於ける地理的変化である。而もなおそれにも増して最大の誘因と成つていたものは、大己貴《おおなむち》命の徳望が、低地帯国土を圧していて、農耕医薬醸造などの神業が外面の国土を被うに及んで、国津神々や国津邑びとらがこの神への心服の有様が、漸次に天狭霧国まで伝えられて来たからでもある。而も一度び大己貴命の所知する国土へ降《くだ》つた天津神や天津邑びとらは、その後には再び天津磐境へ帰還すると云うことがなかつたのである。

こうした傾向が抜き勝ち難い程までに古代民族の発展やその民族移動の過程となつて現われてくると、天狭霧《あまさぎり》国の内部では、非常な動揺を来したものであり、殊のほか大日孁貴《おおひるめ》命は、これら外面《そとも》の国土へ逃避せんと企てた天津神の行動に痛心されたのである。即ち旧迦具土を降つて旧大和湖畔の大己貴命の国土に永く滞留されていた天津神らに対して、再三に捗つて「招《よ》び使者《づかい》」を降《くだ》し遣わされたのであつた。而もその結果は、少しも大神の御心を満足せしめる程の効果がなく、むしろ移動を激化せしめたに過ぎなかつた。従つて其の後になると、饒速《にぎはや》日命の遠祖天火明《あまのほあか》り饒速日命や天孫邇《に》々芸命《にぎのみこと》をして、画期的な大和民族の移動を遂行せしめざるを得ない程の時機が到来したのである。

但し迦具土時代の後期に入る直前から、すでに天津神による低地帯国土への移動は行われていたのであつて、それは旧伊勢湖が旧伊賀湖と旧隠乃湖《なばりのうみ》の二つに分裂する様になつた頃からの事である。なおこうした時代から次の後期時代にまで利用されていた移動路については、後章の「知和岐《ちわき》乃里《のさと》の露払《つゆはら》い」の項で、完璧な考証を了えたい。

考証138

迦具土時代の末葉になつて、分裂後の旧伊勢湖が更に退水速度を増してくると、旧迦具土の国土内でも、天津邑びとらの低地帯移動が自動的に行われ、またこの移動傾向は、漸次外面の国土へ向つて進められる様になつたものであり、その結果として、天津神らは陸続として天津磐境を降《くだ》つて、外面の国土で新しい天狭霧国を求めようと試みたのである。次の様な神楽歌は、当時の有様を後代に残していたところの伝承から生れ、且つ作られたものであると考察する。

(1)「鶏が鳴く東の国に高山は多《さわ》にあれども、二神の貴き山の等立つ見が欲し山と、神代より人の言い嗣ぎ国見する筑波山を」(旧東国地方への移動を伝える)

(2)「天離《かけ》る鄙に名懸ず越《こし》の中国内《なかくにうち》、ことごと山はしも繁にあれど、川はしも多《さわ》に逝けども、皇神《みすらぎ》の鎮座き坐す新に河のその立山」(旧北陸地方への移動を伝える)

(3)「大穴牟遅《おうなじ》少名毘古《すくなひこ》那の神こそは、名づけそめけめ名のみを名児《なこ》山と負いて」(旧九州地方への移動を伝える)

考証139

所遣葦原中国《あしはらのなかつくに》之天菩比《あまのほひ》命、久不復奏亦使何神之吉（古事記）並びに天若日子《あまのわかひこ》久不復奏、又遣曷神以問天若日子之淹留所由（古事記）に記されているのは、天忍穂耳《おしほみ》命の御弟である天菩比命を外面《そとも》の国土から呼び戻す為に、天国玉《あめのくにだま》命の御子天若日子《あめのわかひこ》を葦原中国へと降《くだ》し給うたに拘らず、天若日子は大国主命の女下照比売《したてるひめ》を妻とせられていて、旧大和国からは更に還り上る事を敢てせなかつたので、大日孁貴《おおひるめ》命はその前後策について、思兼命《おもいがねのみこと》やその他の天津神々の御進言を聞き給わんが為に、天安河に御降臨せられたことを云つたのである。旧近江国野洲川上流は、神集いには常に選ばれた場所である。

次に、天菩比命並びに天若日子が葦原中国へ降られた御道筋は、舟路を旧木津川に添つて取られたもので、当時の国情を伝えているものは、所謂天磐座《あまのいわくら》であつた現在の巖倉峡に遺されている次の様な怪奇口誦を考察すればよい。即ち、

巖倉に近づくと、その人たちの姿は消されて、再び此の国へ還ることがなかつた(巖倉口誦)

考証140

故爾鳴女《なきめ》自天降到居天若日子《あまのわかひこ》之門、湯津楓上而言委曲如《つぶさにゆいけるに》天神之詔命《みことのごとく》（古事記）、この詞によつて伝えられている「雉の頓使《したいづかい》」とは、現在でも古習として重んぜられている「呼び使者《づかい》」の作法であり、これによつて当時の実体が明らかにされているのである。即ち伊賀盆地周辺の村落では、知己親戚を招き寄せる場合には、その回数の多きを厭う事なく、縁者をそれら招かれるべき人達の家へ幾度びか走らす。また招きを受けた人達も、幾回かの督促を受けてのちに、始めて腰を上げ、その招宴に臨むことが古代からの遺習であるとされている。この古習は、神祭の渡御前に行われる御旅所からの一の使者、二の使者、三の使者などの所作からでも窺い知られよう。従つてこの所作は、時に対する観念の欠如からではない。これこそ神代に大己貴《おおなむち》命の許へ身を寄せていた天津神らの所業や、その当時に伊勢湖畔で「雉の頓使」を待ち詫びた天津《あまつ》神や天津邑人《むらびと》らの焦心の態度を如実に写し伝えているのである。またこの古習そのものは、日本人の特異な民族性ともなつている。

考証141

旧伊賀国や嘗てはその一部であつた近江国の甲賀郡地方は、古来から「伊賀甲賀忍者の発祥地」であると云われている。支那では、伏儀神農が忍者の始めとせられるが、その時代は明確でない。而し乍ら日本では、旧伊勢湖の北岸に住んでいた天津邑びと佐具女《さぐめ》がその始祖であろう。元来佐具女は、天若日子《あまのわかひこ》に従つて旧大和湖の沿岸に降《くだ》り、忍者の職責で若日子に奉供したのであつたが、彼は天狭霧国からの雉女の使者を楓の葉隠れに盗み見て、これを射殺した女人である。この天佐具女の生れた所は、その「佐具」と云う名が「探る」に似通うものであると共に、手力雄命の座であつた佐那乃県《さなのあがた》にその語音が通ずることから見て、旧伊勢湖の北岸であつた事が知られる。即ちこれは伊賀国の佐那具地方に当る様である。現在の佐那具は、柘植川に添う低地部であるが、旧佐那具は、旧近江国甲賀郡の油日乃里《あぶらひのさと》と僅に背中合せの位置にあつたことが看取される。

但し中世の頃までは「伊賀甲賀の諜術は、往古時代に御色多由也《おいろたゆや》が始めたもの」と伝承されていた様である。その名御色多由也からみて、この者は女人であつたことが感ぜられる。或は佐具女と同一人であつたかとも推察される。古事記の伝えるものは、

天佐具売《あまのさくめ》聞此鳥言、而語天若日子《あまのわかひこ》、此鳥者其言甚悪子可射殺、云進那天若日子持天神賜天之波士《はじ》弓天之加久矢《かくや》、射殺其雉　（古事記）

伊賀国では旧藩以前の頃まで、国中の郷士郎党や農工商の業を問はず、午前のうちはその職責に励み、午後になると一様に武術に専念したものであつて、諜術は御色多由也《おいろたゆや》の昔から発達し、楯岡の道順を初めとして甲賀太郎兵衛高山次郎太郎大串小串などの大器も現われ、この流れが近世にまで及んでいた。なおこの国では、人びとの尾骨が直立していると云われ、卯月八日（旧四月八日）から八朔《はつさく》（八月一日）までの昼寝は、旧伊賀時代からの特習である。

考証142

彼天若日子《あまのわかひこ》妻下照比売《したてるひめ》之哭声与風響到天《なくこえかぜとひびきあまにいたる》、於是在天天若日子父天津国玉《あまつくにだま》神及妻子聞而降来《くだりきて》哭悲

（古事記）

右は天若日子《あまのわかひこ》の妻であつた下照姫が、自身の返し矢に当つて死んだ夫の亡きあとで、夫の故郷であつた天狭霧国へと旧大和葦原中洲湖岸から立ち帰つて、当時の天乃平田《あまのひらた》湖畔に居住されていたことを伝えたものである。亡夫の故郷は、天乃阿波《あまのあわ》と呼ばれた旧阿波であつたが、姫の移つて来られたのは、阿波から西へ壬生野《みぶの》高原で隔てられていた旧鳥阪乃里《うさかのさと》である。また姫の座は、現在の甲野村鳥阪神社の域内かまたは沢田山であつたと見られる。旧鳥坂の里は、旧平田湖の東岸でも景勝な場所であり、この里はまた、大日孁《おおひるめ》貴命の圭田の一つと云われていた天乃平田の一部

を構成していたのである。

斯様な下照《したてる》姫の神霊も、旧平田湖の退水後になると、平田盆地内の出後《いづご》村や平田村に移されて、各所に分祀された様である。更にまた「鈴鹿山中にある鈴鹿神祠は下照姫を祭る処」（鈴鹿伝承）と云われているが、是れはこの姫が夫の喪屋《もや》を奉じて、その遺骸を美濃国藍見河の河上にあつた喪山へ葬るまでの旅路の途中に、旧鈴鹿神祠の地に滞留せられたものであつたから、後世になつて祭られたものであろう。鈴鹿坂下の旧駅亭の西方に、三子の嶽と呼ばれる鈴鹿、武名、高幡の三峰があつて、瀬織津姫《せをりつひめ》、伊吹戸主、速佐須良姫《はやすさらひめ》の三神を祭るものと社家《しやけ》が伝承していた様であるが、「鈴鹿姫は鈴鹿山の路頭北辺に坐します」と云われている事を参考に資したい。また下照姫の兄に当る阿遅志高日子根《あじしたかひこね》命が、嘗ての葦原中国で居住されていた所は、現在の大和国葛城郡御所町の高鴨であり、此処は迦具土後期に、旧大和葦原中洲湖の西南隅に位置した地方であると見られる。なおこれらの研究に当つて、同地に所在する高鴨神社の祭神や、同社地が太古の頃に見せていた地理的考察に待ちたいものである。

次に天若日子《あまのわかひこ》の遺骸は、水路を伝つてではなく、陸路を旧大和国から旧伊賀の天乃平田《あまのひらた》湖東岸の地へ搬ばれたのである。この事は「即疾風《はやて》飄挙戸到天即造喪屋《もや》」（旧事記）の詞で伝えられた天《あま》津邑人《つむらびと》「疾風《はやて》」の名によつて、当時この事に与つた人達の職責が明らかにされているからである。またこの喪屋へ参集した「河雁鷺雀雉鵄鳥」などの国津邑《くにつむら》びとらは、その名によつて喪屋内外の職責が伝えられているものである。これら天津邑びとや国津邑びと達が、太古の日本各地に定着していて、而もその地の風土や己れの職責に応じ、魚鳥や其他動植物などの名を取つて、各人の仇名《あだな》とされていた古習に就いては、後章の「知和岐乃里《ちわきのさと》の露払い《つゆはら》」で解明を加えることを再言する。

第二十八節　旧山城国の東之岩舟から河内国西之磐舟への降り

天火明り《あまのほあか》饒速日《にぎはやひ》命は、旧木津川の左岸に添つて、天鳥船《あまのとりぶね》で天狭霧《あまさぎり》国から天降《あまくだ》られ、遂には河内国の哮峰《いかるが》の麓へ着船されることになつた。この神は、神武天皇御東還の頃になつて大和国を所領していた饒速日命の遙な遠祖である。

当時の舟路は、旧山城国の東乃岩舟から旧河内国の西磐船へ向っての下りであり、天火明り饒速日命は、更に旧磐船の地を離れて、大和国鳥見《とみ》の白庭山《しらはた》へ遷り着かれたのである。鳥見の白庭山とは、現在の大和国富雄川流域にある富雄《とみお》村一帯の住民が、上代の鳥見の里《さと》へ移動するまでの原住地域であつて、神代の「左乃御廻り」の水路を望見し得た生駒山東腹の高原地帯である。

天火明り《あめのほあか》饒速日命が天降《あまくだ》られた舟路は、天津神による第四次の国見への旅であつた。この神が三十六番神や舟長《ふなをさ》、梶取、舟子《ふなこ》などを引き具しての第一歩は、当時の旧伊勢湖西北隅に新しく生れた水尾「天磐座《あまのいわくら》」からではなく、現在の岩倉峡を遥に北に離れている伊賀国新居村字鳥居出《とりいで》の突端からであつた。この突端は、高倉山の麓の旧鳥居出と岩倉峡の両路から旧伊勢湖の水流が落下していた時に、その中間に挾まつて、長堤の形で浮んでいた台地のことである。神代の大洪水「迦具土神乃尿《ゆばり》」が未だ生れていなかつた迦具土前期の頃は、この長堤が旧伊勢湖の全水量を支えていたのである。即ち斯様な壁堤があつた為に、旧伊勢湖の排水は逆流の形を取つて、旧野洲川の水路に依つて余儀なく柘植《つげ》から近江国油日乃里《あぶらひのさと》に落下し、これが旧淡海へ流入していたのである。但し旧伊勢湖の一部水量は、現在の伊賀川の出口である岩倉峡が生れる以前では、そこから五百米許り南方の長田村字木根《きね》(上代では鬼子《きね》)と百田《ももだ》村背後の比自山を破つて、島ヶ原村へ流れていたものと、また高倉山の前面に位置する鳥居出から落下して、これが西山村字広出の前面にあつた小湖に流入していた二条の水路があつたのである。

このうち後者の方は、湯蓋《ゆぶた》の地から鳥居出へ走る丘陵の北端に当るが、太古時代の舟運は、鳥居出からの落下水路に頼つたものではなく、旧伊勢湖と琴ヶ浦の間へ突堤となつて鳥居出から突き出ていた丘陵の西側からである。即ち郷民が馬の背と呼んでいる所からであつた。また太古の馬の背の背面は、島ヶ原村や西山村の低地部を被つていた小湖の東岸に当る所で、この小湖は幾度びか述べたところの琴ヶ浦と云われたものである。

元来伊賀国高倉山の麓に所在する鳥居出《とりいで》は、迦具土前後期に大和居族祖先が利用した水陸両路の起点となつていたものである。換言すると、天《あま》狭霧国と国狭霧国の関門の位置にあつたのである。地理的に見ても、旧鳥居出は太古の「迦具土神の左右の御足」が交つていた所であり、また交通の要路であつた為に、旧大和国から保食神《うけもち》の国土内で農業の画期的な発展が見られるとの風聞は、この通路によつて天津邑びとらへ報ぜられたのであり、またこのことが湖畔住民の低地帯国土への移動を誘致して、旧鳥居出を関門の地として進められたのである。これが迦具土後期に遷ると、新に生れた岩倉峡の水路を伝つて、その移動は一層の激しさを加えて来たのである。

饒速日命の遠祖、天火明饒速日命《あまのほあかり》が天降《あまくだ》られた当時の旅路は、実に斯うした旧鳥居出前面の馬の背からの御舟渡御であつた。この馬の背から望み得たその頃の景観は、湯蓋《ゆぶた》村一帯を被つていた琴ケ浦であるが、その琴ケ浦の前面には、点々と小島が姿を現わしていたのである。更にその前方に浮ぶ比目山連山の背後には、今は無き高志乃里《こしのさと》や早雄乃里《はやおのさと》の人家が見られたであろう。早雄乃里は所謂「雄《お》の元《はじめ》」(旧事記)であつて、この里を流れていた川が、後世には早雄《はやお》川となり、更に時代が遷ると高師《たかし》川と名が改つて、木津川に注ぐ様になつたのである。高志も高師も、共にその水位が高いものであつた事を伝える名である。天火明り饒速日命がこの旧水路を下つた頃の旧木津川は、現在の人びとらには想像も成り難い程の高水位であり、而もその水流は極めて緩慢であつたことであろう。

従つて斯様な「左乃御廻り」路によつて天乃御柱《あまのみはしら》を左へ廻つての旧大和国への降りは、保食神《うけもち》の御身くろであつた虚空《そらみつ》見大和国の大観を眼下にし得たものであつたから、当時の人びとに「水上は地行く如く船之上は床《ゆか》に居る如し」の感を覚えさせたのは当然である。

この頃の水路渡航に用いられていた器機は、天鳥船《あまのとりぶね》であつたと云われるが、これは筏を指して云つたものである。またその用材の悉《ことごと》くは、鳥居出にある高倉の森から伐り出されたのである。この高倉の森に鎮座する祭神は、天火明り饒速日命の御子天香語山命《あまのかご》であつて、これまた供奉の一柱として、この地から降られたのである。天香語山命は、外面《そとも》の国土へ降《くだ》つてからその御名を高倉下命と改め、国津神となられたのであつて、その子孫は、連綿として栄え、それが神武天皇御東還の時代まで、永く遠祖の御名を襲つていて、国津神熊野高倉下命と呼んでいたのである。近世になつて高倉宮の祭神が、人皇初発の頃に神武天皇の大和入国に力を尽した高倉下命《たかくらじ》であるとして、鳥居出村の前面に碑を建てた者がある。これは誤りであり、その真実の祭神は、天香語山命《あまのかごやま》であつて、初代の高倉下命に他ならない。こうした後世の人の迷盲は、か様な天香語山命やその子孫である高倉下命などの御身についてその時代考察に最も必要なもの、即ち「襲名」の古習が、日本の太古から近世にまで行われていたと云う事が考慮されていなかつたが為である。

天火明り饒速日命が天降られた当時の旧伊勢湖は、なおその水位から見ても二百米前後を維持していた頃であり、この高水位から考えても、如何に太古の事であつたかが覗われる。次にこの神人らが通過した着船地は、旧山城国の東乃岩舟と、旧河内国の西乃磐船であつて、一行は暫し旧磐船の河上に位置を占めていた哮峰《いかるがみね》に滞留したのであり、更にその後になつて、其処から旧大和国鳥見《とみ》の白庭《しらはた》山へ遷座されたのである。またこの時の伴人《ともびと》らの氏名は、次の様であつたと伝えられている。

天《あまの》香《か》語《ご》山《やま》命（尾張連《むらぢ》らの祖先）
天《あまの》太《ふと》玉《だま》命（忌部首《いみべおびと》らの祖先）
天櫛玉命（鴨県主《あがたぬし》らの祖先）
天神玉命（三島県主らの祖先）
天《あまの》糠《ぬか》戸《と》命（鏡作連らの祖先）
天《あまの》牟《む》良《ら》雲《くも》命（度会《わたらい》神主らの祖先）
天御陰命（凡河内直らの祖先）
天世《よ》手《て》命（山城久我直《あたい》らの祖先）
天背男命（尾張中島海部直らの祖先）
天湯津彦命（安芸国造らの祖先）

天《あまの》細《うづ》売《め》命（猿女《さるめ》君らの祖先）
天児屋命（中臣《なかとみ》連らの祖先）
天《あまの》椹《くれ》野《の》命（中跡直《なかとのあたい》らの祖先）
天道根命（川瀬造らの祖先）
天明玉命（玉作連らの祖先）
天神立命（山城久我直らの祖先）
天《あまの》造《みやつこ》日《ひ》女《め》命（阿曇連《あづみのむらじ》らの祖先）
天《あまの》斗《と》麻《ま》弥《ね》命（額田《ぬかた》部《べの》湯《ゆ》坐《さ》連らの祖先）
天玉櫛彦命（間人《はじふと》連らの祖先）
天神魂命（葛野鴨県主らの祖先）

天三降命（豊前宇佐国造らの祖先）
天乳速日命（広湍神麻続連《ひろせのかんおみむらじ》らの祖先）
天伊《あまのい》佐《さ》布《ふ》魂《たま》命（倭文《しとり》連らの祖先）
天《あまの》活《いく》玉《たま》命（新田部真らの祖先）
天事湯彦命（取尾連らの祖先）
天下春命（武蔵秩父国造らの祖先）

天日神命（対島県主らの祖先）
天八阪彦命（伊勢神麻続連らの祖先）
天伊岐志邇保《あまのいきしにほ》命（山城国造らの祖先）
天少彦根命（鳥取連らの祖先）
天《あまの》表《うわ》春《はる》命（信濃阿智祝《あちのほふり》らの祖先）
天月神命（志岐県主らの祖先）

従者（十人）

天津麻良（物部造らの祖先）
天曽蘇（大和笠縫部らの祖先）
天津赤占（伊勢為奈《いなべ》部らの祖先）
富《お》富《ほ》侶《ろ》（十市部首らの祖先）
天津赤星（筑紫弦田物部《つるだのもののべ》らの祖先）

二田造
大庭造
舎人造
勇《ゆ》蘇《そ》造
阪戸造

兵仗（二十五人）

二田物部、当麻《たえま》物部、芹田物部（大和国磯上郡の郷村芹井氏の祖先と見られる）、鳥見

物部、横田物部、鳥部物部、浮田物部、巻宜《あんぎ》物部、足田物部、酒人物部、田尻物部、赤間物部、久米物部、狭竹物部、大豆物部、肩野物部、羽束《はづか》物部、尋津《しきつ》物部、布都留物部、住《すむ》跡《ち》物部、讃岐三野物部、相槻物部、筑紫聞《つくしのきく》物部、幡磨物部、筑紫贄田物部

舟《ふな》長《おさ》　天津羽原（跡部首《おびと》らの祖先）

梶取　天麻《あまの》麻《ま》良《ろ》（阿力造らの祖先）　天津赤麻良（曽々笠縫《そそのかさぬい》らの祖先）

舟《ふな》子《こ》（四人）　天《あま》津《つ》真《ま》浦《うら》（倭鍛治師らの祖先）　天津真《ま》占《うら》（笠縫首《おびと》らの祖先）　天津赤星（為部《いなべ》らの祖先）

以上の伴人《ともびと》、従者、兵仗、舟長《ふなおさ》や舟子らは、そのうちの数人の従者を除いて、その悉くは天津邑《あまつむら》びとらである。それにも拘らず二十五人の兵仗が、総て国津邑《くにつむら》びとらであると云うことが、特に留意すべきことである。それはこれらの人びとの名からみて、彼らは旧木津川沿線の地理に精通していたものと知られるからである。

さて天火明り饒速日命は不幸にも、旧大和国鳥見の白庭山で神殞《さ》り給うたので、速飄神《はやて》がその遺骸を奉じて、陸路を伝つて天狭霧国の高皇産霊神《たかむすび》の座まで担《にな》い上げたのである。而もこの不慮の死に遇つた為に、旧河内国から大和国白庭山まで随従して来た三十二人の天津神らも、改めてその故国へ引き返されたものである。然しながらこれら神人も、その後程なくして企てられた大和民族祖先の画期的な移動に際会して、その大部は外面の国土に分散し尽したのである。即ち天孫邇々芸命に従つて旧九州に降《くだ》つた八神以外は、一斉に旧迦具土の国土から各地へ分散したのであり、更にまた、一たび天孫が旧日向国へ天降《あまくだ》られたとなると、天津邑びとらの大部も、等しく新しい葦原の国土を求めて、各土に降つて行つたのである。従つて天孫に随従した天津神は、十柱《とはしら》にも満たなかつた次第である。

日本の歴史のうち旧近畿やそれに近い地方に関するものに就いては、天孫が旧日向国へ降臨せられて以降神武天皇が御東還せられる迄の長年月に渉る期間、換言すると、旧伊勢湖や旧大和葦原湖が現在の様に完全な伊賀盆地や大和平野に化し去る迄に要した期間の出来事は、全く空断されているのである。これは特に注視すべき事実であり、またこの事は旧大和、山城、近江、丹波、甲斐、飛弾《ひだ》、信濃、美作《みまさか》など大湖や小湖を擁していたと見られる国ぐにや、或はまた紀伊、志摩、河内を始め其他の国ぐにでも同様の事であろう。

考証142

翔行於大虚空巡睨是郷而天降坐矣、所謂虚見日本国《そらみつやまとのくに》是降（旧事記）の「大空を翔り行きてこの里《さと》を巡り見ながら天降《あまくだ》つた所は、空見《そらみ》つ大和国であつた」との天降りの道筋に関する伝承は、天火明り饒速日命が当時の天津羽原や梶取り舟子ら六人の繰る筏に乗られて、神代の「左乃御廻り」の舟路を下つた頃の景観を良く伝えている。その頃の木津川の水位は、現在の河床を抜くこと遙かな高位置を占めていて、而もその河筋には幾多の島もあり、また河幅も広いものであつたから、天乃御柱《あまのみはしら》の縁辺を流れていた旧木津川の水上から望み見ると、その左岸に拡がり迫つた広大な旧大和国が、眼下に入つて来たものである。

虚空見《そらみ》つ日本《やまと》国と云うのは、後世の(1)虚見つ山跡《やまと》の国青丹よし平城の都ゆ。(2)空見つ大和国青丹よし寧楽山《ならやま》過ぎて物部《もののべ》の宇治川渡り、(3)天降《あまくだ》り着く天の香具山霞立つ春にいたれば、(4)葦原の瑞穂の国を天降り知らしめしける天皇《みすらみ》の神の命の御世重ね天の日嗣《ひつぎ》と、(5)そらみつ大和国は水の上は地行くごと船の上は床《ゆか》に居るごと大神のいわえる国ぞ（孝謙天皇御製）、(6)この岡に菜摘みます児、家告《の》らせ名告らさね、空見つ大和国はおしなべて吾れこそ居れ、しきなべて吾れこそ座せ（雄略天皇御製）などと、万葉集に伝えられている短歌や長歌にみても、所謂虚空見《そらみ》つ日本国は、旧大和国そのものであつたことが推究される。

更にまたこれらの古歌が教えていることは、太古の大和国の実体が、中世時代の人びとの間にも、朧げながら口誦されていたものであつたと云う例証にもなる。これらの歌に現われている「そらみつ」は、決して枕詞ではあり得ない。即ち虚空見日本国であると天降《あまくだ》りの神達に云われた国は、保食神《うけもちがみ》無きあとの旧大和国を指したものであつて、大和国を虚空見の詞で呼んでいたのは、人皇の御世に入つてからも太古時代と同様であつたのである。彼の大和国の富雄地方出身の邑びとと思われる八《や》咫烏《たがらす》が、神武天皇を迎え導く為に大和国から紀伊国の熊野路へ急いだ事を伝えたものに、「有頭八咫烏自空翔降《そらよりかけりくだる》」（旧事記）と記されて、「そら」の言葉で大和国を表現している事にみても明瞭である。

考証144

乗天磐船而天降《あまのゆわふねにのってあまくだり》、坐於河内国河上哮峯《いかるが》、則遷坐於大倭国鳥見白庭《しらはた》山（旧事記）に伝えられている「磐船」とは、古代の着船場を指示したものである。旧伊勢湖の水尾にあつたその磐船は、何れも旧大和国に近い旧木津川の左岸にあつた。この事はその水尾の果てに浮んでいた国土のうちに、太古から殖安姫《はにやす》や保食神《うけもち》の座があつたからであり、更に時代が移り過ぎて、天火明《あめのほあか》り饒速日命が天降《あまくだ》られた頃でも、高船を中心とする北倭《きたやまと》地方には、国津磐境としての群落が栄えていたからでもあると見られる。さて当時の磐船は、次の様に東西に対峙して、磐船の位置を占めていたものであり、而もそれらの位置によつて、太古の水域や天降りの実相が覗い得られる。

(1) 東乃磐船（山城国相楽郡岩舟村）

この地は旧伊勢湖の落下口であつた現在の新居字鳥居出《とりいで》または新居字岩倉を西へ下る七里ばかりの処で、嘗ての木津川がその下流の旧加茂盆地で小湖を作つていた頃には、湖南の入江深くに位置を占めていた個所である。これが為に神代の頃は、水路交通の理想的な舟寄り場であつたと目せられる。

この岩舟村の高所から大和国の景観を望むと、誠に雄大な原始大和の廬頂部そのもので、水間《みづま》峠を中心とする磯上、添上、山辺など三郡の高地が、一望の裡に入つてきて、而も河内国の西乃磐船を遥に引き放しながら東西に対峙しているその位置から見ても、此処から、「みかの原」へと続く高地部は、嘗ては河海の大観を恣にした処であろう。

またこの岩舟村から山城国加茂の小盆地へ降り行く道筋は、太古の水域から考察して、旧加茂湖の「陰土《ほと》」に当つていた処であると見られ、そのうちでも道路に添つた東部の山添いに、古代磐室の多くが埋没している様である。なお太古では天津神《あまつがみ》らの舟路の宿であつたとしても、後世では名も無い辺鄙の地と変貌したこの岩舟村に、何故に僧行基が自作の本尊を安置して、岩舟寺を開基したものであるかと云う事は、神仏合体を策したこの僧が、如何に傑物であり、また深謀を抱いていた曲物《くせもの》であつたことが覗い知られよう。

(2) 西乃磐船（河内国北河内郡磐船村）

西乃磐船は、東の磐船を去ること更に七里ばかりの処にある。この地もまた岩舟村と同様に、二百米に近い標高であり、河内平野を眼下にしながら大和国の北倭《きたやまと》村に接していて、生駒山脈の東辺を構成する。この西乃磐船が旧木津川左岸下流の要津であつたと見られるのは、迦具土全期を通じて東西の磐船地方が、潮水に洗われていた処であり、且つまたこの両者が、互に舟路で結ばれ、ともに河海の入江深くに位置を占める安全な場所であつたからである。また磐船から僅かばかり東に離れた大和国高船を中心とする地方は、同じく旧木津川左岸の着船場となつていたもので、この事は高船と云う古地名や、地理的位置からも覗い得られよう。

なお河内国のこの磐船村には、山城国岩舟村と同様に、僧行基を開祖とする獅子窟寺があつて、その西寄りの高地が哮峰《いかるがみね》と呼ばれている。この地方は天津神らが天降《あまくだ》り来つた時代には、その要路に生れつつあつた群落でもあり、古代大和民族の一部が、永い年月に捗つて己れの磐村《いわむら》として、水辺の磐船に幡居して弥栄えた処であろう。然しながら当時の天降りの神も座も、後世になつて仏教の伝来や神仏合体に災いされて、別当寺のみが栄えることになり、その結果主神の影が消え失せた様である。

次に天火明《あまのほあか》り饒速日命が天狭霧《あまさぎり》国から降つて、暫し座せられていた白庭《しらはた》山は、現在の大和国生《い》駒《こま》郡富雄村に属する地方であるべき筈だが、寧ろその故地は、北倭村の一部であると見たい。元来迦具土時代後期での鳥見と云うのは、人皇の御世に入つてからの鳥見乃里《とみのさと》ではなく、現在の富雄地方の住民が富雄川の沿線やその下流に移動する以前の原住地であり、且つまたさ様な旧鳥見乃里は、水路左乃御廻りの大観を望見し得る位置にあつた筈である。即ち生駒山または富雄山の東腹であつたと考えられ、またそれらしいと思われる地域が、生駒町から磐船街道に添つての西側に見られよう。

考証145

伊賀盆地の西北隅は新居村字鳥居出《とりいで》と云う処であつて、同地の高倉森には高倉宮が鎮座し、その祭神は天香語山命《あまのかごやま》である。この祭神こそ天火明り饒速日命《にぎはやひ》に従つて、高倉森の前面からその西方二十八キロばかりの山城国相楽郡棚倉へ舟路で降られたのである。それ故にこそ同地で棚倉県《あがた》宮として奉斎せられたものと見る。またこれら棚倉と高倉は、互に語音が通じているのであるが、この事に依つても、両者が太古から密接な関係にあつたことが知られ、且つまた旧鳥居出から舟路を旧棚倉へ降つた天香語山命は、その地で国津神となり、御名を高倉下命《たかくらじ》と改められたものと知られる。而も其の子孫が、棚倉地方を中心として弥栄えるに及び、父祖の鎮魂とその神徳を後代に伝えん希望から、県宮《あがた》を創めたものであると考察される。

考証146

現在の伊賀国新居村字鳥居出《とりいで》と西山村字広出《ひろで》との境界に成つて、鳥居出の高倉前面から南方へ突出している小丘帯がある。この丘が更に南へ延びると、湯蓋村に達し、それが岩倉峡の右岸で尽きている。この丘陵帯が太古時代に旧伊勢湖の壁堤となつていたのであるが、此処はまた、西山村の前面を併せて島ヶ原村の大部を被つていた嘗ての琴ヶ浦の東岸に当つていたのである。換言すると、旧伊勢湖はその落下口の背後に琴ヶ浦を抱えていたのである。従つてこれら大小二つの湖の中に鳥居出の突堤が出ていて、その南方に比自岐山《ひじき》が浮橋の様に横たわつておつたのである。

この鳥居出《とりいで》の小丘帯は、通称「馬の脊」と呼ばれていて、その脊の北端は、現在の岩倉峡谷から五六百米ばかり離れた処であり、その地の標高は、岩倉峡の水位を抜くこと百米余である。而もか様な馬の脊高地の西側から、太古時代に舟運による日本民族の初期移動が行われたのである。即ち、

「往古のころ新居村字鳥居出前方の馬の脊から、舟路で発足し、旧伊賀国から山城国棚倉地方へ降つた者がある。当時使用された筏の用材は、悉く鳥居出にある高倉宮の森から伐つて使用された」（高倉伝承）

附記　高倉の森

伊賀国高倉森については、近世まで幾多の怪奇伝承が伝えられていて、織田信長公の伊賀乱入に際しても、軍兵は神橋から一歩も域内に入ることが出来なかつたと云われ、また高倉森から御斉峠《おときとうげ》へ登る途中には、補陀落寺《ほだらくじ》阯があつて、日本最古と云われる丁石を遺している。

また「天正の兵乱起つて織田氏の軍勢が高旗山から下り来ると、直に補陀落寺の堂塔に火を掛けたので、これに驚いた寺僧が、直に法衣の袖に寺宝を抱き、遠く紀伊国の熊野へ走つた。これ

が現在の熊野補陀落寺の起源である」（高倉伝承）と云う。か様な補陀落寺の寺僧の所業を伝えていることに併せて、人皇の御世に入る直前に紀伊国熊野の一部に天香語山命の遠孫である高倉下命が住み着いていて、同地方で勢力があり、而も神武天皇の上陸を助けたと云う史実を推究すると、高倉と熊野の両地は、太古時代から結縁するものがあつたからであろう。

考証147

迦具土時代の天津《あまつ》神の天降《あまくだ》りは、後代の日本民族子孫の間に永く口誦伝承されて来たものである事は、かの「秋津洲の大和の国を天雲《あまぐも》に浮べ磐船に舳に真櫂繁貫きい榜《こ》ぎつつ国見《くにみ》なして天降り坐し払い平げ千代累《かさね》も弥々つぎに知らし来る天日嗣《あまつひつぎ》を神乍ら我大君の天之下治め給へば物部《もののべ》の八十伴《やそとも》の緒を撫で給い斉い給ひ」などの神楽《かぐら》歌で知られ、また「泉之河（木津川中流）の水脈絶えず」の古歌で知られている様に、嘗ての左乃御廻りの水路から降つた天津兵伏のうちの天香語《あまのかご》山《やま》命は、天降つて以後は国津《くにつ》神となり、御名を高倉下《たかくらじ》命と改めたのである。而しながらこの神人は、神武天皇が大和入国に悩まれた時代に熊野で天皇を救つた熊野高倉下命ではなくして、その遠祖に当つているのである。これに就いて襲名なるものが、太古の日本民族間に普遍的に行われていたものであると云う事が、専ら重視せらるべきである。この考証は聊か第十七節に掲げた解説と重複の個所もあるが、敢て加筆した次第である。

第二十九節　天之八達衢《あまのやちまた》から旧山田原十二磐室《いわむろ》への降《くだ》り

天孫邇々芸命《ににぎの》は大日孁貴命《おおひるめ》の神勅を奉じて、筑紫洲の高千穂槵触峯《くろぶし》へ降《くだ》り着かれた。かくしてのちは旧伊勢湖畔に永く居住していた天津神や天津邑びとらの大部も、これに続いて一斉に旧迦具土神の御身くろから天降り、遠く離れた四方の各土に第二、第三の高天原を求めて移動したのである。この事は日本神代に行われた大規模な原始大和民族の低地帯国土への分散であつて、その当時の旧伊勢湖の水位は、猶百八十米前後を維持していた時代であると概算せられ、後代になつてその湖底に生れた現在の伊賀盆地を抜くこと、実に五十余米に及ぶ程の遼古の出来事である。

天孫邇々芸命《ににぎの》が旧迦具土の天狭霧《あまさぎり》国から移動せられる様になつたのは、取りも直さず天津磐境《いわさか》から、天津神の直孫が完全に旧迦具土から離脱したことである。さてその降《くだ》りに際しての順路は、旧伊勢湖の湖上湖のうちでも最も狭小で、且つ高水位であつた旧霧生《きりゅ》池の周辺から離れて、旧霧生郷と旧伊勢国八知《やち》村との境になつていた塩見峠を降り、その前面から望み見た旧八手俣《やてまた》村への陸路に依られたのである。一行はこの八手俣から更に旧南伊勢に降られ、その後は現在の伊勢国度会《わたらい》郡と志摩国の境になつている船路山や、神路山の麓で暫し滞留せられていて、そこで旧日向国へ降る為の準備を整えられた様である。後世になると、この地方は山田原と呼ばれていたものであり、山田に隣する宇治は、上古の佐古久志呂宇遅《さこくしろうじ》国であつたが、最近は伊勢市などと云う途方もない名称に変更されたらしい。

邇々芸《ににぎの》命に従つて旧山田原に降つた天津神らは、それより以前に饒速日《にぎはやひ》命の始祖天火明《あめのほあかり》命に伴われて河内国の哮峯《いかるが》に降つたことのある三十二番神が、その主力となつたものであり、忌部《いみべ》の氏祖天太玉《ふとだま》命や度会神主の氏祖天牟良雲《むらくも》命その他である。而しながら旧伊勢島から旧日向国へ降つて行つたのは、その一部の神人のみであつて、他の天津神の大部は、第二、第三の高天原を求めて遠く東北地方の隅々にまで分散したのである。

さて天孫が天降《あまくだ》りの為に求められた路筋については、一つの水路と、二つの陸路が古事記に記されている。而も太古時代からの水路二つのうちでも、天安河《あまのやす》の右乃御廻り路が記載から除かれていると云う事は、迦具土後期の末葉になると、国土の変貌に併せて、外面の国土への陸路交通が、前期時代の水路交通に代つて行われたものである事を知らしめているのである。これは極めて興味ある人文や地文上の変化から起つたもので、その頃の降り路は次の様である。

天狭霧《あまさぎり》国からの降り（旧迦具土）
- 水路
  - (1) 天《あま》乃《の》石《いわ》位《くら》
    - 天乃磐座《いわくら》であり、旧岩倉峡の水路によつて河内、山城、大和への降《くだ》り路
- 陸路
  - (2) 天乃八《や》重《え》雲《ぐも》
    - 天乃八達衢《やちまた》から旧雲出《くもづ》川の上流へ降つて、旧八手俣村から南伊勢への降り路
  - (3) 伊《い》都《づ》能《の》知《ち》和《わ》岐《き》
    - 旧伊賀国阿波（天乃阿波《あまのあわ》）の花立乃衢《ちまた》から旧伊勢国の道別乃里《ちわきのさと》を伝つて、旧美濃、奥三河、信濃から東国への降り路

右のうちで天孫の選ばれたのは、第二に当る天乃八重雲《あまのやえぐも》の陸路であつた。この御道筋は天狭霧国の東南両壁の合体点から見て、それと見分け得る処を走るものであり、またその道筋に当る国土自体が、嘗ての天津祖神らの御衣裳となつていたものであつたが為に、事実上この道は天狭霧国への裏参道であつたに拘らず、他の天乃石位《いわくら》からの降りやまたは知和岐乃里《ちわきのさと》への降《くだ》り路に比べると、最

も安全なものとせられていたのであつた。従つて天狭霧国から移動するに際して、天孫御自身がこの路を選ばれた事は、誠に妥当であつたと思われる。

天乃八達衢《やちまた》は伊賀南壁からの降り路で、旧伊勢国を南北に二分していた「風早乃滴り《かざはや》」を伝つての路であつた。換言すると、旧霧生の地から雲出川の上流へ出で、その対岸の伊勢国一志郡八知村から八手俣《やてまた》村を目指して降つたものである。迦具土時代の天乃八達衢は、所謂天乃八重雲の地域内ではあるが、南伊勢からの参道が寄り集つていて、そこで岐《ちまた》を作つていたのである。

天乃八達衢の位置は、旧迦具土神の御頭のうちであり、且つまた古代では頭《つむ》り嶽または首り嶽と呼ばれていた伊賀南壁の主峯尼ケ嶽と、大日孁貴命《おおひるめ》の御美豆良《おんみづら》と呼ばれていた髻嶽の相寄る間隙を縫つて、旧伊勢国一志郡の雲出川上流へ降る路であつた。従つてそれは現在の伊賀国種生《たなお》村と国津《くにつ》村を結ぶ背後の桜峠の坂路を云つたものではなく、種生村から髻嶽の南腹に添つて進み、八知村や竹原村から八手俣へ降り行く塩見峠に他ならない。

大日孁貴命《おおひるめ》の御美豆良《おんみづら》であつた髻《もとどり》嶽は、旧南伊勢を国見《くにみ》する為には最適の個所であり、旧雲出川を脚下に踏む位置に当つていたので、迦具土前期に伊邪那岐命の為に我が身を贄として捧げた竹乃子達や蒲乃子《えびのこ》達の子孫が住み着いていた南伊勢の国土までを、そこから遠望し得たのである。更にそれらに続く国土の果ては、根乃堅洲国《ねのかたす》と呼ばれた旧紀伊国へ延びていたものであり、またその途次に左折すると、五十鈴川の上流へ降り、それより尾根伝いに行くと、旧山田原の高倉十二磐室へ着き得たのである。

天乃八達衢はか様な旧迦具土神の御頭と、右乃御手の中間鞍部に位置を占めていて、天乃棚雲が去来する処と云われた程の浄域な裏参道であつた。またこの岐《ちまた》から旧八知《やち》村への下りを取つて、ただ一途に旧雲出川の流れに添つて東方へ進むと、神代の舟渡し場であつた阿邪河《あざか》へ行き着き得たのである。即ちこの阿邪河と云うのは、現在の伊勢国阿阪山の麓であつて、当時はその辺まで旧伊勢海の潮が寄せていたのである。

天乃八達衢はか様に旧紀伊国や伊勢国の旧山田原または阿邪河《あざか》地方へ降《くだ》る路の岐又《ちまた》であつたばかりでなく、旧八知村から神代の知和岐《ちわき》乃里《さと》へ下る衢《ちまた》にもなつていたのである。これは布引山脈の東腹に点在する榊村や草生村を経て、後世の味酒《うまざけ》鈴鹿国へ行き着くものであつた。知和岐《ちわき》乃里への路は、その途中で伊賀東壁の花立乃衢から降つて来る路と交叉していて、やがてその路の果てが、旧美濃や奥三河へ続き、その頃に大湖を擁していた信濃や飛弾または甲斐国を越えて、東国や越の国へまで延びていたのである。

天乃八達衢から布引山脈を伝つて、花立乃衢までの路は、標高三千呎、延々十数キロに及ぶ所謂青山高原を北に向つて進むもので、旧伊勢海と旧伊勢湖からの煙霧を突いての大道であつた。この事は、旧記に伝えられた速須佐男命が、天乃明玉《あかるだま》命を先導者として天《あま》参進を企てたについての解説で挙げたのであるが、固よりこの路の始まりは、迦具土時代前期から天津神や天津邑びとらの主要交通路になつていて、而も神代の交通路のうちでも最高所にその位置を占めていたのである。

さて神代の天乃八達衢《やちまた》にあつた岐又は、現在まで伊勢国西域地方の秘境であると云われて来た一志郡八知村や八手俣村の君個野《きみがの》を指して云つたものではなく、八知地方の住民が、太古の頃に原住していたと見られる髻嶽東腹斜面の城立村附近であつたと考える。

即ち現在の雲出川上流の払戸村、奥津村、竹原村、八手俣《やてまた》村や家城《いえき》村は、一連となつて一志深山帯に捗る神秘境ではあるが、而しながらこれらの村落は、現今では雲出川添いに一線を画いて、その谷間に存在するものであるから、日本民族が太古に「朝日直刺《たださ》し夕日直刺す処」を、理想の居住地であると定めていたことから考えると、それら村落の旧地は、現在の雲出川流域から相当離れた距離にあたる高地部の筈である。従つて当時の衢《ちまた》、即ち岐または道又は、旧霧生村から旧八知村や八手俣村へ越す間道の中央に位置していた様である。

当時の衢《ちまた》を表解すると、次の様に表現されていたものであつて、旧国土の地理的事実から見ても、その岐《ちまた》の重要さが知られよう。

天《あま》乃八《や》達衢《ちまた》
(旧八手俣村)

- (1) 旧伊勢湖畔への上り参道
  (旧迦具土神の「御首、胸、臂、陰土《ほと》」の国土に到る)
- (2) 外面《そとも》の国への降り
  - (1) 旧迦具土神の「御杖から御褌《はかま》」を経て、旧紀伊国の有馬邑に降る。これは「天乃羽車」と呼ばれた路である。
  - (2) 旧迦具土神の「御杖、髪、櫛、裳」を経て、旧伊勢国五十鈴川下流の山田原へ降る。
  - (3) 旧雲出川から阿邪河に下り、伊勢国阿坂山の麓から海岸添いに旧山田原に降る。
  - (4) 旧迦具土神の「右乃御手」を伝つて花立乃衢に至る。
  - (5) 旧伊勢国の北部に点在していた知和岐乃里《ちわきのさと》を経て、旧美濃国や奥三河から東国へ降る。

さて古事記に伝えられている天狭霧《あまさぎり》国からの降り路であつた三筋のうちで、天乃棚雲の曳く八達衢と云われていた八達路を除くと、天乃石位《いわくら》からの水路と知和岐《ちわき》乃里《さと》へ下る陸路の二つであるが、これら二つの路が、天乃八達衢と同列に伝えられていると云う事は、天孫邇々芸《ににぎ》命が旧八手俣村を経て山田原の高倉磐室へ降られたとその時を同じうして、嘗ての天狭霧国に居住していた天津神らの大部が、一斉に旧迦具土の国土から離れて新生の葦原の国へ降る目的から、この天乃石位と知和岐の路を伝つた様に見られる。

而しながら古事記には、これら太古の民族移動路を、一列に記し伝えていて、而もこの二つの路が、天乃八達衢に先んじて掲げられていると云う事実は、道別乃里《ちわきのさと》への降《くだ》りや天乃磐倉からの水路は、天孫降臨に先だつて行われた火明《ほあか》り饒速日命の降りを伝えたものであるか、或はまた、天孫が天乃八達衢から降る以前に、先駆の兵杖が露払いとしてこれら両路から外面《そとも》の国土へ移動して、それらが相互に連絡を取りながら、邇々芸命の旧九州への降りを容易ならしめたかの何れかである。

但し天孫御自身の渡御は、天乃八達衢から旧迦具土神の御杖の方向へ向つて進められ、次でその御衣裳の地域を越えられると、その途中で御舟渡御などを行われて、遂には旧山田原へ着御になつたものであり、それが暫し高倉山の十二磐室に滞留せられていて、一方の天乃八達衢から阿阪山麓の阿邪河《あざか》を廻つて、旧伊勢海浜を南下して来た別隊の天津神らと「神渡り会い」給うた様である。

邇々芸命が天降《あまくだ》りを行われた当時に、旧迦具土の御身くろ裡に残されていた旧伊勢湖は、その北部地では水深僅に四十米余ではあつたが、その湖周は約六十キロであり、水位は猶百八十米前後を保つていた遼古である。即ち現在の伊賀盆地に浮んでいる丘陵の上野市街地も、その頃では水面下二十余米の深さは漂つていた時代のことである。旧記はその頃の年代を、神武天皇が東還せられた時代を去ること百七十九万二千四百五十七年であると伝えているが、旧伊賀国時代から北壁内の秘境に残されている伝承によると、二十万年以前の神古であつたと云われている。

日本に残されている太古史の殆んどは、この時代から人皇の御世に入る迄の延年に捗つた旧日本各土の地理や人文に関する物語りを、完全に空断しているものである。それは国土が安穏であつたからでもあり、また神武天皇の御東還によるのでもあろうが、それにしても国引歌や鍵引歌などからも、その変遷の謎が解き得た筈である。

考証148

故爾天津日子番能邇々芸《ひこほほににぎ》命、離天之石位《あまのいわくら》、押分天之多那雲而、伊都能知和岐《いづのちわき》（古事記）に記されている太古の伝承によつて、旧伊勢湖畔の天津磐境に永く拠つていた天津神達が、天降《くだ》りの為に拓いた路は、次の様な一筋の水路と、二条の陸路であつたことが明確にされている。

(1)「天之石位《あまのいわくら》」とは天乃磐座のことであつて、これは迦具土前期末に生れた水路「左乃御廻り」

の突端である。即ち神代の大洪水であつた「迦具土神の尿《ゆばり》」が、初めて流れ出た初期時代の岩倉峡に当つている。この水路は、伊賀盆地西北隅の岩倉に発し、山城国大河原村へ下つたものである。迦具土時代の後期には、岩倉の背後から笠置山脈に添う地域が、小湖を擁していて、その湖内に小島が点在し、湖の北岸が琴ヶ浦と呼ばれていたものである事は既に解説したが、島ヶ原村と云う地名が、こうした琴ヶ浦前面の小島群に誘因して起つたものであり、且つまた上代以前では、この地域まで伊賀津姫の所領していた国土であることについても、前章で精細に解説したと考える。

而しながら「天乃石位《いわくら》を離れ」と云う詞で伝えられているものは、神代の民族的低地移動路のうちでも最も優位にあつた旧岩倉の地から離れて、天津《あまつ》神らが離れたと云うことであり、天孫御自身やその一行らの降られた路は、こうした旧岩倉峡からの御舟渡御であつたと云う事ではないのである。

(2)「天之八重多那雲《たなぐも》」とは、旧伊勢国雲出川に添つての降《くだ》りである。これは天乃八達衢から旧雲出川沿線の国土へ向つた路で、雲出川の「雲出《くもづ》」は、雲津から転訛したものであり、また雲津そのものは、雲霧の形態を云つたものではない。即ちこの旧河川の沿線に添つていた旧比津や旧奥津は、太古の頃は雲上の着船場であつたと云う故実を伝えているものである。またそれと同時に、現在の雲出川下流に近い波瀬村や河口村などは、旧海域にその後になつて生れ出た新しい国土であることを知らしめているのである。

天武天皇の四年二月に皇女が、大和国の御杖村から伊勢国の奥津、比津、河口野などと雲出川に添つて下られたのであるが、この参宮への途中に、波田の横山で読まれた歌によると、中古の頃に利用されていたこの道筋は、迦具土時代に天乃八達衢から阿邪河《あざか》へ行き着く路と、全く同じ方向へ降《くだ》るものであつたことが知られる。

河上の湯津磐村《ゆづゆわむら》に草むさず
常にもがもなとこ女にて

神代の天乃八達衢は、旧伊賀南壁から南伊勢への降り路であつたが、その岐又《ちまた》は、伊勢国一志郡の八知村や八手俣《やてまた》村の住民らが太古の頃に居住していたと見られる尼ケ嶽と髻嶽の鞍部にあつたもので、伊賀南壁内の種生村や霧生《きりゅ》村から、伊勢国の八知村へ降《くだ》る塩見峠の東腹に位置を占めていたものであると考察する。

(3)「知和岐《ちわき》」とは、道別または千別のことであり、上代の味酒《うまざけ》鈴鹿国を中心とした道別乃里《ちわきのさと》への降りである。

これは旧雲出川によつて南北の両伊勢に区分されていた旧伊勢国のうちでも、その国の北半へ行き着く路である。元来鈴鹿山脈の南半から布引連山への東腹に拡がる北伊勢の国土では、人心も温雑であり、且つまた国津神としてこの地に拠る多度《たど》神や猿田彦《さるたひこ》神に帰一していた為に、太古の頃は最も安穏な地方であつた。また「伊勢国の三重、鈴鹿、員弁《いなべ》など各郡の高地部は、古代の道別《ちわき》乃《の》里《さと》であつた」（北勢伝承）ことからみても、古事記が伝えている知和岐の路が、如何に地理人文上重要な位置にあつたかが理解されよう。

旧伊勢湖畔の天津《あまつ》磐境《いわさか》から道別乃里へ降るには、先づ伊賀東壁の笠取山頂にあつた花立乃衢を廻つて、始めて開けていた路を伝つたのである。これがため天孫邇々芸命らが旧伊勢国の八《や》手《て》俣《また》へ降《くだ》られたのとその時を同じうして、旧阿波湖畔に居住していた天津神や天津邑びとらの大部は、一斎に道別乃里へ降る為の衢ともなつたのである。彼らはまた、道別から更に旧美濃や奥三河を経て、信濃以東や以北へ向い、第二第三の高天原を求めて移動したものである。従つて現在の奥三河鳳来寺山の麓に近い船着村や大海村などは、その当時は海岸に臨んでいて、舟路交通の要津であつたと見られる。即ち太古の頃での信濃国や甲斐国への入国は、木曽天龍富士などの河川に添うての水陸交通は不可能であつたので、天津神や天津邑びとらは、旧伊勢国知和岐乃里《ちわきのさと》からこれら三河国の東部へ上陸し、それより北設楽郡の田口を中心とする段戸の高地部に定着して、その地方を足場とし、それより信濃国を被つていた大湖の沿岸に移動を初めたものと思われる。信濃国の阿智祝部《あちはふりべ》の祖先と云われる天思兼命《あめのおもいがね》や阿曇連《あづみむらじ》の祖先天造日女命《あめのみやつこひめ》などは、この路を伝つて、旧信濃国へ降られたものであろう。

考証149

現在の伊勢国宇治山田を中心として、高倉山や神路山で囲まれている地域は、嘗ての山田原であり、この地方は度会《わたらい》郡の東端にその位置を占めているのであるが、その「わたらい」と云う名称は、往古の日に「神渡り会う」たことから生れたものである。即ち天孫降臨に際して、天乃八達衢から遙か彼方の旧南伊勢の先端に見えていた伊勢島、即ち現在の志摩国を目指されて降《くだ》られたのであるが、その御一行は迦具土神の「御裳」を通過してのち、一先づ旧山田原の高倉十二磐室に着御になつて、暫しが程は御滞留になつていたからである。こうした事は、他の支隊が阿邪《あざ》河《か》を経て、旧伊勢海浜添いに下つて来たのと、この地で合体を企てられていたが為であり、またこれが郡名の起源になつたものであると考察される。従つて天日別命《あめのひわけ》の古事は採り得ない。

考証150

伊勢国宇治山田の外宮裏山となる高倉山は、高佐山または日鷲山と呼ばれていて、「往古の頃から山田原に高倉十二岩室《いわむろ》があつて、天津神《あまつ》らが高天原《たかまがはら》から降《くだ》つたとき、暫し御滞留せられていた処である」（南勢伝承）と云われて来た。この伝承は、天孫の一行が旧日向国へ渡御する為の準備を整えられたのは、高倉山の麓であつたことを指示している。

即ち旧山田原の高倉山は、その当時では伊勢海の入江に臨んでいて、その山裾のあたりは、不断の潮水に洗われていたと云う事が指摘し得るのである。即ち高倉山と間《あい》の山の中間は東西五六百米、南北四五百米の田畑であるが、往古では宮崎の蒼海原と云われていて、宮崎や岩ケ崎が、潮路のうえに突き出ていたと云う。また現在の外宮から内宮までへの途次には、浦田町があり、この町はその四周の丘陵に囲まれて、狭小な蒲田盆地を作つているのであるが、この低地部こそ、嘗ての入海であり、従つてこうした蒲田盆地そのものは、上古以前の浦安国と呼ばれていた処である。浦安国《うらやすのくに》と云うのは、旧伊勢の全土を指して呼んだものではない。なお高倉山については、次の様に伝えられている。

伝曰伊勢多賀山磐蔵波、是諸神天降座《あまくだります》霊所、天下万民宝蔵也　（倭姫命世記）

石窟本縁に云う、日鷲高佐山はこれ日本鎮守の総所、十二個の石室《いわむろ》あり、これ巣居穴居の時の岩窟なり、今は土石に埋れて、僅に二三遺り居り（伊勢参宮名所画会）

考証151

日本で見られる神事のうち、神輿の渡御と称える行事が常に執行せられ、また古来から か様な際には、必ず御旅所と云う仮殿が設営せられていて、神輿は一旦この御旅所に滞留してから、改めて巡幸の態を執るのである。この行事は、天津《あまつ》神らが国見《くにみ》するその姿態を写し来つたものであり、而もか様な古習の淵源は、迦具土時代の末期に始まつたものである。即ち天孫が旧迦具土の国土を降つて旧日向国へ向う途次に、暫し滞留せられた旧山田原の高倉十二磐室を影姿しているものに他ならない。

考証152

次に列挙する各考察から、天孫邇々芸命が旧日向国へ向つての御舟渡御は、旧山田原からではなくして、神代に伊勢島と呼ばれていた現在の志摩国からであり、且つその正確な出航地は、志摩半島南岸の越賀村の高地部がそれに当るとみられる。即ち

(1)現在の越賀村は熊野灘に面していて、伊勢国の宇治山田にある高倉山を離れること、南方五

里余りの地点である。宇治から島路（志摩路）神路の両御料森を越すと、志摩国に入る路は拓けていて、その途中に猿田彦《さるたひこ》神が休息したと伝承される場所もあり、其処から磯部、鵜方、立神、船越などを通過することによつて、容易に行き着く志摩半島の南端である。

古代から越賀、和具、御座《ござ》の御座岬を結ぶ二里あまりの海浜を指して、里びとらは「高天《たかま》ヶ原浜」と呼び倣して来た。元来この地方は、嘗ての伊勢島の一部であり、従つて太古の頃は旧熊野灘に浮んでいた国土であるが、天孫降臨の行われた迦具土後期時代は、船越の間隙部を除くと、旧伊勢の本土と完全に結び着いていて、旧伊勢国最南端の浜辺となつていたものであることが考察される。

(2)志摩国越賀村に鎮座する越賀神社の祭儀に当つて、古来から「高天ヶ原浜の御舟渡し」と称えられる磯祭りがある。この神事には磯桶十二個を神前に供え、このことが古来からの遺習になつている。桶そのものは、太古時代から旧伊勢湖や其他各土の湖沼での水路交通具に利用されていたものであり、この事については、大日孁《おおひるめ》貴命が御幼少の頃に行われた御舟遊びの考証で解説したものである。この様に越賀神社に遺習されたもので、十二個の桶を神前に供えると云う神事は、天孫らが旧山田原で滞留していた頃の高倉十二岩室を具現しているものであり、また邇々藝命の御発航は、旧越賀海岸の高天ヶ原《たかま》浜からであることに由来したものとみる。従つて熊野灘沿岸の地名と、日向国の海岸一帯の地名のうちには、相当数の類似ありとみられる。

(3) 高天ヶ原を去ること南方一里ばかりの洋上には、大島が浮んでいて、同島の頂上には、嘗て市杵島《いちきしま》姫命を奉祀する神域が存在したと伝承されている。且つまた越賀村の東に続く和具村の住民が、古来からこの大島へ御舟神事を行つたものと云う。この事はまた、天津神らは旧大島と往来したものであることを知らしめている。

嘗て伊勢国の国崎神戸に移り住んで来た下野国の法師円城が、「金にも非ず石にもあらぬ十拳劔」の宝劔を得たとして伝奏したのは、志摩国宝劔島であり、而もその当時はこれを誤つて、安徳天皇の御世に海中に沈んだものであると信じていた様ではあるが、これは高天ヶ原浜から天孫らが旧日向国への御発航時代に、この地へ遺された宝器に縁由したものではあるまいか。またこの事に関連して、志摩国長岡村に鎮座する海士潜《あまくぐり》神社の神事についても考察すべきであると考えたい。

(4) 日本の太古時代には、迦具土時代は勿論のこと、国の各土が湖沼や海岸に臨んでいたものであるから、天津邑《あまつむら》びとや国津邑《くにつむら》びとらの末に至るまで、水錬や水運の術に長じていたのは当然のことである。而しながらそのうちでも最も進歩していたのは、志摩国の鳥羽を中心とした地域である。

即ち其処は朝熊水神《あさますいじん》の住んでいた処であり、近くは豊臣時代に、九鬼《くき》の水軍が根拠した所であつたにみても知り得られるのである。か様な水運錬達の術が、殊に志摩国で成長していたと云う事は、単に地理的な影響ばかりに因由したものでなく、此処は天孫御発航の地であり、且つその時代から盛んであつたが為とみられる。

また人皇の御世に入つて、神武天皇が大和国へ両度の入国を海路から企てられた時にも、その目的地となつていたのは、志摩国の南岸錦浦に上陸することであり、天皇はそれより大和国宇陀の高見山を越えられて、曽爾《そに》に踏み入り、同地の住塚《すみづか》南腹に砦していた八十梟師《やそたける》の住む旧「みやしろ」を目指されたとみられるのである。即ち志摩海岸一帯は、太古以来海洋渡航の帰発着点となつていたので、人皇二代綏清天皇の御世にまで時代が移り下ると、秦の除福などが始皇帝の命で薬草採取のために能野の新宮へ上陸したものであり、従つて旧熊野海岸は、旧伊勢湖分裂前後の時代から、既に海路による大和民族の移動発航の地であつたと知られる。

天孫邇々芸命は天狭霧《あまさぎり》国を下られて、旧志摩国の高天原浜から旧日向国へ進発せられたのは、神武天皇が大和国へ入国せられた頃を去ること百七十九万二千四百五十七年であつた（日本書記、古事記、倭姫命世記）と伝えている。然しながら旧伊賀湖実在時代からの口誦に従つて、人皇の御世に入るまでの永い時代の経過年数を尋ねると、猿田彦神の女吾娥津姫命《あがつひめ》以降、その遠孫らが姫の御名を世襲して、風早乃伊賀国《かざはや》を所領して来られた期間は、二十万年に及ぶ往古からであつたと云う。また姫が所領していた地域は、伊賀国の東南部からその西北隅に向つて走る帯状の高地帯に限られていて、中世の種生郷《たなお》、比自岐郷《ひじき》、上津六郷、七津七郷、小波多郷《こはだ》、依那具《いなぐ》郷、古山郷、予野郷、長田郷と島ケ原郷に限られている。またこの事自体が、広大な旧伊勢湖の輪廓と、その湖畔の高地部を語つているのである。

第三十節　旧伊勢国道別乃里《ちわきさと》の「露払い《つゆはら》」と太古の綽名《あだな》考

国津神猿田彦神《くにつがみさるたひこ》は北伊勢の旧味酒《うまざけ》鈴鹿国の椿嶽に座を構えていて、その神威は、偶たまに鈴鹿山脈をも越え来つて、旧伊勢湖畔の天狭霧《あまさぎり》国にまで照し上げる程の勢があつた。天孫の御一行が旧日向国へ降る為に、一先づ南伊勢の旧山田原高倉へ遷行せられる由を聞き伝えると、この神は天八達《やち》衢《また》に参候して、天孫のために「露払《つゆはら》い」となり、これが先導の役を務めたのである。

日本の各地神社の祭礼などに慣行せられている神輿の渡御は、当時天孫によつて行われた天降りの影姿を、形式化されて今に伝えているものであり、また今日の日本に遺された獅子神楽《かぐら》やその巡遊は、猿田彦神が露払いとなつて天孫を導き、その威光によつて、当時の南伊勢に拠つていた驕慢な竹乃子達を調伏し、且つまたその先駆を務めた様相を永く日本民族の子孫に見せているものである。

邇々芸命とその供奉の天津神らが旧迦具土の身くろを離れて、南伊勢への渡御を試みられた時に、天乃八達衢《あまのやちまた》に参候して、其処で御一行を待ち受けていた猿田彦神の旧居住地は、現在の伊勢国鈴鹿郡山本村の背面にある椿嶽である。この椿嶽は、当時の知和岐《ちわき》乃里《さと》の大観を一望の裡に容れていた鈴鹿山脈の東腹であり、後世の味酒《うまざけ》鈴鹿国の中心部にその位置を占めていたのである。この猿田彦神が拠つていた旧鈴鹿国は、地理的に見ると「外面《そとも》の国土」のうちでも、最も天狭霧国に接近していた国狭霧国であり、従つてこの国津神の国垣は、嘗ての「迦具土神の右乃御手」ばかりで天津磐境の東北部に接触していたのである。これがためこの国津神の神威が弥増すと、旧北伊勢を中心として光り輝いていたその威力が、遂に有り余つての末は旧伊賀東壁を越え来つて、天狭霧国えまで照し上げたのである。即ちこの一事に徴しても、当時国津神の一人としての猿田彦神の強大な勢力が覗い得られよう。然しながら所謂猿田彦神として伝えられているのは、天乃八達衢へ参候したことのある唯独りの国津神を指したものであるが、この神の祖先は、万代に渉つて椿嶽に座していたものであり、またその子孫も、猿田彦の御名やその所知を世襲していたもので、その後人皇の御世に入つてからは、宇治土公《うじのつちぎみ》として栄えていたのである。

天孫邇々芸命は天乃八重棚雲《あまのやえたなぐも》を押し分けて、旧雲津《くもづ》の川上へ降り立たれるとの風聞が、旧鈴鹿国にまで入つてくると、この国津神は直に椿嶽の座から降《くだ》つて、急遽天乃八達衢へまで参候せられたのである。その時の行路は、旧鈴鹿国の道別乃里《ちわきのさと》を通過せられたものである事には誤りがない。即ち己が神威が天津磐境を越えて、天狭霧国までも照し上げる程の威勢にあつたに拘らず、自身が国津神であつたことに依つて、花立乃衢《ちまた》を目指して迦具土の右乃御手へ登り来ることがなく、鈴鹿山脈の東腹を海岸添いに進んで、髻嶽の麓に近く点在していた旧八知村または八手俣《やてまた》村への間道で控えていたのである。

然しながら当時天孫に供奉していた神人らは、旧八手俣へ伺候した猿田彦神の神慮を計り兼ね、また四辺を圧するばかりの容貌であつたこの神の威光に押されて、天津兵仗らは急いで旧霧生の豊岡宮へ逃げ帰つたものである。然るにこの時になつて天鈿売命《あめのうづめ》ばかりは、視禍にも強い女人であつたことから、自ら進んで猿田彦神と相面することになり、そこで初めてこの国津神の真意が、天孫の「露払い《つゆはら》」となつて、天御降りを助け参らさんとするものであることが明らかにされたのである。

この時の猿田彦神は、垂仁天皇の御世になつて佐古久志呂宇遲国《さこくしろうじのくに》（伊勢国宇治）に住んでいた太田命の遠祖であり、旧伊勢国が現在の過半にも満たなかつた時代に、天孫らが天降ることになつた南伊勢への路を易《やす》けく拓いて、その途中に竹乃子達の子孫らが播居し且つ暴威を振つていた旧飯高や多気の両郡を通過して、難なく旧山田原の高倉山十二室屋へ教導し奉つたのである。なお天鈿売命について、神戸市在住のガザル氏から興味ある著書（ストクホルム市刊行）を私に贈つて来られた。

猿田彦神が其後になつて、旧宇治で天鈿売命《あめのうづめ》と縁を結ばれ、永く同地に居住していたもので、浦田盆地に臨む興玉の森が、その旧趾と云われるのであるが、而しながらその故郷であつた旧鈴鹿国へは、幾度びか帰られたものであると見られる。その頃の旅路は、旧伊勢海岸に添つての行路ではあつたが、その旅程のうちでも旧一志郡から安濃郡へ向う道中は、阿野と云う原野が生れていなかつた頃のことで、旧雲津川を舟で渡行したものである。その当時の雲津の川口は、阿邪河《あざか》と呼ばれていて、一志郡阿阪山の東麓であり、現在の阿坂村一帯の平野が、旧伊勢海の潮水に浸つていた頃である。

こうした時代にこの旧雲津川河口の阿坂に巣くろうていた者達は、この辺一帯の海上で暴威を振つていた国津舟びと「比良夫貝《ひらふがい》」らであつて、猿田彦神もまた、彼等の為に襲われたものであつた。即ち旧阿坂の海上を渡捗した際に、彼ら舟びとらの為に己が身を潮に引き入れられ、或はまた手を咋《くら》い合わされなどして、浮き沈みの辛い目に遇わされたのである。

比良夫貝と云うのは、貝そのものを云つたものではない。太古時代に、旧伊勢海岸で旅人の行路を妨げて、好からぬことを働いていた国津《くにつ》舟びとらのことである。即ち日本の神代史に現われてくる次の様な国津神や国津邑びとらも、その名によつて、彼等の居住地域やその職責などの有様が現わされているのである。

(1)桃の実、笥《み》（古事記）

旧南伊勢の一志の奥地や、飯高から多気にかけての高地帯に居住していた桃乃子らや、竹乃子らの遠祖を云つたものである。彼等は黄泉《よもつ》国垣での争いで、伊邪那岐命の御為に、我が身を楯として、黄泉志許女《よもつしこめ》の軍を防いだ天津神らの分身である。

(2)無名雉（古事記）

駿足で多弁な女人であつた雉名鳴女《きじのなきめ》（旧事記）を云つたもの。これは旧伊勢湖岸から降《くだ》つて、旧大和葦原湖岸に住む天若日子《あまのわかひこ》の許まで招き使者になつて派遣された天津邑びとである。

(3)疾風《はやて》（古事記）

旧伊勢湖畔と旧大和湖畔の両国土間を往来していた駿足の天津邑《あまつむら》びとのことで、速飄《はやて》命とも呼ばれていた。この人は天若日子の亡骸を求める為に、旧大和葦原湖畔へ降つたことがある。

(4)雀、川雁、鵄、鳥（古事記）

旧美濃国藍見河の辺りに住んでいた国津邑びとらのことで、御食人《みけびと》、哭女《なきめ》、哭者棉作者となつて、天若日子《わかひこ》の喪屋に参集した諸衆である。

(5) 八岐大蛇《やたのおろち》(古事記)

旧出雲国と安芸国の境を八段の己が身くろとして、その武威を四辺に振つていた国津神《くにつ》の一人である。この国津神が自身の「背」としていたところの国土には、松柏榲桧などが生い茂る森林帯であつたが、その他の地域は、蔓草の多い草原地帯であつた。またこの国津神が己が身の「尾」と呼んでいた地方まで、速須佐男命は彼れを追い詰めて、其処で宝劔を得られ、これを大日孁貴命《おおひるめ》の許まで送られたのであり、所謂三種の神器の一つと云われる。またこの使いに当つた人は、天之葺根命《あまのふきね》であることは既に述べた。

(6) 因幡兎、鰐(古事記)

旧因幡国の草原に住んでいた国津邑びと「兎」のことであり、また旧因幡国の気多崎から旧隠岐《おき》国通いの国津邑びとや舟びとらから「鰐」と呼ばれて恐れられていた舟頭のことである、これらはともに、兎や鰐などの動物そのものを指して云つていたのではない。

(7) 雑(現代)

現代でも寡黙の人を「牛」と呼び、巧智に長けた者を「猿」、我執の徒を「蛇」、病弱の者を

「柳」、遠目の利く者を「翡翠《かわせみ》」、雑輩を「蝶々、木つ端、雑魚」などと呼んでいる。またその他犬狸鷹猫などの名によつて、その人の性格や職業までをも正確に指示表現する。

即ち現代人の氏名は、単なる符牒に過ぎないのであつて、誠×が時には不逞の徒であつたり、壮×が小心者であつたりなどする現状であるので、却つて太古の日本人の実体が探り難かつたのであろう。

なお迦具土時代後期からみて遥か時代が移り変つていた日本の上代でも、嘗て猿田彦神が悪神からの難を受けたことのある旧阿邪河地方では、相も変らぬ悪達者な舟人らが、河口や一志の海岸に幡居していて、常に旅人らを悩まし続けたものである。

考証153

伊勢国鈴鹿郡は、上代以前の味酒鈴鹿《うまさけすずか》国であつて、この地方の椿村は、鈴鹿山脈の東麓に位置を占め、域内にある椿嶽の山上は、この地の国津神猿田彦が神座を構えていた処である。卜部一宮記云う「椿宮、按ずるに山本村に座す、俗称椿大明神と称す、垂仁天皇の御宇に内宮と同じく影向《えこう》の地と云う、御舟の石坐あり、祭神猿田彦神、社地東西百五十歩南北二百七十歩、背に椿嶽、鞠倉の大山あり、実に振古の霊蹤なり」と。即ち神代の道別乃里《ちわきのさと》を中心にして、旧雲出川に

よつて限られていた北伊勢の大半を所知していたのが、猿田彦その人であつた。これが主要な理由として挙げ得られるものは、

(1)猿田彦を祭神とする椿太神社は、何故に伊勢国の一の宮として尊崇されて来たかについて、その神威や土俗信仰並びに神事を考察すべきである。但し天正の兵乱で、典故の総てを失つたと云われる。

(2)都波岐《つばき》明神として伊勢、大和、伊賀などの一部で、猿田彦神が祭られているが、その本地は椿村であると伝承されていること。

(3)迦具土時代の旧鈴鹿郡内では、椿村の近くにまで潮水が寄せていたものであり、当時の北伊勢を所知していたこの主神が、同地の椿嶽を神座の地として定着していたことは、地理的にも好適であつたが為であるとみられる。

但し旧美濃国と北伊勢の境に跨がる多度《たど》山を中心として、多度神が住み着き、その地域の国津神となつていたものであり、その子孫は連綿として北伊勢や南美濃に君臨していた様である。

(4)現在の椿嶽頂上に遺されている猿田彦神の座としての鞠倉や万里気塚《まりけ》についての考察や、北伊

勢地方では「猿田彦神は椿嶽の頂上蹴鞠野で、蹴鞠の御遊びを行われたもの」（蹴鞠伝承）と云われ、またこの神を古来から鞠の神と云われているについての考察に待ちたい。即ち鞠倉については、伊賀上野城代藤堂元甫編纂の三国地誌に云う、「按ずるに椿嶽の頂上にあり、相伝う猿田彦命鞠鹿野原にて、蹴鞠の御遊びあり、その坪跡とて、村より東十一丁去つて方四十八間の古跡あり。再び按ずるに蹴鞠者流猿田彦神を鞠の神とし、精太明神と称し、初秋の会に申《ひつじ》の日を用い、八人詰をなすこと皆この命《みこと》の天の八衢《やちまた》の故実より事起ると云うこと、爰に符合す、然れどもその実録を知らず、記して後の考を待つ」とあり。また「石薬師より上野、上田、高宮、山本、大久保までは鞠鹿野と云い、また鞠鹿野原とも云う」とあるによつても、山本村を中心とする地域が、猿田彦神の本拠であつたことが知られる。

考証154

日本に於ける獅子神楽の巡舞は、神代にその起原を発しているものであり、伊勢国鈴鹿郡山本村に鎮座する椿太神社は、その発祥地である（北勢伝承）。固より獅子巡遊の態を見ると、これは明らかに椿嶽の山上に座を構えていた猿田彦神が、天孫邇々芸命の天降りを易からしめん為に、自身がその「露払《つゆはら》い」となつて、知和岐《ちわき》乃里を出で立つてから後の彼は、南伊勢の旧山田原にまで降る道を拓き、且つ一行を先導するその姿を写し伝えているものである。即ちこの国津神猿田彦が、旧南伊勢に拠つていた天津氏子らを調伏し、或はまた彼等と融和した当時の様相を、大和民族の子孫らに今なお見せている叙事舞である。

神代の初期から風早乃池の滴りと云われた旧雲出川の流れによつて、国土を二分されていた旧伊勢国は、近世の頃まで「その南北にあつては全く人情と性格を異にする」（人国記）と云われていた程に互の情味が異つている。この事は、南伊勢が天津分身らが拓いた国土であるに反して、北伊勢は純然たる国狭霧《くにさぎり》国の一つであり、且つまたこの地方では、国津神猿田彦や多度神の子孫らが永く居住していたものであるから。国土も安穏であり、人心が帰一していて、民心が温雅であつたからであると見られる。か様な事から推察しても、旧雲出川は神代以来一貫して、古代民族の移動行路の上に立ちながら、確然とした裁目《さいめ》垣を作つていたものであることが理解される。また太古時代にその河口の南岸に幡居して、その狂暴な国津舟びと「比良夫貝《ひらふ》」らが、行路の人びとを悩まし続けていた地理的理由も理解し得られよう。

更にまた旧南伊勢の飯高多気の住民は、黄泉《よもつ》国垣の争いに伊邪那岐命の延命を謀つた竹乃子や鰕《えび》乃子達の子孫ではあつたが、その末孫が人皇の御世に入つてから千熊君《ちくまぎみ》となり、或は五百刺《いぼえさす》竹田国を創めた程に勇武な性格であつたから、これらの地方を通過しての天孫一行の天降《あまくだ》りは、北伊勢の国津神猿田彦の神威や教導に頼ることによつて初めて可能になつたものである。

即ち獅子神楽舞のうちで、獅子の前後左右に立ち塞がつたり、或は煩く附き纏つて、簓《ささら》を双の手に翳しながら悪戯の態を尽し、その果ては己が手の簓を獅子に取り上げられて、初めて愁嘆畏服の所作をするものがある。この業《わざ》ほぎは少年に限られているのであるが、これこそ竹乃子らの遠孫が、天孫降臨に当つてその先達を務めた猿田彦神の前に立ち塞がつての狂慢な態度と、その後の恭順な姿を写し伝えているものである。近世でも日本の少年らは、己が得意を誇示するため握り拳を鼻の上に二つ重ね、これを相手の鼻先に突き寄せて、鼻高の所作をしたものである。かか様な遺風も、理由なくして生れ出たものではない。

この神楽舞に使われる簓《ささら》は、遠い神代の頃にあつて既に用いられていた楽器の一つであると伝承されている。

考証155

居天之八衢、而上光高天原……答曰僕者《あわ》国津神名猨田毘古《さるたひこ》神也（古事記）のうちの上光高天原と云うのは、猿田彦神の神威に加えて、この神が身を容れていた国土は、天津磐境に接していたものであることの地理的説明になつているのである。

即ち既に解説を尽した様に、高天原は高雨原であり、旧伊勢湖畔の国土そのものを云つたものであるから、上光または「高天原に照らし上げる」と云う意味は、これまたその一部を考証した如く、その身は唯に旧北伊勢の国津神であつたに拘らず、猿田彦の神威が強かつたので、この神の威光が有り余るに及ぶと、旧伊賀東壁の鈴鹿山脈から越え来つて、天狭霧国までへも照らし映えていたと云うのである。所謂国津神とは、国狭霧国《くにさぎり》を己が身くろとしていた神のことであり、当時の天津磐境から離れていた地方は、総て国狭霧国の名で呼ばれていたからである。

猿田彦神はか様な国津神の一人であつた為に、その御名に「あま」の詞が冠せられてはいない。而しながらその名の彦と云う詞は、殖安彦神《はにやす》や味鉏彦根神《あじすき》などの場合と同様に、日子を意味していて、その遠祖が天狭霧国から移り住んだものであることを知らしめている。太古から旧伊勢湖の排水路「左乃御廻り」で直結していた生駒台地一帯に蟠居していて、神武東還時代に天火明《あめのほあか》り饒速日《にきはやひ》命の遠孫饒速日命を奉じていた富美《とみ》毘古《ひこ》や長脛《すね》彦らも、その名の毘古や彦によつて、素生の極めて明らかな地方豪族であつたことが知られる。

なお次に猿田彦神の神威についての考察であるが、延喜式伊賀二十五座のうちでその祭神を猿田彦神とされているのは、この国の北東部に限られている。即ちこれは旧鈴鹿国に程遠からぬ地方であり、殆んど現在の柘植川や服部川の流域に限られているのである。例へば、

(1) 阿波村字宮谷の阿波社

阿波溪の右岸に位置しているが、太古では阿波湖の南岸に当る。祭神は杉尾明神と云われていて、猿田彦神を祭る。同社の背面に当る地域は、上代の小山田乃里《さと》であり、またそれより登りつめた頂上は、神代の花立乃衢《ちまた》である。

(2) 柏《かしわ》野《の》

柘植《つげ》川に臨んでいて、神代の初期では旧伊勢湖の北岸に当る。猿田彦神の女吾娥《あが》津姫《つひめ》命が旧伊賀を所領される様になつた頃に、姫はこの地へ宝器金鈴を奉斎せられたものであると云われる。柏野はまた、上代の頃になると加志之和都賀野《かしのわとがの》と呼称されていて、朝夕の市が立つた処であり、従つて膳野《かしわの》とも記されている。この事については、大日霎貴《おおひるめ》命の圭田のうちでもその一部を解説したものである。

(3) 神戸村押久保《おしくぼ》

天武天皇が神戸村の西方に続く古山村との境の浄見原《じょうみはら》に布陣して、大友皇子と長福寺の前庭に

ある岩桜に戦い、背後の阿我山《あが》（または和歌山）の戻原まで退いた時に歌われた詞に、

風早也伊勢乃神遠母美知比幾互多多多寸気互与猿田彦神

とある。この阿我山は神戸村の旧名で、倭姫命がこの地で穴穂斎宮を建てられてから以降、神戸と改めたものである。

なお仲哀天皇の筑紫神憑りに現われて来る猿田彦神の座については、その斉き祭られていた処は現在の阿波盆地内であり、且つそれが太古の阿波岐原《あわきがはら》に当つていて、且つまた天乃阿波《あまのあわ》であつたについては、既に解説を了ている。

考証156

彼其猨田《さるた》毘古神坐阿那河（古事記）のうちに記されている阿那河とは、阿邪河《あざか》（旧事記）または阿邪賀、阿射加、阿佐鹿のことを云つているもので、上代の阿佐加に当る。即ちその旧地は、伊勢国一志郡阿坂村の西に聳える阿坂山の東麓である。

三《み》渡《わた》りの中に流るる涙川

神岡山のしづくなりけり　（古歌）

これは市原王の読んだ朝香山（万葉集）の歌と同様に、神岡山と云うのは阿坂山を指している

のである。

阿坂山は現在の伊勢海岸から去ること一里有余の処にあるが、迦具土後期の頃は猶その山麓が旧伊勢海の潮流で洗われていたものであり、北伊勢と南伊勢の交通は、この阿坂山の鼻を迂廻しての難路に頼るか、或はまた旧阿坂海岸を渡舟するかの何れかにあつたのである。

従つてか様な太古時代の要路には、天津神の分身や兵杖らの子孫が、国津神として拠つていたものであり、千早振る神代の末期になると、悪神の巣窟と化して、行路を往く人びとの生命が数多く失われたものである。またこうした事は、人皇の御代に入つてからも改まらず、その為にこの地方一帯を指して、害行阿佐賀国と呼んでいたのである。これらのことについては、次の例証を挙げたい。

(1)次市師(伊勢国一志郡のこと)県主《あがたぬし》祖建皆古命爾、汝国名何問給《なんじのくにのなはなんと》、白久《もうさく》、害行阿佐賀国白　(倭姫命世記)

(2)十八年巳酉、遷座阿佐賀藤方片樋宮、積年歴四ヵ年奉斎、是時爾阿佐賀乃弥子爾座而伊豆速留神、百往人者五十人取死世往人廿八取死　(倭姫命世記)

(3)一書曰、安佐賀山有荒神、百往人者亡十人、世往人者亡廿人、因茲倭姫命不入、座

度会郡宇遅《うじ》村

中古になつて伊勢の国守北畠氏が、阿坂の砦を築くことになつたのも、この山頂であつた。世にこれを白米城と呼ぶ。またこの築城の際に山頂にあつた国津《くにつ》神の座は、他へ移されたものであると伝えられていて、現在では神代の遺物を探るとも、山上山下の何れにも求め難いであろう。ただ阿坂の地名と同地の景観のみによつて、阿那河と呼ばれていた太古時代の海陸交通や、人文について考察し得られるものと考えている。

考証157

時為漁而《すなどるとき》、比良夫貝其手咋合《ひらふがいにてをくらいあわされ》、沈溺海塩（古事記）とは、猿田彦神が旧阿那訶海岸での漁《すな》取りで、海神からの難を蒙つたことを記し伝えたものである。表面の詞に現されているところは、単に比良夫貝にその手を喰い合わされて、浮き沈みの辛い目に遇つたと云うのであるが、さ様な解説は完全に誤りであり、また当時の実態に何ら触れているものではない。

茲に云う比良夫貝とは、貝類の一種を挙げているのではなくして、当時の阿坂海岸一帯の浅瀬に巣喰つて、常に旅人を悩していた貝にも比せらるべき国津《くにつ》神そのものを指して云つたものである。換言すると、猿田彦神の在世時代に、旧伊勢海岸で武威を振つた国津舟びと「比良夫貝」を指摘しているのである。また手を喰い合わされたと云うことは、これら舟びとの徒党に囲まれ、手を縛り合わされての危難を云う。

即ち迦具土時代以降永く旧伊勢湖が実在していた頃までは、天津《あまつ》神や天津邑びとらの一部を除いて、外面の国土に居住していた国津神や国津邑びとらの悉《ことごと》くを、その容貌や性格にみて、或はまたその居住地の実態によつて鳥獣魚貝を初め、植物の名などまで取り来つて、その人の名とし、またこのことに依つて、各人の職責が明らかにされていたのである。この事は日本に於ける綽名が、遠い神代にその淵源を発し、且つその頃に一般化されていた証左である。

――― 結び ―――

迦具土の研究をこのあたりで終結することは、私の本意ではない。とり別け太古日本人の長命や、これと関連しての生食や非時《ひじき》季のものを採らなかつた日常生活や、更に火食を始めてからの短命や、除福の薬草採取は、何故に大和国宇陀《うだ》への門戸である紀伊国熊野を指して求め来つたものであるかについても、考証を尽したい希望であつた。

なおそれにも増しての非願は、黄泉《よもつ》国の創生時代、即ち旧大和国曽爾《そに》が灼熱地獄の黄泉湖で被われていた時代に、その東南隅に聳えた古光山の南麓で、仙女が七つ子を生んだとの伝承を手操つて、高天ヶ原時代よりは遙か遼遠な倶生《ともになる》二代、または耦生《たぐいなる》五代にまでの考察に手を延べるべきことであつた。当今の科学は、成る程進歩した。迦具土の考証としての私は、近代の物質文明を否定するものではない。だが月を射たと云つても、大自然の大から見れば科学の所産とて所詮は悲しき近世人の玩具にしか有り得ない。思えば路傍に踏む雑草の一つだに作り得ないままに、永劫生き変りしてゆく非力な我れわれであることには間違いないのである。而しながらそれにしても、生命創造の神秘や、その過程を解き明かす鍵が、古事記を握る向後の日本の少年達の前に置かれている筈であると信じている。

（完）

葦原中洲湖
春日山
保食神腹(稻)
大和平野
三輪山
初瀬
耳成山
葦原中國
保食神之臍下(豆麦)
邊
枕
862
776
高市
759
大和國
吉野川
1439
1720
吉野
投棄御冠(神野山)
迦具土之左手
迦具土之御
榛原
室生
右之御目(旧伊賀湖)
左之御目(旧隠之湖)
隠(名張)
比奈知
國津
迦具土之御頭
黄泉
曾爾
黄泉國
左髪之湯津爪櫛
杖御
櫛雄柱
伊佐美原
高見山
波瀬
桑原
舟戸
保食神之陰下(豆麦)
天豆生
麦谷
1419
國見山
御
1396
禅
1226

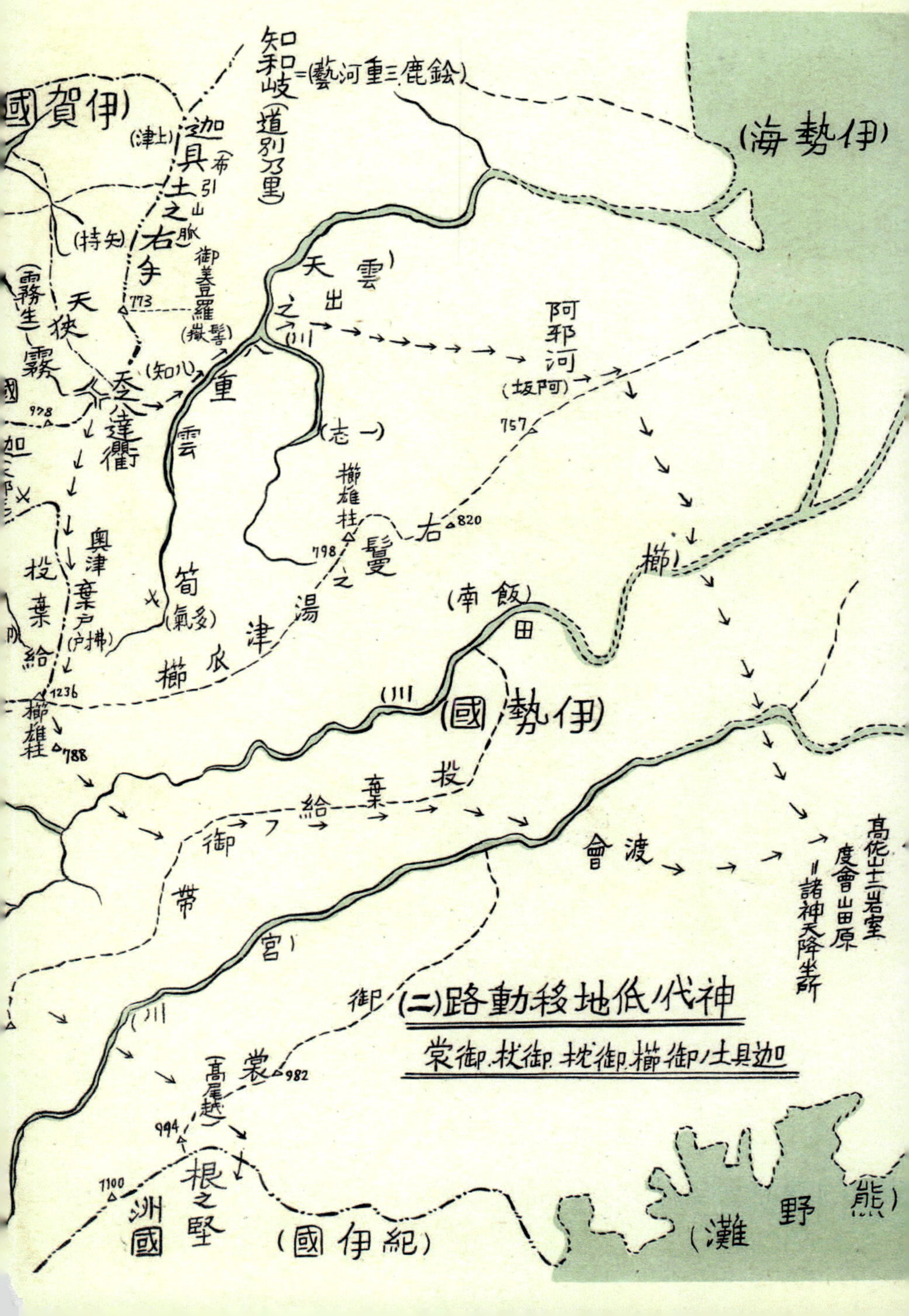

神代ノ低地移動路(二)
迦具土ノ御櫛.御枕.御杖.御裳
(伊勢海)
(伊賀國)
伊勢國
(紀伊國)
熊野灘
知和岐=(鈴鹿三重河藝)
知和岐(道別乃里)
迦具土之右手
(布引山脈)
(上津)
(持矢)
御美豆羅(髻獄)
773
(霧生)
天狭霧
八達衢
978
(八知)
天雲出之(川)
八重雲
(一志)
櫛雄柱
798
鬘之右
820
阿邪河
(阿坂)
757
櫛
湯津爪櫛
奥津棄戸
(拂戸)
投棄給
筍
(氣多)
1236
櫛雄柱
788
(飯南)
田
(川)
投棄給
御帯
御宮(川)
(川)
渡會
高佐山ニ岩室
度會山田原
=諸神天降坐所
御裳
(高尾越)
982
994
1100
根之堅洲國

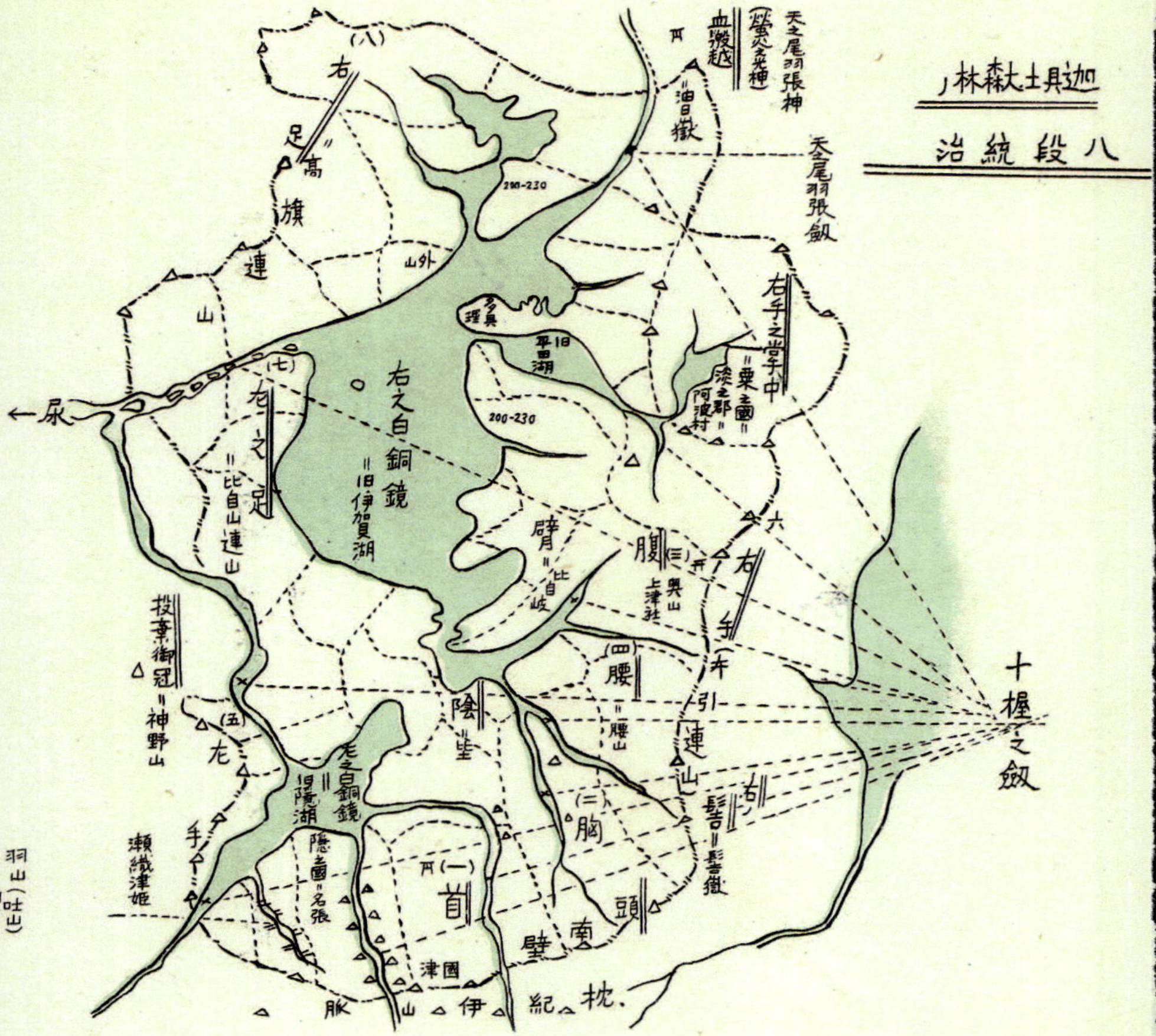
迦具土大森林ノ
八段統治
天之尾羽張神
(螢火之光神)
血汲越
天之尾羽張劔
十握之劔
右之白銅鏡
〃旧伊賀湖
左之白銅鏡
〃旧隠湖
右手之掌中
〃粟之國
淡之郡
阿波村
旧平田湖
多具理
外山
比自山連山
腕
〃比自岐
奥山
上津社
腰
〃腰山
胸
頭
南壁
首
陰
隠之國
〃名張
國津
髭
〃髭嶽
投棄御冠
〃神野山
瀬織津姫
羽山(吐山)
伊紀山脈
尿
200-230
200-230

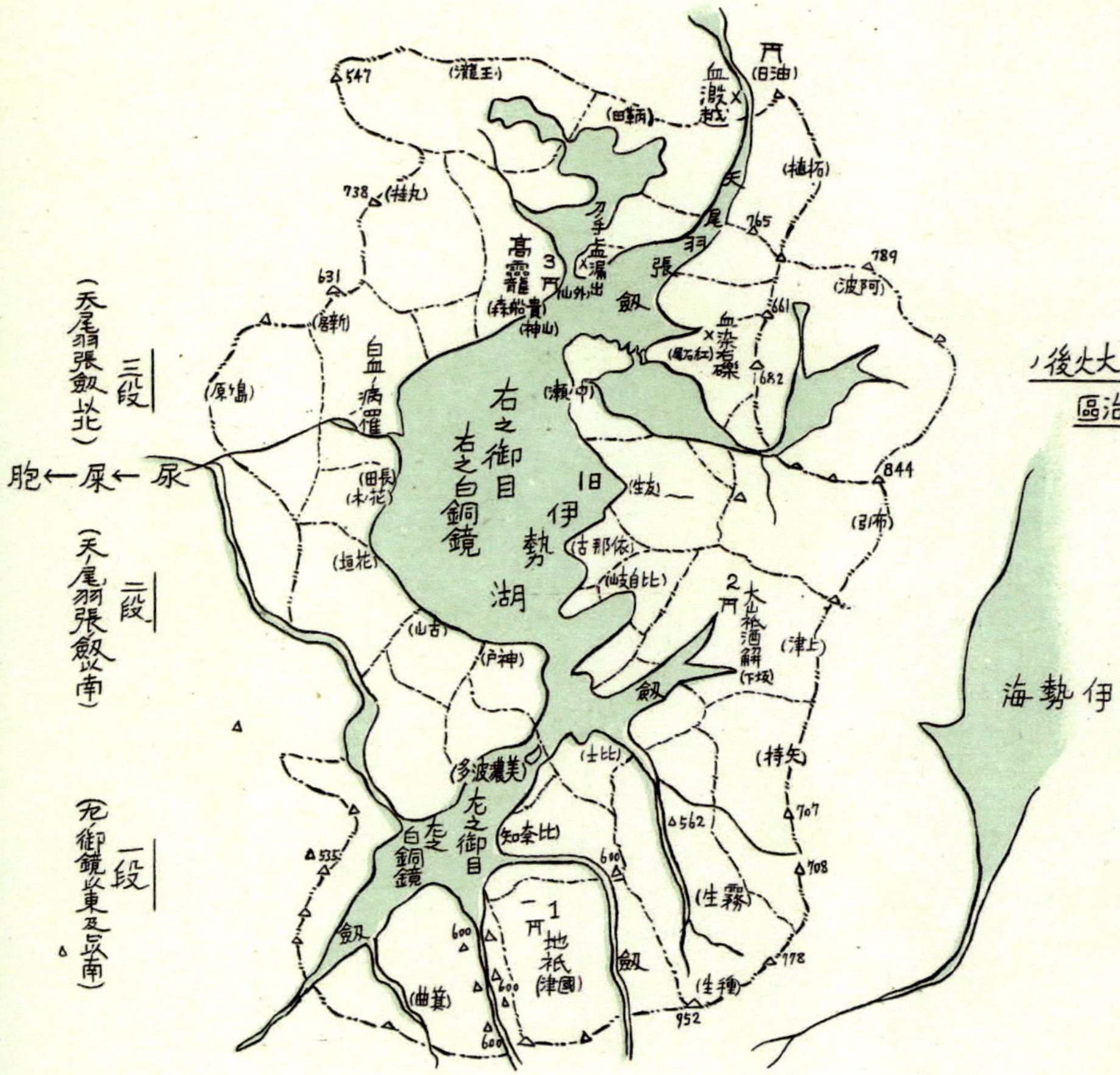

三段 (天尾羽張劔以北)
二段 (天尾羽張劔以南)
一段 (左御鏡以東及以南)
胞←屎←尿
右之御目
右之白銅鏡
伊勢湖
左之御目
左之白銅鏡
天尾羽張
血激越
血染岩礫
血滴羅
手刀血漏出
高龗
闇龗
伊勢海
地祇(國津)
劔

段統治區
具土大火後ノ

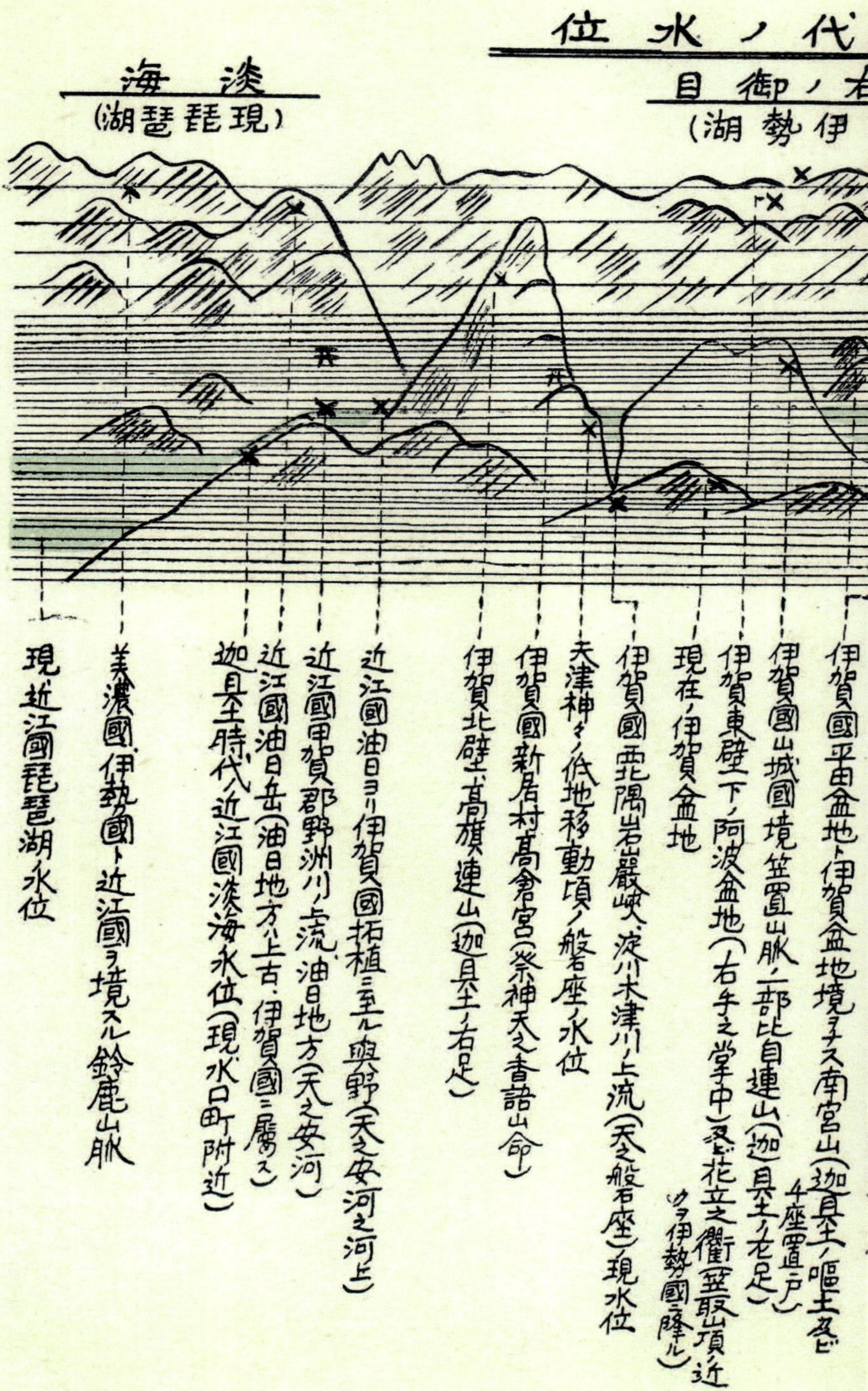

代ノ水位
右ノ御目
（伊勢湖
淡海
（現琵琶湖）
伊賀國平田盆地ト伊賀盆地境ヲナス南宮山（迦具土ノ嘔土及ビ千座置戸）
伊賀國山城國境笠置山脈ノ一部比自連山（迦具土ノ左足）
伊賀東壁下ノ阿波盆地（右手之掌中）及ビ花立之衢（笠取山頂近
ヨリ伊勢國ニ降ル）
現在ノ伊賀盆地
伊賀國西北隅岩巖峡ノ淀川木津川ノ上流（天之般石座）現水位
天津神々ノ低地移動頃ノ般若座ノ水位
伊賀國新居村高倉宮（祭神天之香語山命）
伊賀北壁ノ高旗連山（迦具土ノ右足）
近江國油日ヨリ伊賀ノ國拓植ニ至ル與野（天之安河之河上）
近江國甲賀郡野洲川ノ流油日地方（天之安河）
近江國油日岳（油日地方ハ上古伊賀ノ國ニ屬ス）
迦具土時代ノ近江國淡海水位（現水口町附近）
美濃國伊勢國ト近江國ヲ境スル鈴鹿山脈
現近江國琵琶湖水位

迦具土時

左

旧)

葦原中洲湖

(現大和盆地)

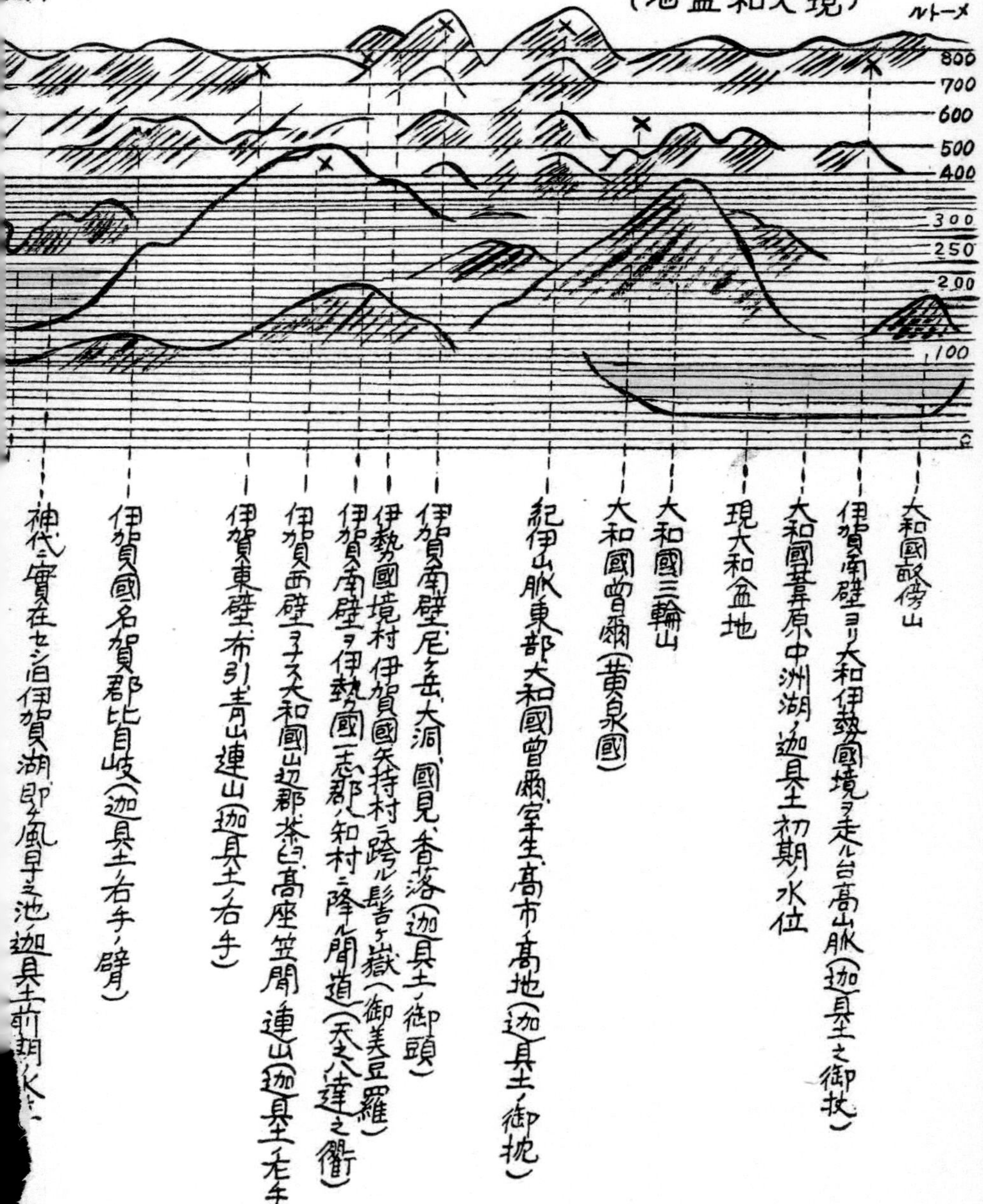

メートル
800
700
600
500
400
300
250
200
100
0
大和國畝傍山
伊賀南壁ヨリ大和伊勢國境ヲ走ル台高山脈(迦具土之御杖)
大和國葦原中洲湖ノ迦具土初期ノ水位
現大和盆地
大和國三輪山
大和國曽爾(黄泉國)
紀伊山脈東部、大和國曽爾、宇生、高市高地(迦具土ノ御枕)
伊賀南壁尼ケ岳、大洞、國見、香落(迦具土ノ御頭)
伊勢國境村伊賀國矢持村ニ跨ル髭ケ嶽(御美豆羅)
伊賀南壁ヲ伊勢國一志郡ノ和村ニ降ル間道(天之八達之衢)
伊賀西壁ヲナス大和國山辺郡茶臼高座笠間連山(迦具土ノ左手)
伊賀東壁ノ布引青山連山(迦具土ノ右手)
伊賀國名賀郡比自岐(迦具土ノ右手ノ臂)
神代ニ實在セシ伊賀湖即チ風早之池迦具土前期ノ水

解題

武田崇元

本書は、昭和三十五年に刊行された川口興道著『太古日本の迦具土』の復刻である。「本書の著書出版に就いて」によれば、その骨格はすでに昭和十七年に『迦具土乃研究』として発表され、本書はその増補改訂版ということになる。原本奥付には日本湖沼文化研究所とあるが、私家版であり、現在では入手は困難である。

記紀神話においては、迦具土は母神・伊邪那美命の陰部を焼いて誕生した火神であり、母神を死に至らしめたため伊邪那岐命の怒りを買い、十拳の劔でその頸を断たれたとされる。著者はこの神話を、原初の「天狭霧国」が「迦具土の大火」「迦具土の大洪水」という災害に見舞われ、大きな地形変動を蒙った神代の大事件の反映とみなし、神話や伝承に塗り込められた日本列島と「高天原民族」の歴史の復元を試みる。

「神代初期」の日本列島は湖沼が大部分を占める島嶼群であり、「魚の背を並べるに似た様相の高地帯斗りが水上に浮か」ぶ「多陀用弊流国《ただよへるくに》」であった。

その時代に「天津神達は産土神として、天之祖神の宣命の儘に国土を拓い」たが、「天之祖神」（神漏岐命・神漏美命）が拠り処とし、「己が神座を構え」たのは、島嶼群の中央に位置する現在の伊賀を中心とする地域であった。この神聖なるエリアこそ『旧事紀』が伝える「天狭霧国」であり、「神代の中期」に伊邪那美命が「御身を容れ給うて、己が家とせられた国土」であり、のちに「分身迦具土神が所知する様になってからは、国土の八隅までが迦具土の四肢五体で呼ばれ」るようになったという。「天狭霧国」の象徴は、その中心部に存在した「白銅鏡」（ますみのかがみ）と称えられる瑠璃色の巨大な湖水・旧伊勢湖であり、現在の伊賀盆地はその名残りである。

だが、この原初の美しい国土は、迦具土の「火弄り」のために、大森林火災に見舞われ焦土と化し、さらに灼熱の上昇気流は大洪水を誘発し、湖水からは「迦具土の尿《ゆばり》」が三筋の濁流となって流れ出る…

迦具土の大火と大洪水は神々の時代のおわりのはじまりである。

地形の変貌によって旧伊勢湖は二つに分裂する。伊邪那岐は、焦土と化した迦具土の大地を「十拳の劔」と表現される十筋の河川の流れを境界として区画し、八柱の大山祇神にゆだねる。植林が行われ、再び青山四周の国土が再現され、大日霊貴命《おおひるめのみこと》の時代には最盛期を迎え、その神威は「天狭霧国を中心として八隅の低地国土帯」に及ぶ。だが、やがて湖水の水位はどんどん下降し、人々は高原から平地への移住を開始する。

人々は失われた原郷のイメージを神社の景観として可視化することで記憶に留めた。
「古社の神域内に見受けられる摂社、神垣、神池、鳥居、御手洗井乃至御手洗川を含む境内の布置景観は、迦具土時代の後期になって、旧伊勢湖が分裂した頃の天狭霧国の縮画」であり、「神風の伊勢国の屋根であった旧伊賀四郡が、太古の頃に見せていた国土内の形態を、万代の後まで大和民族の子孫に如実に見せている」。神社の社殿に置かれる鏡は「大日霊貴命の庭に置かれていた御鏡としての大湖」を伝えるもので、「祭祀の場合には、鏡を立て懸けることによって、初めて、日本民族子孫が天狭霧国に立ち臨み得た」のである。(五九頁)

つまり著者によれば、神祇祭祀の本質は、民族の集合的記憶の底に眠る天狭霧国の原風景への限りなき憧憬である。これは、わたしたちが古社の境内で感ずるある種の懐かしさに似た感情に対する巧みな説明となっている。もとより、いま見る神社の景観が歴史的にどこまでたどることができるかということは問題ではない。伝統は造られるものであるが、その造られる伝統の奥には心的フォルムがあるというふうに言うこともできよう。このような原型論的な思考において、本書は通有の歴史異説と明確に差異化される。

著者は記紀や旧事紀に見える神々やその活動に関する記述を「御身みくろ」という概念によって土地の景観や地質学的変遷と結びつける。「御身くろ」とは神の身体であり、神が鎮まる国土である。つまりイザナミ、イザナギ、カグツチ、アマテラスなどの神格は、国土の変遷に関する記憶の象徴と読むことも出来るし、そのような変遷の背後にある霊的な存在とも読むこともできる。だが一方で、

「御身みくろ」に相当する国土を領有する祭司的首長と読解できる記述もあり、必ずしも明快ではない。景観の変遷も自然の造山作用ないしは超越的な「神」による造作と読める箇所もあれば、人為的な土木工事と読める箇所もある。その背景には明確に言語化されえないある種の原型論なコードが存在するかのようである。

本書のテーマは、太古の楽園とその喪失である。楽園の天狭霧国は豊穣な水のイメージで表象されるが、迦具土の火の洗礼によって変貌を遂げる。

迦具土の業火を避けた伊邪那美命は旧伊賀南壁を越え、旧大和宇陀郡曽爾の地にあった「黄泉国」を「御身くろ」とし、曽爾から室生への途次にある墨塚と呼ばれる高地に黄泉大神として神座を構える。

「黄泉国」は「天狭霧国」の背後に隠れた、交通も途絶した秘境地帯である。そこは旧伊賀の「天狭霧国」時代をはるかに遡る祖先の最古の故地であった。しかし、伊邪那美命が火難を避けて入った頃にはすでに太古の面影はなく、「国土の真中には温熱、汚悪、泥濘の黄泉湖が残されていて、而も湖は正に亡び去らんの有様であり」「汚く穢れ果てた国垣の景観を露呈し」ていた。（一四四頁）

著者によれば、『古事記』の「蛆たかりとろぎて」という黄泉国の伊邪那美命の描写は、伊邪那美命が「御身くろ」とした黄泉国の当時の景観の描写であり、伊邪那美命の身体各所に宿る「雷」とは活休の火山群で囲まれた国土の姿を言ったものである。

伊邪那美命は迦具土の業火を避けて、「黄泉国」にいわば亡命するわけであるが、その「黄泉国」

もまた禍々しい火と熱のイメージで表象される地であった。
このような豊穣な水と禍々しい火の対位構造は本書の通奏低音であり、ここにも原型論的な発想が流れている。つまり本書は記紀神話の解読であるが、本書そのものが神話的思考に貫かれているのである。それは「僅かに物心のつく頃から、祖母達の手枕や近隣の古老から聞き得た怪奇口誦によってその影を慕うの余り、考古研究の一隅に身を潜めて、飽かずに迦具土神の姿に執心し、自ら慰め」「半夜の悉くをこの研究に割いた」著者自身が語り部となって紡ぎ出した一個の壮大な叙事詩であった。

さて、最近の地質学の成果によれば、琵琶湖はおよそ四百万年前に伊賀盆地に誕生した「大山田湖」にまでさかのぼり、それが四百万年かけて北上し、現在の位置まで移動したという。つまり、本書のビジョンと近年の地質学の知見とは、タイムスパンの問題をどう考えるかということはともかくとして、必ずしも一致しないわけではないのである。

さらに本書によれば、現在の大和盆地にもかつては「葦原中州の海」（旧大和湖）が存在し、大和三山は湖上に浮かぶ島であったという。「迦具土時代に、旧日本国土のうちでは大湖の一つであった旧大和湖が、その後期以降になると殆んど退水して、それが水深の浅い葦原の湖と化し去り、遂には現在の様な大和盆地を作る事になった」（三六六頁および付録地図）

本書が上梓されて五年後の昭和四十年に考古学者樋口清之は、古代大和盆地＝湖水説を発表している。樋口は地下の地質調査から判明した事実として、「ほぼ長方形をしている現在の大和平野は、今から約一万年余り前、即ち洪積期の最終末の頃、山城平野に口を開いている海湾であった」と指摘する。「海の塩水は大阪湾を満し、山城平野を満し、現在の奈良市の北にある奈良山の丘陵はなくて、それを越えて大和湾に北から南へ湾入していた」が、紀伊半島の地盤隆起と傾斜によって、大和平野の地盤は次第に海面から離れ、大和湾は湖水となり、「周囲の山から流れ込む天水はこの大和湖の水面を一層高め、やがては西の方を切って大阪湾に排出」され、「この頃より、大和湖は海水湖より淡水湖に変って行く」。「つまり、大和盆地はもと湖であったが、地盤の隆起につれて排水が進行すると湖面が次第に低下し、最後には干上がって浅い摺鉢状の盆地になった」というのである。樋口は奈良時代までには標高四十五メートル線以下の住居址や遺物が発見されていないことから、それ以下の低地は大和盆地湖の名残で湖水や湿原であったとし、また神武紀に記された異族の居住地名はすべて標高七〇メートル線以上にマッピングされ、そこからは縄文晩期の土器が発掘されることから、時代を遡るほど水位は高かったと推定する。

さらに樋口は『万葉集』巻一に見える舒明天皇が香具山に登って国見をしたときに詠んだ歌に言及する。

大和には　群山《むらやま》あれど　とりよろふ　天の香具山　登り立ち　国見をすれば
国原は　煙立ち立つ　海原は　鴎《かまめ》立ち立つ　うまし国ぞ　蜻蛉島《あきづしま》　大和の国は

「海原」を香具山の麓にあった埴安池だとする国文学者の説に樋口は異議を唱える。実際には香具山の頂上からは埴安池は見えないのである。そのうえで樋口は、奈良朝の頃まではかつての盆地湖の名残が郡山の東の方まで広がり、実際に鴎の舞い飛ぶ光景が見られたにちがいないとした。（樋口清之「日本古典の信憑性」『国学院大学日本文化研究所紀要』第十七輯所収）

これは本書の主張と完全に一致するものではないにせよ、水に覆われた日本列島という原基的ビジョンがたしかにわたしたちの深い記憶の底に眠るものであることを示唆するものといえよう。

太古日本の迦具土

定価　四、八〇〇円+税

昭和六十年五月二十一日　初　版第一刷発行
平成二十年八月　五　日　新装版第一刷発行

著　者　川口興道

発行所　八幡書店
東京都品川区上大崎二―十三―三十五
ニューフジビル二階
電話　〇三（三四四二）八一二九
振替　〇〇一八〇―一―九五一七四